此书受“北京开放大学首都终身教育研究基地”出版资助
北京市教育科学“十四五”规划课题“面向在线学习的自适应系统研究”（CHCA22149）阶段性成果

系统观念下的教育发展研究

谭　璐◎著

湘潭大学出版社
XIANGTAN UNIVERSITY PRESS

图书在版编目（CIP）数据

系统观念下的教育发展研究 / 谭璐著. -- 湘潭 : 湘潭大学出版社, 2023.5
ISBN 978-7-5687-1050-3

Ⅰ. ①系… Ⅱ. ①谭… Ⅲ. ①教育研究 Ⅳ. ①G40-03

中国国家版本馆CIP数据核字（2023）第057108号

系统观念下的教育发展研究

XITONG GUANNIAN XIA DE JIAOYU FAZHAN YANJIU

谭璐 著

责任编辑：牛敬丹
封面设计：欧阳墨
出版发行：湘潭大学出版社
社　　址：湖南省湘潭大学工程训练大楼
电　　话：0731-58298960 0731-58298966（传真）
邮　　编：411105
网　　址：http://press.xtu.edu.cn/
印　　刷：长沙创峰印务有限公司
经　　销：湖南省新华书店
开　　本：787 mm×1092 mm 1/16
印　　张：10.75
字　　数：228千字
版　　次：2023年5月第1版
印　　次：2023年5月第1次印刷
书　　号：ISBN 978-7-5687-1050-3
定　　价：58.00元

前　言

系统观念是具有基础性的思想和工作方法。系统观念强调从事物总体及其相互联系、各层次各要素之间的相互作用、发展和演化去认识研究对象，找出事物运行的内在机理和客观规律，从而付诸认识世界、改造世界的实践。系统观念和系统方法的运用贯穿中国共产党领导革命、建设和改革全过程。当前，国民经济和社会发展第十四个五年规划把“坚持系统观念”作为新时代我国经济社会发展必须遵循的五项原则之一，指明了包括教育事业在内的社会主义现代化事业协同发展、整体推进的基本方向。

教育是民族振兴的基石，是推动社会进步的重要力量。建设教育强国是中华民族伟大复兴的基础工程，也是一项涉及多主体、多要素、多层次、多环节且相互关系错综复杂的系统工程。进入新发展阶段，教育面临的机遇和挑战也有新的发展变化，如何应对新的历史时期内外部环境变化、全面深化教育领域综合改革、推动各级各类教育的高质量发展和与经济社会的协同高效发展，需要我们把握系统观念、运用系统方法、加强系统集成、开展深入研究，进而增强教育改革的系统性、整体性、协同性。

系统观念通过科学的理论总结和方法提炼，在20世纪已经发展为一门科学，即系统科学。时至今日，科学技术发展的特征与趋势，一方面是17世纪以来现代科学所主导的学科的分化和细化——对个体与微观的进一步深入研究，另一方面是20世纪中叶各学科重新走向交叉和融合——研究整体与宏观的复杂性和涌现性。当人类探索自然领域大到天体的运动、小到微粒和细胞的构成及相互作用时，笛卡尔、牛顿等伟大科学家所奠定的基础物理学和还原论极具解释力，但是，当我们面对接近人类尺度的复杂现象时，包括气象预测和气候变化、生物进化和疾病传播、社会环境中人群、社团和组织的行为、大脑的思维活动，等等，还原论开始显得无能为力，而新兴的系统科学及其方法论有了一席之地。尤其是在理解一些事关全局的社会问题时，如国际政治和经济秩序变革、世界社会形态演变、环境变化与可持续发展、经济全球化等，采用系统观念来研究其间形形色色的复杂关系，能够获得比之以往不同的、更为全面和深刻的认识。因此，以系统科学的概念、理论和方法去分析和研究教育现象，也成为当代教育发展研究的一个出发点和生长点。

再看教育研究，教育是有目的地培养人的社会活动。人类对教育的研究历史悠久、源远流长，从古希腊时期的苏格拉底、柏拉图、亚里士多德，我国春秋战国时期的孔子、孟子开始，古今中外的教育家们就已经对教育进行了专门研究，留下了很多经典的著作与论述，如大家所熟知的《礼记•学记》《论语》《理想国》《论演说家的教育》等。随着16—17世纪近代自然科学的兴起，科学理性的精神逐步确立，科学教育的思想得以形成和传播。拉伯雷、培根、弥尔顿、配第、夸美纽斯等思想家探索科学教育的理论和规律，提出了诸多影响后世的科学教育的论见和主张。在崇尚科学与理性的时代潮流中，从教育思想、理论到现实中的教育制度和教育内容、方法，无不产生了深刻的变化，教育成了一门学科，也开启了其科学化的进程。近代以来，对于教育的研究通常采用经典科学的认识论、方法论，即以解构和分析为基础，依托大量经验和实验结果来观察事实、推理结论，教育学家们运用社会科学的研究方法和工具，对教育领域不同方面、不同层次、不同阶段的问题进行研究，这些研究大大推动了教育学的发展和教育实践的进步。

本书正是从现代科学研究的另一个方向——系统科学的思想、观点和方法出发，尝试在解构基础上对教育系统加以建构，用系统观念去阐释、理解某些教育活动和教育现象，明确教育活动的价值判断依据，继而提出研究解决某些教育问题的致思路径。当我们面对涉及人、社会关系、社会环境等多种复杂要素构成的教育系统时，从系统观出发，关注教育系统及其要素的发展变化，关注教育系统各局部（要素）、局部（要素）之间以及从局部（要素）到整体的相互作用，关注教育系统与社会系统的相互影响，成为研究教育活动、观察教育现象的一个必要的、有益的视角。以系统科学理论和系统方法论为基础，系统方法成为分析教育问题、指导教育实践的一种行之有效的方法，这已被国内外研究者所证实。而且，系统科学以其独特的视角，既遵循自然科学的基本属性和基本范式，也不忽视人的主体性、多样性和教育活动自身的复杂性，因此，系统思维或观念有望调和教育学研究一直以来存在的“实证主义”与“人文主义”的对峙，消融“技术（工具）理性”与“价值理性”的分野。

在辩证唯物论和系统观的引领下，围绕教育“培养什么人、怎么培养人、为谁培养人”的核心问题，重点关注系统科学与教育的关系、系统观念下的教育学科理论与方法、教育发展中的一些关键问题以及教育现代化的目标和路径。第一章介绍系统科学的学科发展、基本原理、概念和方法，论述了系统观念下教育思想的演变和当前教育发展的外部环境。第二章通过对近代教育学发展和教育学科体系建构的系统性思考，以系统科学方法推动教育技术学的学科建设和应用实践，以模型方法深化对特定领域教育现象和教育规律的阐释，从而为教育学学科发展中系统方法的应用提供参照。第三章通过对当今教育发展中的关键问题进行系统性辨析，从教育效率和教育公平的协同、教育治理的系统观点与方法、教育评价及其改革路向等角度，探索系统观念分析和解决教育发展问题的思路，构建起教育系统朝着教育目标演进的适应性机制。第四章讲述系统观念下教育现代化的理念、目标和路径，从社会系统发展的视角认识教育现代化的内涵，分析教育系统朝着现代化方向演变的条件和要素，进而提出人才培养实践中推进教育现代化的路径。最后一章，从教育系统的开放性、技术融入教育的复杂性以及个体发展的终身性等角度，表达了笔者对于教育未来发展趋势的一点思考。以上内容构成了本书所涉的教育系统研究与分析的几个部分。

本书面向希望了解系统科学理论与方法的教育学研究者与实践者，以学者们的一些观点和已有研究作为基础，结合笔者自身的学术背景、研究内容和工作体会，介绍系统科学思想、理论与方法在教育学研究中的应用，探索适用于教育系统这一类开放的复杂巨系统的系统分析视角和系统方法框架，总结教育系统的特性和规律，促进教育系统的结构改善与功能优化，以更好地认识乃至预见当今教育发展之趋势，为进一步建立一套基于系统论的教育学理论和方法体系做一些抛砖引玉的工作。物理学家狄拉克说过，对于他来说，科学工作的最高奖赏就是意识到在这座大厦的建筑中有自己的一份。这也许就是从事科研工作的初心，作为一名普通的学术“打工人”，哪怕这一份对科研的贡献微乎其微，能为人们认识与改造世界的道路铺上一颗石子，那也是十分幸福的。

此书的写作和成型，得益于本人在学术道路上的两位“引路人”。一位是在系统科学研究和人生道路上时时给予我指引和教诲的导师姜璐教授，开启了系统科学与我的不解之缘，在北京师范大学系统科学系9年的学习生涯铺陈了我从事学术研究的底色，也塑造了我观察事物、思考与研究问题的角度和方式。一位是在教育学研究上带领我进步的褚宏启教授，引领我迈入了教育学研究的大门，促使我对教育公平、教育现代化、教育治理的理论和实践开始有了理性认识与专门思考。在此感谢两位师者的指导和帮助！

鉴于系统科学相关概念涉及各类数学工具和推理演算过程，某种程度上会造成非理工科专业读者阅读的障碍，故本书在引入系统科学概念和系统分析方法时，尽量不采用数学算式进行描述，而使用通俗易懂的语言去进行原理上的概括和思辨性的阐释。如果需要查找相关数学算式和推导过程来增进理解的，可以参阅笔者与导师姜璐教授合著的高等学校公共课教材《系统科学导论》一书。本书内容与观点，大部分源自本人在教育学与系统科学的交叉研究领域的学习体会，也有不少源自对公开发表的相关论著的分析、思考与引用，并经笔者查阅、梳理及考证，但因本人的知识能力水平实在有限，在阐释系统科学、教育学相关理论和方法时定有不准确之处，研究分析也有不够深入和严谨的地方，成书过程中难免出现纰漏，恳请读者、同行批评指正为感。

谭璐于北京开放大学

2022年9月

目　录

第一章　系统观念与教育发展 ………………………………………………………（1）
　第一节　系统科学的产生与发展 …………………………………………………（1）
　第二节　系统的基本概念与方法………………………………………………（12）
　第三节　系统观念下教育思想的演变……………………………………………（24）
　第四节　教育发展的外部环境……………………………………………………（39）
第二章　系统观念下的教育学科理论与方法……………………………………（46）
　第一节　教育学及其学科体系的系统建构………………………………………（46）
　第二节　基于系统方法的教育技术学理论与实践………………………………（57）
　第三节　基于系统理论的教育模型及其构建……………………………………（71）
第三章　系统观念下的教育发展关键问题………………………………………（90）
　第一节　教育公平与教育效率的协同……………………………………………（90）
　第二节　教育治理的系统观点与方法 …………………………………………（105）
　第三节　教育评价及其改革路向 ………………………………………………（118）
第四章　系统观念下教育现代化的理念、目标和路径 ………………………（130）
　第一节　对教育现代化的基本认识 ……………………………………………（130）
　第二节　面向现代化的教育系统演变 …………………………………………（134）
　第三节　教育现代化的实践路径 ………………………………………………（139）
第五章　关于教育发展趋势的思考 ……………………………………………（144）
　第一节　越来越开放的教育 ……………………………………………………（144）
　第二节　技术与教育的融合发展 ………………………………………………（148）
　第三节　走向终身教育理想目标 ………………………………………………（152）
参考文献 …………………………………………………………………………（155）

第一章 系统观念与教育发展

系统观念和思想古来有之，其产生最早可以追溯到原始社会，古代人类认识世界的过程是从对自然的整体认识开始的，这种朴素的整体观可以看作系统观念的某种体现。近代以来，系统观念在现代科学的洗礼中重新受到重视，经过科学技术的不断发展，在一系列哲学思想、观点的启发和定性、定量研究方法的支撑下，系统观念得到科学的总结和提炼，系统学科体系和理论方法体系得以逐步构建，在20世纪下半叶上升为一门科学。在对教育系统进行整体的、系统的分析之前，有必要先对系统科学的发展历史进行回顾，作为全书的开篇章节，我们先对系统科学的基本概念、原理和方法做一简要介绍，这是后续研究与运用的学理性基础。本章后两节内容，则关注系统科学应用于教育研究的充分性和必要性，从古代教育发展与系统思想的关系说起，简要阐述系统科学应用于教育研究的认识论和方法论价值，进一步分析和把握当前的时代环境和我国的社会环境特征，为关于教育系统的理论与实践研究奠定逻辑性和现实性基础。

第一节 系统科学的产生与发展

从系统科学的发展史来看，自古代系统思想萌芽至今，系统科学的产生与发展大致经历了三个阶段：19世纪定性的系统思想的产生、20世纪定量的系统科学理论与方法的建立，以及21世纪系统科学的新发展。

一、定性的系统思想的产生

与所有科学概念一样，系统的概念最初也来源于古代人们的社会生活实践。人类的生产活动一开始便是在自然系统中进行的，在原始人类完成对自然界的初步探索并逐渐形成社会群体之后，人们学会总结在与周围环境打交道的过程中积累下来的各种经验，逐步形成了潜在的系统观念，即事物的整体性、关联性和自发性。这种朴素的系统观念在中国传统哲学、医学、工程、农事等方面影响深远。

在西方，近代科学的兴起让系统思想的发展一度滞缓，19世纪诞生的辩证唯物论集中体现了系统思想，使之重受重视。

（一）中国古代的系统观念

中国老庄哲学“天人合一”的世界观，把人的生老病死与自然现象联系在一起，将事物的产生过程归结为：“天下万物生于有，有生于无”“道生一，一生二，二生三，三生万物。”《礼记·大学》中有：“苟日新，日日新，又日新”，强调要不断地推陈出新，寻求发展。后来，北宋的王安石又将世界的演化解释为“五行，天所以命万物者也。”在他看来，自然界事物的产生顺序是：先由天地生出五行——水火木金土，再由五行生出万物。学者陈亮则试图用“理一分殊”的思想，从整体角度来说明整体与部分的关系，称“理一”是天地万物的理的整体，“分殊”为这个整体中每一事物的功能。明末清初的王夫之提出：“天地之德不易，而天地之化日新”，认为天地的德性没有改变，而天地的变化却是日新月异的。中国传统哲学尝试用阴阳、五行等观点统一地阐述自然界的各种现象，将整个自然界和人类社会看作不断变化和发展的，可以看成整体观点、运动变化观点和综合观点等系统思想的具体表现。耗散结构理论的创始人普利高津（Prigogine）曾说，中国的思想对于那些想扩大西方科学的范围和意义的哲学家和科学家来说，始终是个启迪的源泉。

医学方面，传统的中医理论充分体现了系统整体关联的思想。古代医学集萃《黄帝内经》，认为人身体的各项器官组成了一个有机整体，五脏之间相互依存、相互制约的关系可以用阴阳五行说加以解释。《黄帝内经》还把人的身体看作是自然界总体的一部分，提出了“天人相应”的治疗原则，将人的养生法则与自然界的变化规律联系在了一起。同时，它强调人体各器官的有机联系、生理现象和心理现象的联系、人体健康与周围环境的联系，并将生理现象、精神活动和自然环境三者结合起来以探究疾病的来源。

工程方面，系统结构与功能相互配合、各部分有效协同的观点也体现在工程设计之中。战国时期建造的四川都江堰水利枢纽工程就是系统观点在我国古代的一次伟大实践。它是至今为止全世界唯一留存的、以无坝引水为特征的宏大水利工程。都江堰渠首的三大主体工程（“鱼嘴”分水工程、“飞沙堰”分洪排沙工程、“宝瓶口”引水工程）及其配套的120多个附属渠堰工程，各项工程相辅相成、协调运作，形成统一的工程整体，科学地解决了江水自动分流、自动排沙、控制进水流量等问题。通过“鱼嘴”分水工程，使枯水期水走内江，充分用来灌溉；洪水期对水分流，将大量水及沙石排入外江，减少灾害。通过“宝瓶口”引水工程，使水形成回旋，泥沙得以越过“飞沙堰”而排泄出去。通过“飞沙堰”分洪排沙工程，将多余泥沙排走，保证“宝瓶口”不被泥沙堆积，充分发挥其引水效用，使灌溉水顺利进入成都平原。近2000年来，都江堰有效地发挥着排沙、泄洪、灌溉等作用，成为天府之国农业丰产的重要基础。

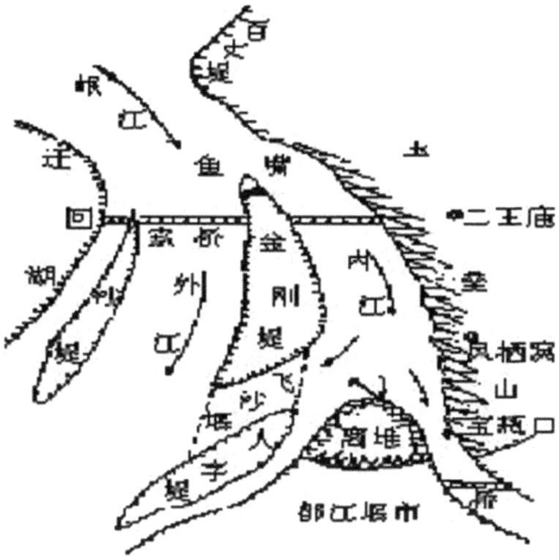

图 1-1　都江堰工程示意图

农事方面，系统科学的整体性思想也早有体现。在《管子·地员篇》《诗经·七月》《氾胜之书》等古籍中，出现了对农业耕作与种子、水分、肥料、土壤、地形、季节等诸因素之间关系的辩证描述。古人按照天体运行与季节变化的关系，编制出以月球运行规律为周期的阴历历法和指导农事活动的二十四节气，说明我国古代已经将农业生产活动与环境、气候等因素联系起来，作为一个整体系统看待。所有这些知识和成就，在一定程度上都可看作朴素的系统观念在我国古代劳动者中自发形成并加以应用的反映。

（二）系统思想的定性描述

系统思想在古希腊思想家、哲学家的著作中也有所体现。赫拉克里特（Heracleitus）认为“世界是包括一切的整体”，还提出：“人不能两次踏进同一条河流”，把事物看作是不断运动变化的。亚里士多德（Aristotle）也提出过自然界的整体性思想，他将整体阐述为“由若干部分组成，其总和并非只是一种堆积，而其整体又不同于部分。”[①]其中蕴含了整体是由部分构成，但不等于部分简单加总的观点。留基伯（Lewkibo）和德谟克利特（Democritus）的“原子论”里则体现了唯物的系统观，他们把世界看作是由各种不同的原子结合而成，其著作中文译名为《宇宙大系统》和《宇宙小系统》，是迄今为止发现的世界上最早采用“系统”这个词的著作。

古代朴素的自然哲学，把世界看成一个整体，并对系统和其中各要素的关系

① 北京大学哲学系，外国哲学史研究室编译.古希腊罗马哲学［M］.北京：生活·记者·新知三联书店，1957：37

作了初步探讨。但是，由于社会生产力普遍低下，他们不可能对这一整体中的各个细节和要素全面深入地进行了解，所以古人的系统观是笼统而直观的，缺乏对整体性和统一性的深刻认识。正如恩格斯所说："当我们深思熟虑地考察自然界或人类历史或我们自己的精神活动的时候，首先呈现在我们眼前的，是一幅由种种联系和相互作用无穷无尽地交织起来的画面"，但是我们其实并不了解"构成这幅画面的各个细节；而我们要是不知道这些细节，就看不清总画面。"①

15世纪下半叶，近代科学在西方兴起，人们开始关注事物的具体细节，致力于认识世界的各个组成部分和要素，自然科学跨入了分析的时代。物理学、化学、天文学、生物学等学科逐一从自然哲学中分离出来，分门别类的科学研究成为主导。应该看到，这种解析思维和分析方法是历史发展之需，通过学科的分化，能够集中资源优势，集中、深入地对某一领域进行研究，帮助人们更深刻地认识和适应自然，促进了当时的科学进步与生产力发展。总之，16至18世纪中期，形而上学的机械论占据了知识界的统治地位，此时人们的思想倾向与古代的整体性思想恰恰相反，关注部分和个体，重视系统内的要素和细节，而忽略了总体及其内部相互之间的联系。

到了19世纪上半叶，科学取得了一系列伟大的成就，特别是自然科学的三大发现：能量转化、细胞学说和进化论，使得人类对于自然过程的相互联系有了更新的认识。于是，形而上学忽略总体、孤立地看待事物发展变化的思维方式开始暴露出极大的局限性，正如马克思（Karl H. Marx）所说，"它②看到一个一个事物，忘了它们互相间的联系；看到它们的存在，忘了它们的产生和消失；看到它们的静止，忘了它们的运动；因为它只见树木，不见森林。"③此时，从分析个体具体细节到洞察事物普遍联系的系统思想重新受到重视，并在近代科学技术和文化发展的基础上进一步从经验上升为哲学，从思辨进展到定性的描述。

从康德（Kant）、黑格尔（Hegel）开始，哲学家们开始在认识论的视野中探讨人类社会发展的路径，强调了认识发展的内在动力源于主、客体之间的矛盾运动。马克思和恩格斯（Friedrich Von Engels）总结了自然科学和德国古典哲学的优秀成果，在他们的辩证唯物主义理论中强调从变化与稳定、联系与区别、多维和统一的关系中认识事物，阐释了普遍联系的、发展的世界观。虽然马克思与恩格斯并未直接提出系统思想、系统方法之类的表述，但是系统观在辩证唯物论的思想体系中得以强调，并成为马克思主义基本原理的重要内容。相当一部分系统科学家把马克思、恩格斯看作是系统科学的先驱者。

辩证唯物主义认为，物质世界是由无数相互联系、相互依赖、相互制约、相

① 马克思恩格斯选集（第3卷）[M].北京：人民出版社，1995：359.

② 即形而上学的思维——作者注

③ 马克思恩格斯选集（第3卷）[M].北京：人民出版社，1995：60-61.

互作用的事物和过程所形成的统一整体，而人类社会也是一个经常处于运动变化中的有机体。马克思提出："人的本质不是一个单独的固有的抽象物种，在现实社会的基础上，人还包括与他相关的所有社会关系。"①社会有机体由生产、分配、交换、消费等要素构成，"不同要素之间存在着相互作用。每一个有机整体都是这样。"②恩格斯更是直接把辩证法定义为关于关联的科学，他提出，"伟大的思想将世界视为过程的集合，而不是既成事物的集合。在这集合中各种看似稳定的事物与我们脑中对其形成的思想映射或概念都在不断地形成与变化。"③这其中蕴含的普遍联系、整体性及发展变化的思想，也就是定性的系统思想。

二、定量的系统科学理论与方法的建立

人类社会的发展是一个螺旋形的链条，而人类对自然和世界的认识也呈现出从总体到局部再到总体、从综合到分析再到综合，螺旋式地向纵深方向发展的形态。经历了近代科学技术近300年的成长与铺垫，19世纪末物理学的三大发现引致了20世纪初以相对论、量子论和微观物理学的创立为标志的人类历史上的伟大科学革命。全新的科学理论、科学思想与科学方法的建立，不仅为现代科学技术的飞跃奠定了基础，而且改变了人们对自然界所持有的许多固有观念。实证的宇宙演化模型的建立，从根本上为科学的系统演化理论的形成和发展打下了根基。同时，生产力的迅速发展、社会实践活动的大型化和复杂化，从客观上要求出现一种在整体上能够协调处理多个体、多层次的系统行为的定量理论，用以解决种种较之过去更为复杂的实际问题。在此背景下，横跨自然科学、社会科学和工程技术的系统科学理论和方法得以建立。

（一）系统科学从定性到定量方法的发展

20世纪中期，现代科学技术对于使系统思想逐渐成长为一门科学，有两个方面的重要贡献。一个贡献是使其定量化，成为一套具有数学框架、能够定量处理某些系统演化发展的科学方法；另一贡献则得益于电子计算机的出现，在定量化系统方法的实际应用中提供了强有力的计算支持。一旦取得了数学表达形式和计算工具，系统思想和方法就从一种定性的哲学思维发展成为专门的科学。

1. 一般系统论

1925年美国科学家洛特卡（Lotka）发表的《物理生物学原理》和1927年德国科学家克勒（Khler）发表的《论调节问题》中，先后提出了系统论的思想。而明确地将系统作为直接的研究对象，通常以贝塔朗菲（Bertalanffy）提出"一般系统论"的概念为标志。贝塔朗菲是美籍奥地利理论生物学家，1937年在芝加哥大

① 马克思恩格斯选集（第2卷）[M].北京：人民出版社，1995：71.

② 马克思恩格斯选集（第2卷）[M].北京：人民出版社，1995：17.

③ 马克思恩格斯文集（第4卷）[M].北京：人民出版社，2009：298.

学的哲学讨论会上，他第一次提出了“一般系统论”（general system theory）的概念。其基本想法是：从系统观点、整体观点、动态观点出发，把有机体描绘成由诸多要素、按严格等级层次组成的动态的开放系统，且具有特殊的整体功能。1945年，贝塔朗菲在《德国哲学周刊》上发表了《关于一般系统论》一文，对系统的共性做了一定的概括，明确提出把一般系统论作为一门独立的新学科。可是当时这种思想几乎无人所知。之后，贝塔朗菲又系统性地阐述了一般系统论的科学体系，其代表作是1968年出版的《一般系统论的基础、发展和应用》一书。一般系统论对系统科学的形成和发展做出了重要贡献，但是，其中关于建立系统共同规律的探索，仍是定性的概念性描述居多，缺少定量的理论方法。

2．运筹学、控制论、信息论

第二次世界大战前后是系统科学的研究得到迅速发展的时期。这次战争较之以往，在技术、手段和方法上都具备了更高的复杂性，交战双方需要从整体出发，统筹布局、运筹帷幄，方能取得全局上的优势。战争中提出的许多实际问题催生了定量的系统科学方法与技术的产生。20世纪40至60年代先后出现的运筹学、控制论、信息论，就是在这样的背景下出现的早期的系统科学理论。人们常把一般系统论、控制论和信息论合称为“老三论”或“旧三论”。

20世纪30年代末，雷达系统的研制和运行，以及对其他武器系统的检测和评价，带给人们一系列问题，为了分析其制约因素并实现预定的目标，运筹学（Operational Research）应运而生。英国军方的一份总结报告中曾有如此评价：运筹学使我们赢得了胜利。二战后，运筹学从军事应用转移到经济和管理等诸多领域的研究之中。无论是分析武器系统，还是完成某项特定任务，我们均可以统一套用运筹方法中一种规范的数学模式：在一定约束条件下对目标函数求极值。在此框架下，人们建立了更多类型的具体模型，形成了一套专门的理论和方法。1969年瓦格纳（Wagner）所著《运筹学原理和对管理决策的应用》一书出版，标志着运筹学作为一门相对独立的学科达到了成熟阶段。

控制论（Cybernetics）思想虽有着漫长的孕育过程，但它的正式诞生，仍是以美国数学家维纳（Wiener）于1948年出版发行的《控制论》一书为标志。维纳在二战中参与了火炮自动控制的研究工作，他将火炮自动瞄准飞机的功能与人类的狩猎行为做了类比，引入反馈的概念，阐明了功能系统通过反馈进行调节和控制的基本思想。控制论的诞生和发展对于系统科学有着重大意义，因为控制论提炼出包括生物系统和人工系统在内的极为广泛的系统共性和规律，这一大类系统正是系统科学所要研究的主要对象。1954年，我国科学家钱学森院士在美国出版《工程控制论》一书，对控制论的传播和推广起到了重要作用。

信息论（Information Science）是由美国数学家申农（Shannon）创立的。1948年，他发表的《通信的数学理论》以及次年发表的《噪声中的通信》两篇论文，奠定了现代信息论的基础。文中，他用数理统计方法研究了通信和控制系统中普遍存在的信息传递和处理问题，目的是提高系统传输和控制信息的有效性和可靠性。申农及其合作者后来所著的《信息论》一书，从信息的语法方面出发，撇开了所谓的信息的语义，建立起传递信息的通信系统模型，对信息论的思想作了广泛的拓展。现在提及的信息学往往还包括电子计算机编码的相关理论，电子计算机作为一种处理信息的“物理符号系统”，是人类智能物化的卓越起点。

运筹学、控制论、信息论，都是从研究人工技术系统出发，将定量的系统科学的适用范围从自然物扩充到人工物，使系统科学成为横跨自然科学、社会科学和工程技术的一门交叉学科。

3. 系统工程、系统分析、管理科学

系统工程、系统分析和管理科学可以看成是系统科学的工程运用。随着生产规模的扩大和生产技术的复杂化，人们开始从整体和相互联系的角度去考虑问题，从而需要一套处理复杂系统的、担负总体优化使命的科学方法。二战后，运筹学、计算机技术、自动控制技术和信息论、电子模拟技术、模型理论等密切结合，应用在工程设计、生产和管理的全过程中，从而促使了这几门以实际系统为研究对象、具有高度综合性和交叉性特点的系统科学应用学科的产生。

20世纪40年代，美国贝尔电话公司首次使用了“系统工程”（Systems Engineering）一词来命名他们设计新系统所采用的科学方法。1957年，美国古德（Goodle）和麦考尔（Machal）合作出版了第一本以《系统工程》命名的专著。

第二次世界大战之后，美国的兰德公司提出“系统分析”（System Analysis）的概念，具体是指：针对大型社会或经济系统中出现的问题，对若干待选的工作方案、设计规划等，进行费用和效果方面的比较分析。1972年，国际应用系统分析研究所成立。

“管理科学”指的是针对大企业的经营管理问题，提出的科学的系统管理方法。经典的管理科学以泰勒（Taylor）的科学管理理论为代表。

直至现在，系统科学所涵盖的系统工程、系统分析、管理科学这三大实际应用层次上的学科理论和方法，在国际上仍被广为采用。很多时候，系统分析和管理科学也可看作系统工程在某些具体领域内的方法和应用，统一于系统工程的学科范围之内。

（二）系统科学基础理论的发展

传统物理学涉及的研究对象是一些可逆的，或者退化的系统，牛顿的经典力学和热力学第二定律已经提供了描述这类系统发展演化的相关理论。然而，对许多宏观上的不可逆系统，以及生物界和人类社会呈现出的进化现象，无法再用原有的经典物理学理论方法加以研究。学者们关注自然系统的演化问题，在20世纪70—80年代，系统科学领域诞生了描述这一问题的一系列理论，包括耗散结构论、协同学/协同论、突变论等，人们称之为“新三论”。

诺贝尔奖获得者、比利时物理化学家普利高津于1969年提出了耗散结构理论（Dissipative Structure Theory）。他认为开放系统（与外界有能量与物质交换的系统）在远离平衡态时，可以通过能量或物质的耗散而形成某种有序结构，叫做耗散结构（dissipative structure），从而回答了开放系统自发地从无序走向有序的问题。不仅是生物系统，在自然界的物理、化学系统中也存在着与生物学中一样的进化现象，可以用耗散结构理论统一进行讨论。

德国物理学家哈肯（Haken）在1977年出版的专著《协同学导论》一书中系统地论述了协同学（Synergetics）的理论。在研究激光器发光原理的过程中，他发现激光是一种典型的在远离平衡态时由无序转化为有序的现象，但即使在平衡态时也会有类似现象发生，如超导和铁磁现象的形成。于是，哈肯从统计力学和动力学两方面揭示了一系列多元物理系统乃至生物系统、经济系统中协同现象的内在机制，认为复杂系统的相变是各子系统之间关联、协同作用的结果。进一步，他提出了处理某些系统向有序方向演化问题的有效方法：以支配原理（Slaving Principle）为基础的快变量绝热消去法。

耗散结构理论和协同学都从宏观和微观，以及两者之间的联系上尝试回答系统从无序向有序方向演化的问题，两者在系统科学中被合称为“自组织理论”（Self—organization Theory）。

在讨论自然系统如何向有序方向演化的问题时，其它学者也有一些引人注目的工作。托姆（Thom）运用函数理论构建数学模型，描述了胚胎学中成胚过程的突变现象，在其专著《结构稳定性和形态发生学》中系统性地阐述了连续性行为突然中断导致质变的突变过程，称之为突变论（Catastrophe Theory）。艾根（Eigen）在进化论的基础上把生命起源与进化解释为自组织现象，揭示了生物大分子按照超循环方式进行自组织过程的规律，发表了“超循环理论”（Hypercycle Theory）。洛伦兹（Lorentz）在研究大气湍流行为时发现了蝴蝶效应并提出“混沌理论”（Chaos Theory），解释了非线性系统可能产生的随机演化结果。曼德博（Mandelbrot）在对海岸线形貌的观察中提出了分形的概念，进一步创立了用分数维度的数学工具描述和研究客观事物的科学，即“分形理论”（Fractal Theory）。上述这些理论从自然界、生物界的非线性、多样性和多尺度性出发，从不同角度描述了现实系统的复杂状态和演化行为，丰富了系统科学的理论体系，也引发了复杂性科学研究的热潮。也有学者将这些理论统称为自组织理论。

三、系统科学的新发展

20世纪80年代后，系统科学与其他科学的发展相互交织在一起，超越简单性思维和研究范式的复杂性科学（Complexity Science）兴起，在系统科学理论的发展中占据了重要地位，为系统科学的发展注入了新的活力。在复杂性研究领域，形成了普利高津、哈肯等人为代表的欧洲学派，圣塔菲研究所为代表的美国学派，以及钱学森领导的中国学派。

（一）复杂性科学的兴起

从简单性到复杂性的转变是20世纪科学技术飞速发展的必然结果。有人评价说，复杂性科学是21世纪的科学。直观上，复杂性原是生物现象所具有的特性。由大自然创造的千姿百态的生物体，无论在形态还是功能方面都表现出显而易见的复杂性。拿一个最简单的生物系统——细胞来说，其新陈代谢就包含有几千个化学反应，而且这些反应之间相互联系和制约，在各种酶的催化作用下形成一个耦合的镶嵌网络，各级反应在细胞内部有条不紊地进行，而整个细胞的代谢行为被组织得协调有序。在人们的惯有理念之中，物理系统和化学系统与生物系统相比，组织性要低得多，因而复杂程度也要低得多。传统的理论是用简单化的规律、理想化的原则来处理这些系统。牛顿力学的公理化体系、以往的分子原子论等，都是将理论建立在这样的简单性法则之上。然而，20世纪60年代以后，随着物理、化学系统等无生命世界中存在的一些自组织现象相继被发现（如贝纳德流、化学钟），人们探索复杂性的目光不再仅仅局限于有机世界，而将注意力逐渐转向了无机界的复杂现象。

普利高津在《探索复杂性》一书中说道："复杂性不再仅仅属于生物学了。它正在进入物理学领域，似乎已经植根于自然法则之中。"①正是普利高津等学者提出的自组织理论向人们揭示了无机界的复杂性，从而把复杂性的理念从有机界引入了无机界。自组织理论描述了自组织现象发生的过程，开放系统从无序向有序转变，其中伴随着能量的耗散和某种新结构的出现。不难理解，自组织本身就是一个不断增加多样性和复杂性的过程，而自组织系统亦可作为具有复杂行为机制的对象来研究。这样，物理系统和化学系统已不能一味地当作简单系统来处理了，在一定条件下它们通过自组织过程而产生复杂性，可以应用有关复杂系统的一系列理论来分析，并提出了涌现、混沌、分岔、分形等新概念。耗散结构理论和协同学在20世纪80年代有了新突破，形成了普里高津、哈肯等人为代表的复杂性研究的欧洲学派。

1984年，圣塔菲研究所（Santa Fe Institute，SFI）在美国新墨西哥州成立，成为复杂性研究在国际上兴起的标志性事件。这是一个以盖尔曼（Gell—Mann）、阿罗（Arrow）和安德森（Anderson）为首的一批不同学科领域的著名科学家们组织和建立的研究中心，其宗旨是开展跨学科、跨领域的复杂性研究。在科学发展方向上，圣塔菲研究所的复杂性研究体现了现代科学技术发展的综合趋势。

以霍兰（Holland）为代表的科学家们提出了复杂适应性系统（Complex Adaptive Systems，CAS）理论。该理论认为事物的复杂性源自简单性，组成系统

---

① ［比］尼科里斯，普利高津著，罗久里等译．探索复杂性［M］．成都：四川教育出版社，1986：4.

的个体具有智能体的特征，主要表现为对环境的适应性，这样的个体被称为适应性智能体（Adaptive Agent），简称为主体。霍兰还提出了复杂适应性系统理论的七个基本点，即主体的四个特性：聚集、非线性、流和多样性以及主体相互作用和适应进化过程的三个机制：标识、内部模型和积木。在系统演化的过程中，主体不仅可以按照一定的规则选择与系统内其他个体发生相互作用，而且对于之前的选择和经历能够进行认知学习与机械记忆，并根据学到的经验改变自身的结构和行为方式，以适应外部环境的变化，进而转化为系统演化的新的特征，系统科学里称之为“涌现”。由此，系统在主体适应环境的交互行为过程中产生了复杂性，可以称之为“复杂适应性”。

现实生活中的诸多系统，如：经济系统、生态系统、计算机网络、动物的免疫系统、神经系统等等，都可以归结为复杂适应性系统，其行为会受到某些普适规律或法则的控制。在科学研究的方法论方面，圣塔菲研究所的科学家们意识到，用还原论的方法，将事物分解为部分进行研究，无法处理复杂系统的诸多问题，他们转而采用简化和抽象系统特征构建模型的方式，大量地依靠计算机技术，开发出模拟系统复杂性生成机制的模型和计算机算法，主要代表是遗传算法、回声模型、元胞自动机、受限生成过程、人工神经网络等。以圣塔菲研究所开展的复杂适应性系统研究为代表，形成了复杂性研究的美国学派，至今已在经济系统、免疫系统、人工生命等方面取得了一定的成果。

复杂性科学涉及传统科学中的很多领域，体现了现代科学技术发展的总趋势，反映了不同学科领域的交叉点和共识，在大的研究方向和某些具体内容方面，系统科学与复杂性科学的研究领域相当一致，因而，人们往往将复杂性科学的发展作为系统科学发展的新阶段。

（二）系统科学的中国学派

系统科学及其相关理论在我国的发展和应用是从推广运筹学开始的。1956年，中国科学院建立了我国第一个运筹学研究组，1960年底，中科院力学研究所和数学研究所的两个运筹学研究组合并为运筹学研究室。著名数学家华罗庚从20世纪60年代初期便在我国大力推广“统筹法”，并取得显著成效。1978年，钱学森、许国志、王寿云发表了《组织管理的技术——系统工程》一文，论文提出利用系统的思想将运筹学与管理科学统一起来的见解，在社会上引起强烈的反响，系统工程在我国的推广应用由此出现了新局面。1979年10月，中科院、社科院、教育部等单位的150名专家和学者在北京举行了系统工程学术讨论会，钱学森在这次大会上作了“大力发展系统工程，尽早建立系统科学的体系”的重要报告，这个报告提出了我国发展系统科学和系统工程的基本途径。1980年11月在北京召开了中国系统工程学会的成立大会，建立了中国系统科学工作者的联合研究组织，从此中国在系统科学的研究和应用上开始了一个新阶段。此后，系统工程学会每两年召开一次全国性的学术年会，每次年会都成为我国系统科学和系统工程工作者们交流经验、总结成果的学术盛会。20世纪80年代，在译介耗散结构理论、协同学、突变论、超循环理论、混沌与分形等理论著作的基础上，中国学者开始了自组织理论和复杂性科学的研究。

钱学森关于系统科学的思想和他提出的理论与方法体系对中国系统科学的发展产生了重要影响。20世纪80年代中期，钱学森以马克思主义哲学为指导，继承与发展了恩格斯提出的建设“一个伟大整体的联系的科学”和理论自然科学“复归到辩证的思维”之设想，总结近代系统科学发展成就，创立了开放的复杂巨系统的理论与方法体系，提出人—机结合、以人为主的“从定性到定量的综合集成方法”，推动了我国航天事业的发展，为认识和解决现实世界中复杂的经济社会问题提供了新的思维方式与研究模式。在钱学森的指导和参与下，我国的系统科学家们开展了对系统科学的基本理论——“系统学”的开创性研究。1990年初，钱学森等人对社会经济系统等复杂系统进行了研究，提炼出开放的复杂巨系统概念，以及处理这类系统的从定性到定量的综合集成方法，并且发表了论文《一个科学新领域——开放的复杂巨系统及其方法论》。从20世纪80年代中期开始取得的这些研究成果，是我国开展系统科学与系统工程理论研究和实际应用的里程碑，在国际上也是具有前瞻性的成果，这表明我国在系统科学的研究前沿已经能够提出自己独创性的理论。

协同学的创始人哈肯曾说：“系统科学的概念是由中国学者较早提出的，我认为这是很有意义的概括，并在理解和解释现代科学，推动其发展方面十分重要”，并赞扬“中国是充分认识到了系统科学其巨大重要性的国家之一”，表明了国际系统科学界对我国系统科学发展状况的高度评价。

过去的几百年，科学技术研究的深入和分化是科学发展的主流方向。时至今日，科学技术发展的特征与趋势不仅是学科的进一步细化——对个体与微观的深入研究，而且是各学科直接走向交叉和综合——研究整体与宏观的复杂性和涌现性。不管探索的是自然领域的天体、微粒、细胞，还是面对社会环境中的人群、社团、组织，都需要用系统的方法论来处理其间形形色色的复杂关系；在理解一些事关世界全局的重大问题时，如国际政治和经济秩序的变革、世界社会形态的变化、可持续发展、经济全球化等，都会涉及系统科学的概念、理论和方法，因此可以预见，系统科学必将成为当代科学研究的一个基本方向。总之，20世纪系统科学的出现曾给科学界带来了一次思维的革命，推动了多个领域的理论研究和技术应用。21世纪，科学技术和社会实践的发展都对系统科学提出了更高的要求，这必将引领系统科学本身的进一步发展。

第二节 系统的基本概念与方法

系统科学的中心概念是系统，本节将简要介绍“系统”这一基本概念和描述系统的一些相关概念，并对用系统观念来认识和处理对象的系统方法论作一简要的介绍，为后续系统科学思维和方法在教育领域的应用提供依据。

一、系统的定义、结构和功能

系统是系统科学的研究对象。系统、系统结构和功能等概念成为系统科学研究的基本范畴，准确地理解这些概念是把握系统思想和方法原则的前提和基础。

（一）系统的定义

早在古希腊时期，一些哲学家就已经使用了“系统”这一概念。它的拉丁语systema是表示群、集合等意义的抽象名词，其英文system在中文里则对应了多种解释，如体系、制度、机构等。很多对象可以被看作系统，它是认识事物存在的方式之一。例如，研究宇宙时，银河系、太阳系、地球、月球等可以看作系统；物理学上，质点、刚体、粒子、电磁场可以看作系统；生物学上，物种、人体、大脑可以看作系统；社会学上，企业、家庭、学校等都可以作为系统来看待和研究。

撇开各类系统的具体形态和性质，我们可以发现，一切系统均具有以下共同点：首先，系统由多个要素（或元素）构成，构成系统的要素可以是单个事物，也可以是一群事物的集合体。其次，系统的内部与外部有一定的秩序，也就是说，它的各要素之间、要素与整体之间以及整体与环境之间存在着一定的有机联系。最后，系统的整体具有不同于各个组成要素的结构和功能，如果只是一些元素的简单堆积或重叠，我们则认为它们不构成系统。

从以上要点出发，系统可以定义为：系统是由一些元素（要素）通过相互作用、相互关联、相互制约而组成的，具有一定功能的整体。当然，系统还可以有多种定义，比如钱学森的定义是：“系统是由相互作用和相互依赖的若干组成部分结合成的具有特定功能的有机整体。”①贝塔朗菲等学者对系统也有过自己的描述，实质上它们的内涵几无差别，这里不再赘述。

在理解系统定义时，要着重分析系统和环境的关系。一个系统之外的一切与它相关联的事物所构成的集合，称之为系统的环境。从环境对系统的作用来看，我们往往认为环境的状态是已知的，且只关心环境对系统的作用，而对环境本身的组成、性质和变化是不关心的。从相互关系上来讲，我们也只讨论环境对系统

① 钱学森.论系统工程［M］.湖南：湖南科学技术出版社，1982：10.

的作用，而不考虑系统对于环境的影响。在处理具体问题时，为了使问题简单可解，我们往往把不易讨论的部分划归为环境。

系统与环境的划分是相对的，根据实际需要和处理问题的便利，针对同一问题我们可以选择不同的系统和环境。但应该注意的是，在研究同一个问题的过程中，系统与环境的划分不能任意改变。

系统与环境的相互作用是通过物质、能量和信息的交换来实现的，相互作用的结果有可能使系统的性质和功能发生变化。一些系统具有能适应环境变化、保持或恢复其原有状态的性质和功能，这就是系统的环境适应性。

任何系统都产生于一定的环境之中，又在环境中发展和演化。研究系统必须研究它与环境的相互作用，尤其是环境对系统发展及演化所产生的影响。

（二）系统的结构

无论是天体系统，还是物质系统、社会系统、生命系统，都具有一定的结构。系统的组成部分可以是单一的、不能再细分的元素，它们是系统的最小单元，被称为系统的基本元素，简称为基元；系统的组成部分也可以是一个系统，被称作系统的子系统。子系统和基元都是系统的组成部分，简称组分。

组分与组分之间存在相互作用，继而形成系统的统一的整体，系统内部各个组分之间的关联方式就被称为系统的结构。通常我们以组分在时间上和空间上的不同关联，而把结构分成时间结构和空间结构。时间结构指组分在时间过程中的关联方式，空间结构指组分在空间中的排列和组合方式。有些系统的结构与时间、空间均有关联，则称它具有时空结构。

需要注意的是，有些子系统仍可以继续划分为更小的子系统，而系统本身可能是某个更大系统的子系统，所以，系统具有层次性，这是系统结构的重要特征。通常，我们判断一个系统的复杂程度，不是依据它所包含的组分数目，而是由它所具有的层次多少而决定的。一个系统包含的层次越多，这个系统就越复杂。系统的各层次之间存在着紧密的联系，但是，这一层次的性质并不是由下一层次的性质简单加总得出的，因为系统内部多个变量之间存在的是非线性相互作用，一个复杂系统在由低层次的要素组成高层次的过程中，系统往往产生出新的、原来层次所没有的性质，这个过程就是“涌现”。涌现现象在诸多学科领域中都有体现，关于涌现的性质和特点，是近年来复杂性科学研究中的热点之一。这里要强调的是，一个复杂系统的各个层次通常会表现出不同的特点，一般需要采用不同的方法来进行研究。

（三）系统的功能

系统相对于它所处的环境所表现出来的变化称作系统的行为，它一方面反映了系统自身的变化特性，另一方面也反映了环境对系统施加的作用或影响。

系统的功能是指由系统行为引起的、有利于环境中某些事物发展乃至整个环境存续的作用。功能是刻画系统行为的，它是系统与环境关系的重要概念，体现了系统与外部环境之间物质、能量和信息的交换关系。其实本书“系统”的定义中，已经提到了功能二字。既然可用功能来定义系统，可见凡是系统都具有功能。功能是客观事物的一种整体特性，一般来说，系统整体应具有个体所没有的新功能，这便是整体的涌现性。整体的功能不等于部分之和，也正是层次之间不能简单叠加汇总的体现。

系统的功能还具有以下特性：

（1）系统功能只有在系统与环境的相互作用过程中才能体现。一个系统，如果没有内部各要素之间的有机联系，便不能形成一定的结构，从而不能称之为系统。同样，一个系统如果与环境介质之间没有相互作用，缺乏了系统的动态过程，也就无所谓功能了。因而，功能只能在系统与环境的相互作用过程中体现。就像只有当机器投入了生产，功能才得以发挥，潜在的生产力才转化为现实的收益。

（2）系统功能比系统结构具有更大的可变性。系统的功能由结构与环境共同决定。一个系统的基本结构在一定的参数阈值内会保持稳定，而功能则不然。功能与结构相比具有更大的可变性。系统的外部环境一旦变化，即系统与外部的物质、能量、信息的交换有所变动，则系统与环境相互作用的过程和效果就要受到影响，这将引起系统功能的变化，而通常此时系统的结构不会发生改变。系统的结构与功能之间是相互制约、相互影响的辩证统一关系。一般来说，同一结构的系统，可以有多种不同的功能；而系统的结构不同，其功能往往也不同。

（3）系统功能是系统的一种特定的性能。系统的性能是指，在系统内部相互作用以及和外部联系的过程中所表现出来的特性和能力。性能一般不是功能，功能却是一种特定的性能。例如，流动是空气的性能，而利用流动进行风力发电则是其功能；可以燃烧是石油的性能，而利用燃烧产生的能量推动机器运转，则是它的功能。可见，性能是功能的基础，功能是性能的外化，功能在特定的环境下将某种性能体现于特定的过程之中。另外，性能是对系统整体的客观描述，而功能仅指其对环境有利的那一部分。

二、系统的状态、演化和分类

知晓了什么是系统、系统的结构、功能及其相互关系之后，我们还需要了解系统科学中如何刻画系统的性质，并且根据系统不同方面的性质，对系统进行分类。

（一）系统的状态

系统的状态是指系统可以观察和识别的情况、特征等等，是描述系统性质的定性概念。了解系统状态对于把握系统，尤其是其演化特性非常重要。一般，我们可以用若干称为状态变量的定量特性来刻画系统的状态。

系统的状态变量是指一组描述系统每时每处情况的随时间变化的量。给定一组状态变量的数值，就是给定了系统的一个状态。如给定了理想气体的一组温度、压强、体积的数值，就确定了理想气体系统此时的状态。所以，状态变量是表征研究对象的基本特征的量，随系统的不同而不同，它必须具有一定的物理意义。但是，一般来说状态变量的选取不是绝对的，同一系统对象可以采用不同的状态变量组来描述，只是，选择的状态变量组都必须具有独立性和完备性。独立性是任一指定的状态变量都不能表示为其他状态变量的函数，完备性要求一组状态变量能够完全地、唯一地刻画系统的状态。例如，物理学中确定三维空间中一个质点的位置，我们需要的状态变量组，在直角坐标系中为（x、y、z），在柱坐标系中为（ρ、θ、z），它们在各自坐标系中两两线性无关，并且两组变量都能刻画出这个质点的准确位置。实际应用时，我们必须在给定三个坐标的值之后，质点的位置状态才能确定，然而质点位置与选择什么样的坐标系是无关的。

状态变量一般是时间的函数，不同时刻状态变量通常取不同的值。原则上说，一切系统都是动态的，只要系统的时间尺度足够大，总可以观察到状态变量随时间的变化。如果在我们所考查的时间范围内，所有时刻状态变量取值相同，即状态变量与时间无关，我们称此时系统处于定态。

状态变量经常也是位置的函数，当系统所处的范围较大时，往往存在一定的空间分布，不同位置上系统的状态变量有不同的取值。

我们知道，系统整体的动力学性质首先来自系统内部各元素之间的相互作用，同时也来自环境变化对系统产生的影响，这种影响常常决定着系统的演化特点和规律。所以，系统的状态变量与外界环境密切相关，一般我们用参数表示环境对系统的作用。这样，状态变量也是环境参数的函数，参数的变化反映了系统外界环境的变化引起的系统结构的改变。通常，我们将在系统演化过程中不变的状态变量，或变化规律已知的状态变量也称为参数。一般地，我们可以控制参数的改变，研究在不同参数条件下系统演化的特点；也可以给定一组参数，然后研究在给定参数条件下系统状态的改变。

（二）系统的演化

系统的状态、特性、结构、行为、功能等随时间的推移而发生的变化，称为系统的演化。在足够大的时间尺度上看，世界上的系统都处于演化之中，演化具有普遍性。总体而言，系统科学是关于事物演化的科学，我们研究的基本内容就是不同系统的演化规律和特点。

系统演化有两个基本方向：一个是由简单到复杂、从低级到高级的进化；一个是反向的退化。进化和退化往往发生在同一系统的不同层次，例如，许多生物种群的演化过程是一种进化，而生物个体的老化过程则是一种退化。

系统演化的动力来自两个方面：系统内部组分之间的相互作用（如竞争、合作）和外部环境的变化（包括系统与环境联系方式的变化）。一般来说，系统是在内部动力与外部动力的双重推动下演化发展的。

系统科学中研究系统的演化特点，主要就是研究状态变量随时间演化的规律。根据状态变量随时间变化的特点，可以将系统的状态分为两类：暂态（或称弛豫态）和终态。顾名思义，暂态是指系统暂时所处的状态，它随时间变化，呈现出非稳定、不可逆的形态，它与系统的初始条件和过程有关，反映了系统的不确定性行为，我们一般不作讨论。终态是指系统状态的终极行为，系统演化在足够长时间之后所呈现的一种稳定的、有确定规律的状态，它不受系统选择的初始条件及扰动的影响。但是，并非所有系统的演化都存在确定的终态行为，例如，某理想系统如果线性增长一直到无穷，这种情况就没有终态。没有终态的演化现象比较少见，绝大多数实际系统的演化具有终态行为。

通常可以将系统的终态分为以下四种情况。

（1）不动点：此时状态只取固定值，系统即使受到扰动，发生改变，也会回到原来的状态。这是最常见的一类终态，也是我们研究的主要对象。在用系统状态变量所满足的微分方程来分析系统的演化机制时，若方程存在定态解，则系统终态可为不动点，进一步分析可知，只有稳定的定态解才表示为不动点。

（2）周期解：系统终态的状态变量是具有一定变化频率的周期变量，即状态变量的变化是依从周期变化规律的。状态变量从某一定值出发，恢复到该定值的最短时间称为系统的振动周期。

（3）准周期：该系统的多个状态变量具有不同的振动周期，并且周期之比是无理数（不可约、非循环分数）。因为各状态变量的变化周期不可约化，所以整个系统的变化不是周期的，只能近似为周期运动。

（4）混沌解：系统终态呈现出混沌的特点，系统的终极状态将局限在一个范围之内，在这个局域范围内系统是不稳定的。关于混沌的概念，在本书第六章第三节有专门的论述。

出于研究问题的需要，我们还可将系统状态分为平衡态和非平衡态两种。平衡态是指系统状态不仅不随时间变化，而且系统内部空间各处的状态变量取值也完全相同的状态。非平衡态是指不满足以上任一条件的状态，要么系统状态会随时间变化，要么空间各处的状态变量取值不同。因此，系统的非平衡态又可以按照其与时间的关系分为两类：非平衡定态（即状态不随时间变化的非平衡态）与非平衡弛豫态（即状态随时间变化的非平衡、不稳定状态）。

系统科学主要通过建立系统演化的数学模型分析系统的演化行为。在建立数学模型时，我们往往不关心系统及其要素的具体内容，而更关注于系统内部各要素（子系统或基元）之间的相互关系。因此，对于不同内容的系统，只要其演化时遵从一样的相互作用关系，我们就可以用相同的模型来进行描述。这种数学上的抽象方法使不同领域的问题得以建立起联系，也使得对某类系统的研究具有一定的普遍性和可迁移性。

（三）系统的分类

面对世界上千差万别的具体系统，我们有必要对系统进行分类，以方便采用相应的理论进行研究。按照不同的标准，系统可以有多种分类方法。

按照系统与环境的关系，系统可分为孤立系统、开放系统和封闭系统。

（1）孤立系统——与外界没有任何物质、能量、信息的交流，即与周围环境没有任何相互作用的系统。严格来说，自然界并不存在这样的系统，它是一种为研究问题的需要而提出来的理想模型。当系统与外界的相互作用小到可以忽略时，可以被近似看成孤立系统，如一箱密闭得非常好的恒温气体。

（2）开放系统——与外界既有物质交换、又有能量交换的系统。现实的事物之间总会存在千丝万缕的联系，所以客观世界中大多是这类系统。系统与环境进行物质、能量交换的最简单的情况是，外界环境不因与系统的作用而发生改变，经过一段时间，系统与环境具有相同的浓度（通过交换物质）和相同的温度（通过交换能量），从而达到平衡态。这种情况系统科学将其归为孤立系统，注意这与物理学的分类存在差异。系统科学所研究的开放系统是，起码与两个源（两个热源或两个物质源）相接触，通过交换而形成的一种活的系统，如热机系统。

（3）封闭系统——与外界没有物质交换但有能量交换的系统。封闭系统是统计物理学与热力学中的概念，系统科学中不讨论封闭系统。如上所述，在系统科学中，如果系统只与一个热源接触，最终必定实现平衡态，我们仍将其归入孤立系统；如果系统与外界多个热源交换热量，我们将其划归为开放系统。

按照组成系统的实际内容进行分类，系统可分为物质系统、生物系统和人类系统。

（1）物质系统——组成物质系统的基本元素是原子、分子等无机物质。物理学、化学等自然科学的研究对象都属于此类系统，如力学系统。

（2）生物系统——组成系统的基本元素是“活”的生物组织。系统对环境有能动的适应性，使自身在自然界中得以生存和发展，如捕食者—被捕食者系统。

（3）人类系统——组成系统的基本元素是人，也称社会系统。人对于环境不仅有适应性，而且能够主动控制和改造环境，使系统更适应人类社会发展的需要，如经济系统、教育系统。

按照系统内各子系统之间的相互关系，系统可分为线性系统和非线性系统。

（1）线性系统——系统中某部分的变化引起其余部分的变化是线性的，或者说系统的输入线性叠加时，系统的输出也线性叠加，就称该系统是线性系统。对于线性系统，我们有比较成熟的理论来分析，它的演化可用线性微分方程进行描述，如经典的控制系统。

（2）非线性系统——与线性系统相对，系统内部各组元之间的影响不是线性的，或者说系统的输入、输出不满足叠加原理。对于非线性系统，由于非线性微分方程至今仍没有规范的解法，处理起来要困难得多。所以，对大部分的非线性系统模型，当它的变量保持在一定范围之内时，往往被近似表达为线性系统。非线性是产生复杂性的重要原因，现实社会的多数系统就是非线性的，很难用成熟的数学工具进行分析。

按照系统状态与时间的关系，系统可分为静态系统和动态系统。

（1）静态系统——状态不随时间改变的系统。这类系统没有记忆，即某时刻的输出与其他时刻的输入无关。研究静态系统相当于分析系统某一定态的性质。

（2）动态系统——状态随时间变化的系统。动态系统在某时刻的输出与其他时刻的输入有关。研究动态系统，就要研究系统的时间行为，找出系统状态随时间变化的表达式或图像。

按照系统的演化特点，系统可分为确定性系统和随机系统。

（1）确定性系统——外界影响确定、系统的演化规律及子系统之间的相互关系也确定不变的系统。此类系统用确定性方程即可描述。

（2）随机系统——系统内部存在某种不确定的因素，或者外界对系统施加了随机扰动，这样的系统称之为随机系统。此类系统的状态变量是随机变量，常采用概率的方法来描述它的演化行为。

按照系统结构的复杂程度，系统可分为简单系统和巨系统。

（1）简单系统——包含的子系统数目少，且子系统之间相互作用简单的系统。按规模，简单系统又可分为小系统和大系统，它们的演化通常可采用已有的规范理论（如经典力学理论）来处理。

（2）巨系统——包含的子系统数目多，不能用简单系统方法进行处理的系统。按复杂程度又可将巨系统分为：简单巨系统和复杂巨系统。其中，后者还可细分为一般的复杂巨系统（亦称复杂适应性系统，如人体系统、生物系统等）和特殊的复杂巨系统（亦称开放的复杂巨系统，如教育系统、经济系统等）。

可以看出，从不同的角度出发，一个实际系统可以有多种划分，同时属于不同的系统类型。系统科学主要研究的是：开放系统、生物和人类系统、非线性系统、动态系统、随机系统，以及各类不能用传统方法处理的巨系统。

三、系统方法概述

基于系统科学理论，把对象当作系统来认识和处理的方法，无论是理论的或经验的，定性的或定量的，数学的或非数学的，精确的或近似的，都统称为系统方法。系统方法为人们认识各种实际系统、解决各类实际问题提供了思考和处理方式，不仅是研究复杂系统、实现科学管理和决策的有力工具，也为现代科学技术的研究和发展开辟了新的途径。下面拟对适用于系统科学不同分支和层次的统一的系统方法论给予一定阐述，之后对自组织理论及其方法予以专门介绍。

（一）系统方法论

系统方法论，是研究各种系统的关系特性和问题的具有一致性的方法集合，其最终目标是为解决各学科领域的系统问题提供方法论工具。系统方法论的哲学依据，归根究底是唯物辩证法。多数系统科学的大师们都确认，辩证法对系统研究在思维上起着实质性的指导作用。例如，耗散结构理论的创立者普利高津就曾坦言：我们需要一种更加辩证的自然观。协同学的提出者哈肯则认为协同学的哲学基础正在于应用了对立统一、从量变到质变等辩证法的规律。我国的系统科学界更是一贯主张以辩证法的思维来指导系统科学的研究和教学。

唯物辩证法的核心是对立统一，应用在系统科学领域，就是不同方法和描述形式间的融会贯通，主要表现在以下几个方面。

1.还原论与整体论相结合

整体论强调的是整体地把握对象，还原论则主张把整体分解为部分来研究。古代科学的方法论本质上是整体论，受当时科学技术发展阶段的限制，人们对于整体的把握无法建立在对部分的精细了解之上，所以当时的整体论只是一种朴素和直观的整体论。

400多年前兴起的现代科学，转而以还原的方法论作为基础，把系统整体分解为局部，将系统从高层次还原到低层次，通过认识部分的特性来掌握整体的性质。实践证明，还原的方法论在人类历史进程的一段时期内是非常有效的，促进了当时科技的迅猛发展。将系统从周围环境中分离出来，孤立地进行研究，再把对部分的认识累加起来的办法，对于深入了解系统内部的性质和特点，处理一些相对简单的系统还是有效的。但是，对系统内部包含了多个层次，且存在着各种相互作用的复杂系统而言，这样的处理方法忽略了系统的整体涌现性，无疑会损失掉很多有用的信息，甚至使有些问题根本无从下手。

系统科学正是通过综合整体论的思想、改进还原论的局限性而发展起来的。它在了解事物各部分精细结构的基础之上，再从整体上来认识和处理问题。这样，系统科学一方面克服了还原论零碎地认识事物的片面性，一方面也更正了古代整体论的直观性和笼统性，真正地达到了科学地把握全局。随着现代社会生产实践的大型化和复杂化趋势，以及一系列全球化问题的产生，系统科学把还原论和整体论结合起来的方法将发挥越来越重要的实际作用。

2.定性描述与定量描述相结合

对任何事物都可以从定性与定量两个方面加以描述。定性描述多数情况下表现了事物的本质属性，是定量描述的基础；在定性描述的同时，我们也必须借助于定量描述，给出定性描述的具体特性，使定性描述更加客观和精确。定性描述与定量描述相互结合，正是系统科学研究问题的基本方法之一。

在过去缺乏数学理论基础和精确计算工具的年代，对事物的定性描述占据了统治地位，而这样的定性描述由于没有定量的、准确的数据支持，往往难以令人信服，甚至会把人们的认识引入歧途。自牛顿运用一套完整的数学公式体系成功地刻画了物体运动规律以来，定量方法开始备受推崇，并获得迅速发展。

定量方法一度被人们认为是更具有科学性的方法，这种看法在早期的系统科学研究中也有所反映。但是，单纯定量化的描述在现代科学日益复杂的研究对象面前开始显得力不从心，反对在科学研究中片面追求数量化和精确化的呼声越来越高，系统科学也重新评价了定性方法。根据研究问题和客观条件的需要，综合采用定量描述与定性描述，充分发挥其各自的优势才是可取的。实际上，定性描述并非排斥使用数学工具，数学物理学家庞加莱所创立的定性数学，就是一种描述系统定性性质的有力工具。系统科学所关心的某些演化问题，往往只需要知道系统发展的大致趋向，不用给出具体的数值，此时就可以应用唯象的、定性的理论加以分析。

3.局部描述与整体描述相结合

描述系统可以描述系统的整体，也可以描述系统的局部。系统研究的基本方法之一，就是在系统整体观的对照下建立对局部的描述，同时综合对所有局部的描述建立对系统整体的描述。从系统整体与局部的相互联系、相互作用的关系中来把握系统的整体特征和运动规律。

微观描述和宏观描述就是一种特殊的局部描述与整体描述。一般简单系统的元素同系统整体在尺度上的差别不能构成微观与宏观的差别。但是，一个巨系统可以用微观和宏观来加以划分。巨系统的元素或基本子系统属于微观层次，巨系统的整体属于宏观层次。任何系统，如果存在某种从微观局部描述过渡到宏观整体描述的方法，则标志着建立了该系统的基础理论。对于简单巨系统而言，运用统计描述的方法可以完成从微观描述到宏观描述的过渡。近几年来兴起的复杂网络理论，以多个体复杂系统为研究对象，将系统内包含的要素作为节点，要素之间的相互作用作为边，从而构建起从微观到宏观描述复杂系统的网络模型，通过分析复杂网络的各项统计拓扑特征，可以获得关于此类系统更多的信息，加深对于它们的认识。

4.确定性描述与不确定性描述相结合

对于系统演化进行定量描述可以有两种方式：确定性描述和不确定性描述。过去确定性的描述是指以牛顿力学为代表的描述，而不确定性的描述特指由统计力学和量子力学发展起来的概率论的描述。在系统科学理论中，采取确定性描述的有一般系统论和非线性动力学等，申农的信息论则完全建立在概率论的不确定性描述的框架下。在运筹学和控制论中，虽然两种描述都有应用，但往往是在划分了不同的分支以后再来分别使用它们，实质上并没有实现两种方法的沟通。现代科学的总体发展趋势，越来越要求将确定性与不确定性两种描述方式加以融合，形成一个统一的描述框架。自组织理论就试图沟通这两种描述体系，采用反应扩散方程的确定性描述和主方程的概率性描述相结合的方法来讨论系统的演化，并取得了一定的进展。随着系统科学进一步发展的需要，这方面的努力仍在继续。

除了上述四种系统方法论，关于系统科学进行研究的方法论的其他提法还有：分析方法与综合方法的结合、静力学描述与动力学描述的结合、理论方法与经验方法的结合、精确方法与近似方法的结合、科学理性与艺术直觉的结合等等。

一般来讲，哲学问题与科学问题是两类不同的问题，但两者的界限既有确定性的一面，也有模糊性的一面，尤其是在它们的边缘区域，两者的界限往往更为模糊。当代哲学的一个重要目标，就是建立哲学家与自然科学家的一种新的合作。自然科学家可以为哲学家提供例证和思想材料，并以某种途径直接参与对自然观问题的研究。一些横断性、交叉性科学，如系统科学，正是因为具有了高度的综合性，使得它们与哲学更为接近。这类自然科学，一方面在研究的指导思想中借鉴了哲学思辨的方法论，另一方面也能够从实证角度对哲学的自然观有所补充。

（二）自组织理论与方法

如前所述，由比利时科学家普利高津创立的耗散结构理论和德国科学家哈肯创立的协同学，统称为自组织理论，它们是系统科学基础理论的主要内容。鉴于篇幅所限，这里仅对耗散结构理论作简要介绍。

在热力学形成早期，非平衡、不可逆的现象一直被人们看作事物发展的不利方面。例如，晶体生长中的非平衡因素会破坏晶体完美的规则晶格，热机中的不可逆过程大大妨碍了热机效率的提高等。所以，人们往往只注意维护平衡，而忽视了对不可逆性的研究。当然，不可逆过程本身复杂的演化机制，也是导致对于不可逆问题的探讨近乎停滞的原因之一。然而，普利高津及其带领的布鲁塞尔学派坚信，自然界的许多现象明显地表现出时间的单向性，对于不可逆过程的研究不仅必要，而且可能会带来科学理论和技术实践的重大突破。他们致力于不可逆问题的研究，以动态的、发展的眼光，而非传统的“准静态”的角度来看待事物的演化，这种方向和态度的转变成为促使耗散结构理论创立的起点。

普利高津及其合作者首先将注意力从热力学平衡态转移到近平衡态，在近平衡态的线性区得到了最小熵产生原理，继而他们把系统从近平衡态拓展到远离平衡态的非线性区，通过近20年的努力，最终以非平衡热力学和相变理论为基础，建立起“耗散结构”的概念。通过对贝纳德对流、激光和化学振荡反应等物理和化学系统中演化现象的研究，布鲁塞尔学派总结出系统能够自发地从无序走向有序的条件和规律。一个远离平衡态的开放系统，可以不断地与外界进行物质、能量和信息的交换，当外界条件的变化达到一定的阈值时，系统内部的分子可以自行重新组织而出现某种时间、空间或时空上的有序结构。外部的特定环境只是提供了触发系统产生这种秩序的条件，这种有序结构实际上是系统内部自发形成的，所以称之为“自组织”。系统欲维持这种有序结构，必须不断地对其做某种形式的功（即输入“负熵流”），系统需要不断地耗散能量，故人们将系统通过自组织形式“进化”而产生的有序结构又称为“耗散结构”。在此基础上，以普利高津为首的布鲁塞尔学派说明了耗散结构的特点及其形成条件，据此创立了一套研究耗散结构的性质、形成、稳定和演变规律的理论，即耗散结构理论。在一定的非平衡条件下，系统从无序自发地演化到有序的自组织现象还有很多，如地质学中观察到的各类岩石上的规则图案、生物体代谢过程中的配位和调节机制、非线性电子线路中的分频现象等等。

耗散结构理论认为，耗散结构的产生和维持须具备以下几个基本条件。

（1）系统必须是开放系统。热力学第二定律指出，对于一个孤立系统（例如密闭在容器中的气体系统等），熵一定会随着时间增大，并最终演化到熵为极大值的最无序的平衡态，因此孤立系统绝对不会出现耗散结构。而对于开放系统来说，由于外界不断地对系统做某种形式的功，系统不断地“耗散”能量而抵消自身熵的增加，从而使系统可以实现从无序到有序、从简单到复杂的演化。例如，生命的持续需要食物和水提供能量，这好比从外界引入负熵流来抵消身体内部产生的正熵，也就是进行“新陈代谢”的过程，一旦某天停止从外界摄入物质和能量，生命体内部的熵就会越积越多，最终身体将趋于一种无序的平衡结构，此时也就意味着生命的终结。这便是薛定谔所说“生命在于负熵”一语的含意。

（2）系统应远离平衡态。开放只是系统形成耗散结构的一个必要条件，我们平时接触到的实际系统几乎都是开放系统，但是在物理、化学界中自组织现象的出现并不普遍，那是因为很多开放的物理、化学系统都处于平衡态或者平衡态附近。远离平衡态是系统出现有序结构的条件之一，开放系统在外界作用下离开平衡态，并且将系统逐渐从近平衡区推向远离平衡态的非线性区时，可能产生复杂系统的相变，进而形成有序的耗散结构。

（3）系统内部存在非线性相互作用。非线性相互作用是系统形成有序结构的内在原因。处在非平衡条件下的系统，如果各种流与力的相互作用是线性的，只能促使系统演化到熵产生最小的非平衡定态。系统在离开平衡态后，热力学分支失稳，只有在非线性的相互作用下，经过临界点的系统才可能重新稳定到一个新的耗散结构分支，涌现出新的性质，如图1－2。若一个系统出现了耗散结构，即使不清楚它内在具体的作用机制，我们也可以肯定其内部必然存在着某种非线性的相互作用机制，这是我们在建立演化模型时需要重点分析的一个方面，可以用非线性微分方程去描述此类系统的演化行为。

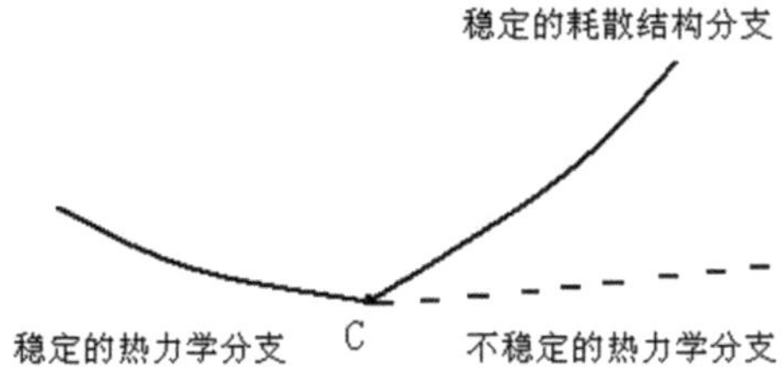

图 1-2　开放系统形成耗散结构

（4）系统存在涨落。涨落是日常生活中的常见现象，在用平均值表示系统的整体行为时，每一个个体的取值与均值的差额就被称为涨落。对一个物理或化学系统而言，通常测得的那些宏观量，如温度、压强、熵等等，都是基于多个微观粒子的统计平均效应，而现实中，系统在每一时刻的物理量并不会精确地处于这些均值，而是或多或少有所偏离，这些偏差就是涨落。涨落是偶然的、杂乱无章的，没有确定的方向，也没有准确的发生时间。在平衡态时，系统存在涨落可能使其偏离平衡态。但是，对于含有大量粒子的热力学系统，一般情况下这种涨落相对平均值是很小的，它的影响可以忽略不计。然而，对于远离平衡态的处在临界点附近的系统，涨落起着重大的作用，随机的小涨落有可能被迅速放大，使系统由不稳定状态跃迁到一个新的稳定状态，从而形成耗散结构。当系统存在多种发展前途时，初始的涨落将对其发展方向产生决定性的影响。普利高津提出“涨落导致有序”的论断，说明在非平衡系统具有了形成有序结构的各项客观条件之后，涨落对实现耗散结构起到关键触发和推动作用。由于涨落总是存在，不构成系统出现耗散结构的限制条件，所以，实际应用中我们并不重点讨论涨落的因素。

以上就是耗散结构形成的基本条件。由于耗散结构是系统自发形成的，因此，在实际研究中，人们往往致力于分析或尝试创造耗散结构产生的条件，从而判断系统的演化方向，或促使系统自发地从无序演化为有序的耗散结构。

通常系统的涨落很弱，且随机生灭，在某一时刻、某一空间位置上的随机变量的涨落，与其他时刻、其他位置上的涨落相互之间完全没有关联。但是，临界点附近的涨落则完全不同，这种涨落不仅强度大，而且具有时间和空间上的关联性和协同性，最终能够通过涨落促使系统向有序的方向演变，对此过程的量化分析发展出了协同学的“涨落原理”。事实上，系统最后实现的耗散有序结构，正是由增长最慢的那个涨落的时间和空间的序来决定的，这正是协同学要说明的“支配原理”的主要内容。总之，耗散结构理论提出了系统产生和维持耗散结构的几个基本条件，关注系统自组织的外部因素，协同学研究由许多子系统构成的系统如何协作而形成宏观尺度上的空间结构、时间结构或功能结构，特别关注这种有序结构是如何通过自组织的方式形成的，揭示出系统自组织的内在依据。正因为耗散结构理论和协同学都是描述和解释开放系统演化和自组织现象的理论，所以，我们通常将耗散结构理论和协同学统称为自组织理论。

自组织理论与方法揭示了物质系统从对称到非对称、从可逆到不可逆、从无序到有序的演化过程及其规律，且提出了处理某些系统向有序方向演化问题的有效方法，具有普适性和现实意义。其思想和方法不仅对自然科学，而且对社会科学、生命科学的研究都有重要的参考价值和应用价值，为系统的复杂性研究奠定了基础。

第三节　系统观念下教育思想的演变

虽然系统科学的理论和方法体系是在20世纪才正式建立和发展起来的，但系统观念由来已久，潜移默化地影响到教育发展的方方面面。从古至今，系统观念是不断发展和完善的，统观我国古代教育的发展历程，能够看到系统观念似乎有意无意地影响了古代的教育体制，也体现在古人的教育思想层面。作为一门新兴科学诞生之后，系统科学的观点、理论和方法开始用以考察教育活动，其认识论、方法论对于改进教育研究彰显出重要的价值，我国系统科学奠基人、著名科学家钱学森的教育思想更是给当前构建创新人才培养体系以深刻的启迪。

一、我国古代教育中的系统观念

教育是我国五千年优秀传统文化传承的重要载体，教育发展史也折射了我国历史和社会的变迁。下面以时间轴为脉络，以代表性人物为线索，以教育体制和教育思想为关注点，来梳理我国古代教育所体现的系统观念及其演变。

（一）古代教育体制的演变

远古时期，教育活动以零散的、口耳相传的形式，将早期人类的生存生活经验进行传递和传播。到了夏、商时期，专门施教的机构——学校的雏形已经诞生。周代，教育内容和体制逐步成型，形成了国学（天子和诸侯设立）、乡学（地方设立）并存的教育组织体系，内容上则以“六艺”（礼、乐、射、御、书、数）为主体。春秋战国时期，文化繁荣兴盛，诸子百家争鸣，此时私学兴起，来自民间的教育大师，如孔子、墨子、孟子、荀子、管子等著书立说、广收门徒，形成了自成体系的教育内容，儒家学说更是奠定了我国两千多年封建时代教育思想的基础。

至汉代，中央集权统治进一步强化，吏治对教育发展提出更高需求。汉武帝在董仲舒的提议下，于公元前124年在京师设立太学，为国家最高学府，与西方雅典大学等同为人类历史上最古老的高等学府。太学分中央和地方两类，建立了博士弟子制度，在全国范围内选拔、培养人才。两汉时期罢黜百家独尊儒术，孔孟学说得以发扬光大。

魏晋时期的教育则有继汉开唐的作用，民族上的广泛融合、文化上的兼容并包使得教学内容打破了儒家的大一统状况，对专科、分科教学制的发展有独创意义。

隋唐开始，科举考试制度得以建立并不断健全，成为我国教育史上的重要转折。学校教育（官学、公学）和社会教育（私塾）的标准与要求得以统一，促进了教育的规范化发展。而且，科举制度为底层的寒门学子向上流动、从政为官提供了途径，促进了政治的革新和社会的安定，在当时具有积极的社会意义和深刻的文化影响。唐代还建立了实科学校教育制，注重培养有动手能力的“实用型”人才。发达的教育使得唐代都城长安成为当时世界文化交流的中心，吸引了来自各国的大批留学生。

唐宋至明清，一种新的教育形式——书院出现并兴起。早期的书院为修书之地，至宋代，国事衰弱、官学式微，书院得到极大发展。朱熹创立了正式的书院教育制度，书院作为独立的教育机构，由私人或官府所设，成为各地名儒专门的讲学、研学场所。我国著名的四大书院（河南应天书院、湖南岳麓书院、江西白鹿洞书院、河南嵩阳书院）即盛于此时。明清时期，科举制度和封建专制达到顶峰，书院因崇尚思想自由和良知正义，常常针砭时弊、批判社会黑暗面而受到统治者监督甚至打压，逐渐没落。清末庚子新政后，各地书院均改制为新式学堂，现代教育体制引进中国，我国也进入按照西方学校建制、传授西学为主的教育时代。

从系统的观点来看，我国古代教育自身的演化总体是向着内容更丰富、结构更有序、功能更多元的方向发展，并且极大地受到当时社会经济和思想文化环境的影响，经济发达、文明昌盛时期的教育也更为发达，能人辈出，学术思想更活跃、交流互动更频繁、文化创新度和包容度更高，人才培养成效则进一步推动了时代和社会的发展进步。

20世纪，中国社会经历了极大的动荡和创伤，在从封建社会到现代社会转型的过程中，“民主”“自由”等现代意识在民众中逐渐觉醒，对于思想界和文化界产生了极大冲击，为我国现代教育体制的形成和发展奠定了基础。按照陈翊林的说法，在20世纪前三十年，我国的教育变革主要表现为四个转变：由专制政治的教育转变为民主政治的教育、由家庭经济的教育转变为国民经济的教育、由宗法社会的教育转变为国家社会的教育、由旧文化的教育转变为新文化的教育。执政者意识到，学习西方先进的科学技术、发展生产力是国家面临的第一要务，而教育要为国家发展和经济社会的转型服务，这是教育系统政治功能与社会功能的体现。即便在战火纷飞的年代，国家依旧优先保障了教育资源的供给，国民教育体系也在艰难维持中保持了生机与活力。然而，在充满斗争、矛盾和冲突的曲折复杂的社会变革过程中，我国的教育改革不断遭遇重大危机，传统教育一度被完全抛弃，而新兴的现代教育也遭受了严重挫折，向现代教育体制的转型一度断层。好在20世纪中后期，国家发展回归正轨，具有中国特色的社会主义现代化建设起步，我国教育体制的转型也走上了新的理性发展的道路。

中华五千年的文明具有极强的包容性和开放性。当前回归国学教育传统的呼声不断出现，这一点引发了学界对完全遵循西方教育体制、发展现代学校教育方式的反思。不过，传统文化的复兴绝不是重拾窠臼，重走复古、复旧的老路，不能浮于表面，取之形式上的皮毛，更不能排斥西方教育思想和某些先进的精神文化而故步自封，而应科学、理性和辩证地看待传统教育，在与现代科技和世界文化的交流碰撞中合理取舍，把握传统文化思想精华、倡导其中符合时代精神和民族精神的人文内涵，将二者合理地融会统一。

（二）古代教育家的系统思想

如前所述，早在春秋战国时期，我国就出现了如孔子、墨子这样的教育大师，之后的董仲舒、王充、韩愈、朱熹、王守仁、王夫之、颜元等思想家，都在不同时代提出了对后世产生重要影响的教育思想，这些教育思想中不乏系统思维。

孔子是我国古代最著名的教育家，被尊为“万世师表”，其教育思想和实践内容丰富多彩、源远流长。在教育对象上，他坚持普遍性与特殊性相结合。一方面，孔子主张“有教无类”，任何人无论出身、不分贵贱，都可以获得教育，成为他的学生。另一方面，孔子认识到人的层次性和差异性。子曰：“中人以上，可以语上也。中人以下，不可以语上也。”他会针对学生的不同特点“因材施教”，根据不同的对象选择适切的指导方法，《论语》中记载了不少具体事例，这里不再赘述。孔子还极其关注教学个体及其行为之间的相互关系。子曰：“三人行，必有我师焉；择其善者而从之，其不善者而改之。”他认为人与人包括师生之间可以相互学习，共同成长。子曰：“我非生而知之者，好古，敏以求之者也。”知识和智慧不是天生的，而是勤奋好学的结果。“学而不思则罔，思而不学则殆。”学习与思考应该相互结合，只有某一方面都是不好的。孔子的这些言论蕴含了教育活动中各主体、各因素相互影响，且一定条件下可以促成人的发展等系统观点。

墨子的成就涉及政治、哲学、逻辑、伦理、科技、军事等方面，其教育思想也闪耀着理性的光辉。墨子非常强调环境对人的影响，认为环境和教育对人的塑造非常重要，他的“染丝说”就表达了这样的观点：“染于苍则苍，染于黄则黄，所入者亦，其色亦变。……故染不可不慎也。”与此同时，墨子反对命定论，认为人通过学习、通过主观上的努力能够改变命运。“夫岂可以为其命哉？固以为其力也。”墨子还关注教育与生产、教育与社会发展的关系。“教人耕与不教人耕而独耕者，其功孰多?”“天下匹夫徒劳之士少知义，而教天下以义者，功亦多”这些论述正是阐明了教育促进社会发展、传播知识道义的重要作用。墨子在教学目标上强调“厚乎德行”“辩乎言谈”“博乎道术”，形成思想道德教育、逻辑思维训练、文史和科技教育等内容互补、富有特色的教学内容体系。

西汉的董仲舒将儒家学说神学化，创立“天人感应”学说，其倡导的独尊儒术、兴办太学、重视选举等三大文教政策对于后世教育的发展意义重大。东汉的王充是杰出的唯物主义思想家和教育家。他强调世界构成的物质性，探讨自然存在的原理，对万事万物、包括人的生成变化做出了自己的解释。在教育方面，王充的知识观和认知论都是极具进步意义的。在其著作《论衡》中，他提出“人有知学，则有力矣。”他认为人比起其他生物的优越之处在于有认知能力，可以通过学习获得知识、产生力量。《论衡·实知》中专门探讨了知识的来源和目的。认知是为了尽可能地认识各种事物内在的性质。“尽知万物之性，毕睹千道之要也。”而人不管资质如何，都应该依靠学习和实践，需要“学而知之”，进一步利用和发挥自己的认知能力，扩大自身的认知范围。所谓“人才有高下，知物由学。学之乃知，不问不识。”学习要与实践相结合，感性认识要与理性思考相结合，学到的知识应通过事实的检验，就可以从外界获得可靠的经验，由经验提出对未来的预判。“不目见口问，不能尽知也”“凡圣人见祸福也，亦揆端推类，原始见终，从闾巷论朝堂，由昭昭察冥冥”，这些认识在当时是难能可贵的，体现了王充对于人在发展过程中，其学习、认知、实践之间相互关系的思考。

唐代的韩愈，被后人尊为“唐宋八大家”之首，除了文学、思想、政治方面的造诣外，也是一位影响后世的教育家，他强调了教师和人才的重要性，以《师说》一篇系统论述了教师的标准、职责、作用和教学相长的原则。宋代的朱熹、王守仁等理学家也非常重视教育，并身体力行地传道授业，主张将学习划分为蒙学、小学、大学等不同阶段，根据人在不同时期的认知特点和心理发展水平去编制教材，还要区分不同人的资质与才能去安排相应的教育内容和活动，强调发挥人的学习主体性，实现教与化、知与行的统一。但在培养人的具体过程方面，尤其是“知”和“行”的关系方面，朱熹提出了知先行后说，王守仁则主张知行合一，认为两者的关系是“知者行之始，行者知之成”，知和行是相互作用、相辅相成的，不可以分作两事。明末清初的王夫之、颜元等思想家，进一步强调教育在人的发展中的决定性作用，主张学思结合、知行并进，认为教育应面向实事、实物，倡导学以致用、培养经世致用之才。

上面我们粗略地梳理了中国古代部分学者的教育思想以及其中所体现的系统观念，可以一窥中国古典教育理论和传统文化中的部分思想精华。这些隐含了教育与环境相互作用、因素之间对立统一、事物不断发展变化等系统观的教育思想，不仅推进了当时的教育发展和社会进步，为华夏文明的传承与繁荣做出了历史性贡献，对于现代教育实践以及采用系统观念推进教育研究，也有着启发意义和借鉴价值。

二、系统科学之于当代教育研究的价值

对于系统科学的科学内涵和学科定位及性质，国内外学者持有多种观点。比较共性的认识是，系统科学是一门交叉学科、横断学科，系统科学可以应用于其

他各类系统的研究，甚而作为一门元学科，即可以探讨其他学科的学科，在与其他学科的互动与碰撞中得到发展。自然地，系统科学的思想和理论框架可以应用于教育科学研究中，为教育研究打开新思路、提供新方法。下面简要阐述系统科学对于教育研究在认识论和方法论上所体现的价值。

（一）系统科学对于教育研究的认识论价值

从古希腊时代开始，“本体简单性”成为很多哲学家的信念，即认为万物都源自少数几种简单的物质或元素。这种信念也影响了近代的自然科学家。牛顿有句名言：“自然界喜欢简单化，而不爱用什么多余的原因来夸耀自己。”[①]爱因斯坦则说：“自然规律的简单性也是一种客观事实。”[②]这两句话反映了近代科学传统的一个基本观点。在经典物理学的世界中，各种复杂的现象都可以由一些简单的规律或简明的数学形式加以解释，牛顿力学的公理化体系、以往的分子原子论等，都将理论建立在这样的简单性法则之上。简单性、简明性成为近代科学理论所追求的目标和特色之一，贯穿在近代自然科学的认识论和本体论原则中，也渗入人文社会科学领域。比如，古典经济学建立的一般均衡理论（General Equilibrium Theory），以一种静态的、均衡的方式去描述和分析经济系统的演化行为，得到的也是唯一的、趋于稳定的演化结果。

基于简单性原则，事物之间的因果关系和相互作用在机械决定论的范畴之中，事物的发展变化也就是确定性的，必然服从于某种规律。正如拉普拉斯所描绘的世界观：“用相同的分析表达式去理解宇宙系统的过去状态和未来状态……我们应该把宇宙的目前状态看作是它先前状态的结果，并且是以后状态的原因。”[③]这样的思维方式也一度影响了教育研究与实践。从夸美纽斯（Jan A. Komenský）、赫尔巴特（Johann F. Herbart）到现代的教育学领域，简单性科学范式的影响是深远的。传统教育学理论中，确立了“以教师为中心”的立场，认为教师“讲授”这个“因”一定能导致学生发展的“果”。在教学实施上，工业流水线的生产方式（即福特主义所代表的生产生活模式）逐步推进了教育的均等化和标准化。学校教育的大范围普及、班级授课制的推行，使得标准化的课堂和统一化的教学内容得到贯彻，教育系统在简单性范式主导下发展为一个严密而制度化的系统，培养了大批适应于工业时期社会生产需要的劳动者。

20世纪，科学技术快速发展，人们对于周围客观世界的认识大大深化了。20世纪初发生的物理学革命开始动摇了简单性法则，引起了认识论的革命。从物理

① 塞耶，H.S编，上海外国自然科学哲学著作编译组译．牛顿自然哲学著作选［M］．上海：上海人民出版社，1974：3.

② ［德］爱因斯坦著，许良英，范岱年编译．爱因斯坦文集．第1卷［M］．北京：商务印书馆，1976：214.

③ D.拉普拉斯．李敬革，王玉梅译．论概率［J］．自然辩证法研究，1991（2）：59-63.

学家庞加莱（Poincare）的三体问题研究开始，到哥本哈根学派主导下的量子力学的发展，科学界逐渐意识到，不确定性广泛地存在于现实中，人们的思维方式开始向着多重性的方向转变。随着系统科学特别是自组织理论的提出，不可逆性、不稳定性、非线性关系等复杂性的概念也随之出现在现代科学的词典中，不仅对自然科学有所改造，对教育学、经济学等人文社会科学领域也产生了日益重要的影响。人们逐渐意识到，自然规则的简单性追求不能代表研究方向和研究过程的简单化，所谓的简单性法则应该是追求一种明晰的、有效率的普适性结论，而不是放弃对于研究对象自身复杂性的探索。

在复杂性科学思想的主导下，教育系统的复杂性得到关注。从构成要素上看，教育系统中存在着教育者（教师）、受教育者（学生）、教育组织（班级、学校）、教育相关部门（政府、企业、社会机构）等多元主体，不仅数量庞大，且具有多个层次，并且多主体之间、各层次之间不是线性关系，还存在着复杂的非线性相互作用。从系统演化过程上看，由于教育活动的主体是具有主动性、能动性和有限理性的人，使得教育活动及过程不仅有着多样化、差异性的内容和形式，而且存在着多种发展方向和不确定性的演化结果。从系统与环境的关系来看，教育系统具有相当的开放性，与经济、政治、文化、人口、地理等系统都存在着密切关联。可以说，教育系统就是极其复杂的涉及诸多要素的系统。这样的认识论上的转变，无疑扩展了传统教育学研究的视野和空间。

复杂性科学产生的基础是假设纷繁复杂的现象背后，在底层上存在着统一、普适的科学规律。系统科学强调对现实系统进行合理的简化与抽象，并通过构建模型刻画系统的行为、规律和特征。对于多层次、非线性的教育系统，借助复杂性科学的动力学方法、多主体方法和随机方法等基本研究方法，用建模和数理统计去描述系统的状态变化及其宏观表现，有助于从整体上观察教育系统要素、结构和功能关系，发现隐藏其中的复杂系统演化和调控规律，从而达到优化教育实践的目的。

我们也认识到，人类目前对世界的确定性认识还很少。教育具有文化、政治、社会等多重属性，面向的是人类的心智活动和深层的智能行为，而人类的许多认知行为不能简单地用物理法则和漂亮的形式系统来解释。正如马里奥·邦格所言，“事物同它的人工模拟并不是一回事”“它只是某些方面与原来的过程相像而已”①。教育系统作为极其复杂的涉及诸多要素的系统，其复杂性远远超过现有计算机的算法描述能力、建模和推理能力。虽然有学者对复杂性研究范式应用于教育领域的可能性和可行性提出了质疑，但是，如果我们依然采用机械决定论的简单性法则来研究和处理教育问题，必然会忽略掉教育系统自身存在的种种复杂性

---

① ［加］马里奥·邦格著，李宗荣，李成芳译．涌现与汇聚：新质的产生与知识的统一［M］．北京：人民出版社，2019：152.

因素，尤其是所涉主体——人的多样性因素，而这些因素，或许正是理解教育活动背后的原理、解释教育现象背后规律的关键所在。即使复杂性研究方法当前还极不成熟，教育领域的复杂性研究也处于起步阶段，存在诸多困难，但已有不少学者尝试将复杂性研究范式引入教育领域，让我们对于教育问题的探索有了新的观察角度和研究切入点，这正是创新教育学理论与实践的契机。

（二）系统科学对于教育研究的方法论价值

系统科学以唯物辩证法的哲学方法论为基础，是区别于传统认识论发展起来的一套理论与方法体系，其方法论自然不同于以往的经典科学方法论。经典科学方法基于笛卡尔方法论原则而建立和发展，即把事物分解还原成更容易研究的要素，通过对要素的研究，按照叠加原理对部分进行加总，去获得对于事物整体的认识。系统科学则是另一个方向，从事物的整体出发，不是用各部分的简单汇总去解释整体，而是基于对部分的认识、在还原要素的基础上加以综合，用整体去解释部分，所以，它不是简单的整体论，而是超越还原论的整体论。经典科学关注单学科发展和各类系统的实物性特征，而系统科学关注的是跨学科发展和各类系统的关系性特征。系统方法论对于教育研究有着极强的参考价值，以教育系统为研究对象，从系统与要素、要素与要素、系统与环境的相互关系中揭示系统整体的性质和规律，进而为现实中教育问题的解决提供科学依据。

具体而言，在系统科学的方法论原则下，在涉及教育制度的宏观层面，我们可以着重研究教育系统的目标、过程、方法、主体之间的相互作用等内容，本书后续阐述系统观念下的教育发展关键问题一章中会有相关阐述。在课程与教学系统的中观、微观层面，我们可以关注系统的以下特性，通过系统方法论的合理应用，获得与传统教育观不同的研究角度，以系统观念推动现实中的教育教学改革。

（1）教育目的和教学内容的动态生成性。在工业化教学模式下，标准化教材和教学设计成为主导教学过程的主要因素，教育系统会利用各种程序、规则等外部约束，来减少和排除系统中的偶然性因素，从而加快实现统一的教育目的。无可否认，标准化的教学安排有助于教学的连续性和效率提升，然而这样的系统也是僵化的、呆板的，预先设定的教育目的和按部就班的教学内容，往往扼杀了创新思维的形成，不利于学生和教师的主体性发展。

与此相对，按照系统方法论原则，我们应根据不同的教育对象和过程，动态地调整教育目的和教学内容，关注系统内部要素之间的协同效应，找到影响学生发展的关键“序参量”，使其在学生学习成长的重要时间或事件节点（突变点）上发挥积极的引导作用，促使系统向有序的方向演化。同时，允许并鼓励学生对已有信息、经验和知识的个性化建构，并将这些非预设的教学内容整合到已有的教学框架之中，实现教学相长，促进创新思维的发展和新知识的生成。正如有人所说，课堂应是向未知方向挺进的旅程，随时都有可能发现意外的通道和美丽的图景，而不是一切都必须遵循固定线路而没有激情的行程。

（2）教育过程的非线性和随机性。以往的教育过程，尤其是具体到课堂教学层面，往往是按照教案进行的一种程式化的教学活动，对于教育过程的研究，通常也采用确定性的描述方式，而忽略了实际存在的种种非线性和随机性因素。实际上，一个教育系统的演化方向并非确定的，开放系统在非线性作用等条件下，其原有的演化轨道会失稳，系统将存在多种演化方向，最终发展为不同的教育结果。因此，应采用确定性与概率性相结合的系统方法来讨论教育过程，尤其关注教育过程中的不确定性和随之可能产生的“涌现”现象，把握好教学过程中的主要矛盾（慢变量、序参量）和偶然性因素（随机变量），并将之转化为好的“教育时机”和“可教学时刻”，引导系统向着有益于达成教育目标的方向演化。

（3）教育活动的开放性和环境适应性。教育活动是发生在社会大环境之中并受限于客观物质条件的，与经济、政治、文化等等系统都存在相互作用，研究教育系统不能忽略掉环境对系统发展及演化产生的种种影响。

一方面，要促使教育系统不会演变到单一、均衡的热力学平衡态，而是向着有序的方向演化，系统的开放性是必不可少的，教育系统必须与外界有着物质、能量和信息的交换。在讨论教育系统的开放性和演化方向时，很多学者引入了“熵”的概念来描述系统状态，认为熵代表了系统的有序或混乱程度，系统要有序就应保持在低熵态，让系统产生“负熵”以抵消内部的熵增效应。这里要注意的是，熵描述不同系统的状态变化，有热力学熵、信息熵、演化熵、结构熵等不同的提法，虽然有相对统一的表达式，但具体涵义是有区别的。热力学熵度量的是系统微观状态数的变化，信息熵度量的是某过程中对事物了解不确定程度的变化，演化熵描述系统演化的不确定性，结构熵描述系统结构的非同质性。对一个开放系统来说，输入“负熵流”是一种形象的表述，相当于外界环境对系统做某种形式的功，系统可能获取了物质、能量或者信息，系统状态的不确定性减少了，有序程度提高了。而且，层次性是复杂系统的显著特点，复杂系统某层次上为减熵、增序时，在另一层次上可能呈现熵增状态，研究复杂系统的熵应分层次进行，建立描写系统不同层次之间的多个不确定性的多个熵函数。所以，应明确教育系统的层次结构，明确是在什么层次上进行的讨论，此时的熵描述的是系统何种属性的变化，这样才能够深刻地揭示教育系统的性质和演化行为。

另一方面，教育主体对于环境具有适应性，这种主体的适应性会进一步造就系统的复杂性，而非限于“刺激—反应学习理论”所给出的条件反射式学习行为，不同的外部环境（条件）会引致多样化的学习行为，给教育系统带来复杂性和多样性。需要注意的是，在系统科学构建的研究框架中，我们讨论的是环境对系统造成的影响，特定环境下系统的行为特点和演化规律，而不会讨论环境自身的变化。

（4）知识体系的连通性。用经典科学的还原论方法认识世界带来的是知识的分化，也形成了当前盛行的分科教学体系，分为不同的学科进行知识传授，也划分为不同的专业进行人才培养，专业化人才当然是社会实践所需要的，但背后也有难以培养出“大家”“领军人物”的缺陷。

知识是人们在改造世界的实践中所获得的认识和经验的总和，不同的学科是人类认识和理解世界的不同范围和角度。世界是一体的，知识本身也没有分界，一个个独立的学科将知识划分为一座座“岛屿”，而系统科学具有极强的跨学科性质，有望成为连接这些岛屿的“桥梁”。系统方法论从整体性的角度出发看待科学本身，用分析与综合相结合的方法去讨论各种一般性的系统问题，意图探讨各个领域中的概念、规律和模型的同型性，以实现跨领域的转移使用。在系统科学思想和系统方法论的指引下，我们的课程观和知识观应是连通的，不被传统的学科边界、技术和方法边界所限制。虽然分科教学仍是当今教育形式的主流，然而教育者应认识到科学知识内在的统一性和科学方法之间可能存在的某种连贯性，去引导和教会学生将不同学科、不同领域的知识和技术融会贯通，从而能够培养出更加全面发展的人，去更全面、更深刻地认识我们所生活的世界，进而有所创造、有所发现。

（5）教育评价的复杂性和动态性。教育评价本身具有相当的复杂性，涉及多主体、多层次，有多个内容维度，且评价对象是发展变化的。仅就教学评价而言，人才培养的目标是多元的，学生发展和培养过程是变化的，以统一考试、以试卷分数作为唯一依据对教学成效进行定量评价的方式，虽有其精确、客观和一致性，也容易执行且为大众所接受，看起来“分数面前人人平等”，其实有着不可避免的局限性和片面性，容易“只见树木，不见森林”，忽略掉学生的全面发展和某些方面的个人特长。如果学校教学单纯追求考试成绩和升学率的话，可能造成学生身心发展水平的失衡，不利于其情感、态度、价值观的综合培养。所以，应从学生全面发展的角度，建立开放的、动态的、定性与定量相结合的教学质量评价体系，并通过评价结果的反馈、迭代，去适时地调整和修正评价体系，使其适应外部条件的变化和不同学生在不同发展阶段的身心特点。关于教育评价的问题，后续章节会进行系统性评述。

（三）系统科学对于教育研究范式的启发

研究范式是一个学科或研究领域进步与否的评价标准，能够促使研究者共同体的建立，并引领研究的深入发展。我国教育学研究由于缺少学术共同体和公认的研究范式，加之研究对象不明确，研究方法论薄弱，致使研究成果精品较少、缺乏坚实的积累和实质性进展。教育技术研究也同样呈现出比较零散的样态，缺乏系统性、创新性和研究合力，没有形成核心的理论知识结构体系和独特的话语逻辑体系。鉴于研究方法体系和学科知识系统本身也是系统科学的研究对象，系统科学的方法论在化解自然科学与人文科学的冲突，建立相对统一的研究范式方面，以及明确教育学研究对象，构建其知识结构和研究方法论方面，都有着明显的借鉴意义和应用价值，国内教育学界也开启了这方面的探索。

与教育领域传统的思辨研究和定性研究方法相比，系统科学中的数理分析与预测、模型模拟等方法，较为强调量化技术手段的使用，可以扩充基于统计学的教育实证研究方法，突出研究过程的精确性和规范性，为研究结果提供更接近自然科学意义上的分析和判断依据。当然，教育活动的非线性、多样性和复杂性特征，决定了教育研究不能完全依靠数据、信息和模型，为数据而数据的技术主导的方法中心思维不可取。因而，系统分析本身所强调的整体性和综合性原则，可以促进相关学科知识的整合及研究方法的融合，避免教育研究中单向度的价值观、固化的研究思维或任何一种研究方法的“垄断”。进一步，以唯物辩证法为本质的系统方法论，不仅让我们认识到教育系统的生成性、随机性、开放性、连通性、动态性等特性，还有望补充和丰富教育学研究范式，并对多元研究范式进行统合。面向当代中国教育学研究领域产生的“思辨研究范式”“量化研究范式”和“质性研究范式”萌芽，通过分析思维与综合思维、主观作用与客观分析的有机结合，通过对已有研究方法和研究成果的检视和反思，可以构建起更符合我国教育实践特色的教育研究方法体系，并在多极性、非线性的科学逻辑下，促成多元研究范式之间的有效融合。

哲学是范式的最高层次，从这一点来说，我们希望基于系统科学方法论，借由对具有统合思辨研究、量化研究、质性研究作用的教育学研究范式的探索，发展起一套独有的“研究哲学”。从认识论来说，需要真正超越还原论，以复杂性的思维、统一性与多样性共存的原则去认识教育研究，避免“实证主义”与“人文主义”的相互对立、立足于“教”与立足于“学”的相互对立、理论研究与实践研究各自为战等局面。从本体论来说，把握教育作为一种特殊人类活动的深刻内涵，明确教育研究的对象是抽象的教育系统、是开放的复杂巨系统的判断，基于对教育研究对象与教育研究本身的思考，尝试建立关于教育系统的知识结构和方法体系。从价值论来说，研究的目的是“还原事实、揭示意义和把握真理”①，教育研究同样处于相互关联的“事实—真理—意义”系统之中，应为人类更好地认识教育世界、发现教育规律，更科学地实施教育提供依据。从方法论来说，将教育系统作为研究对象，可遵循以思辨研究、量化研究、质性研究等三个方面相结合为重点的系统方法论，体现不同研究路线、多种研究方法论取向的辩证统一。

三、钱学森的教育思想

钱学森不仅是我国航空航天事业的开创者，系统科学的奠基人，他对于教育

① 杨开城，李波，董艳. 论教育学研究方法论［J］. 中国电化教育，2018（1）：1-6.

发展和人才培养也十分关心，进行了很多富有思想性、前瞻性的研究和思考，从其一生的教育与科研实践中，从其在各种场合的发言中，可以挖掘和体会到钱学森的教育思想，这些教育思想，体现了他对于国家发展教育、培养人才的使命感和责任感，也体现了他作为著名科学家去探索和解决教育问题的独到视角与智慧。

依笔者拙见，钱学森的教育思想可以归纳为两个大的方面：第一，钱学森关于拔尖创新人才培养的思考，即围绕“钱学森之问”的相关思考，主要包括他提出的缩短学制、文理并举等观点。第二，钱学森关于用现代科学技术体系来培养人才的思考，以其“大成智慧”教育思想为代表，主要包括以马克思主义哲学作为指导思想、打破学科界限进行人才培养、以系统科学作为基本的教学内容等。

（一）钱学森关于拔尖创新人才培养的思考

2005年，当时已94岁高龄的钱学森发问：为什么我们的学校没有自己独特的创新的东西，老是‘冒’不出杰出人才？这就是著名的“钱学森之问”，此问引发了我国教育界的热议，一直是我国教育发展的一道艰深命题。围绕杰出人才培养（英才教育）的问题，钱学森结合个人的受教育经历和对教育系统的深刻观察，同时吸收了思维科学和心理学的研究成果，给出了他的洞见，可以概括为如下几点。

一是借助科学的教育方法，缩短学制。

钱学森提出，我国教育发展战略可以考虑进行学制大改革。根据中国科学院心理学研究所的研究结果，小学阶段就可以接受抽象思维的训练，而面临日益激烈的国际人才竞争、智力竞争，他建议可以重新规划学制，加快提升民众的知识文化水平。比如4岁入学，采取10年一贯制，10年后即14岁高中毕业，且实际水平要达到相当于现在的大学二年级，再加4年大学，即18岁大学毕业，要达到硕士水平。人才在这个基础上再发展就有很大的空间。中国应长远地规划教育发展战略，及早建立培养少年英才和创新人才的教育体系，这是钱学森所反复呼吁的事情，到了今天仍没有得到很好的实践，在国家面临核心技术“卡脖子”难题时，更彰显出其急迫性。

为了保障较短学制下的教育成效，应革新教学方法，充分使用现代科学技术来培育拔尖人才，应用技术构建一个与人才自身成长“内部环境”相对应的“外部环境”。比如钱学森提到的用电子计算机和信息数据库同学生对话的教学系统，以及模拟真实场景进行飞行员训练的飞行模拟器，类似于当前很热门的智能导师系统和应用虚拟现实技术来进行的情境化、体验式教学。钱学森还提到了电化教育、广播电视教育在教育创新、优质教育资源普及等方面的潜力。当然，钱学森后来也曾补充说明，缩短学制并在短期内达到较高的学术水平不是对所有人而言的，职业技术教育也很重要。

二是文理并举，拓宽人才的知识面。

钱学森曾反复强调，科技帅才不能是一个方面的专家，他必须有广博的知识，包括要学习马克思主义哲学，要了解整个科学技术，要学习世界的知识，要学习军事科学知识，还要学习文学艺术。这样可以培养一个人从多种角度看问题的意识，让人思路开阔，避免机械唯物论。我们的老一辈革命家文艺修养都比较高，就是这方面的例证。

钱学森在多个场合强调人才培养要文理并举，注重科学与艺术的结合，而他自己的经历亦是如此："我父亲钱均夫很懂得现代教育，他一方面让我学理工，走技术强国的路；另一方面又送我去学音乐、绘画这些艺术课。"对于艺术对他从事科学研究的帮助，钱学森说："艺术上的修养，不仅加深了我对艺术作品中那些诗情画意和人生哲理的深刻理解，也学会了艺术上大跨度的宏观形象思维。我认为这些东西对启迪一个人在科学上的创新是很重要的。科学上的创新光靠严密的逻辑思维不行，创新的思想往往开始于形象思维，从大跨度的联想中得到启迪，然后再用严密的逻辑加以验证。"①钱学森以自己成长的道路以及敏锐的观察来看人才培养，阐述了在创新人才培养中必须重视的内容：文理兼容，专博相济，拓展知识面，才能造就杰出人才。这里，学习多层面多领域的知识，绝不是要灌输和记忆更多的学科知识，而是要从多个角度去开发智力，启迪人的智慧。虽然还没有教育学和心理学的整套规律去验证此观点，然而这样的经验之谈对于改革当前盛行的专科教育、专业教育是颇具启发意义的。

三是营造开放的学术环境，培养年轻人的创新精神。

创新人才的培养需要有鼓励创新的环境，而这种环境必然是开放的、包容的，以崇尚真理、学术民主、思想自由为原则，鼓励创造性思维和多元化思考，允许学术辩论和对于权威的质疑，接纳与众不同及个性化。在担任中国科学技术协会副主席、主席期间，钱学森大力倡导学术民主，在多个场合宣传学术民主的要义，包括"科学技术工作也必须贯彻党的民主集中制""大家充分发表意见，互相交流，争吵一下也没有关系""既要严肃认真，又要生动活泼，充分发扬民主，百家争鸣，百花齐放"②等等。为此，从教育体制改革的层面出发，政府要把对学校的具体管理转变为把握办学方向、监督办学质量的宏观调控，要放活学校，杜绝管太多、太死、太细；在学术界倡导学术自由，充分激发全社会的创新活力，厚植自主创新的土壤。学校层面，要推进学术民主，营造自由创新的理念、文化、情感氛围，开发多元智能教学活动，培养学生创新能力，不要搞成死气沉沉的知识教学，让学生死记硬背、疲于应付书山题海，变成做题和考试"机器"。

钱学森曾举过自己就读的加州理工学院的例子③："加州理工学院给这些学者、教授们，也给年轻的学生、研究生们提供了充分的学术权利和民主氛围。不同的

① 钱学森．钱学森最后一次系统谈话：大学要有创新精神［J］．教书育人，2010（1）：76-77.

② 钱学森．开展思维科学的研究［A］．关于思维科学．上海：上海人民出版社，1986：162.

③ 钱学森．钱学森最后一次系统谈话：大学要有创新精神［J］．教书育人，2010（1）：76-77.

学派、不同的学术观点都可以充分发表。学生们也可以充分发表自己的不同学术见解，可以向权威们挑战。”“整个学校的一个精神就是创新。在这里，你必须想别人没有想到的东西，说别人没有说过的话。”在这样的学术氛围中，钱学森称自己“一下子脑子就开了窍”“大受教益，大开眼界”。在这样的科学创新精神引领下，在思想活跃、寻求突破的学术气氛中，以自由、民主的精神为底色，学校才能“培养会动脑筋、具有非凡创造能力的人才”。而在国内，钱学森“感到中国还没有一所这样的学校”，我们培养的往往是人云亦云，老老实实的“听话”的学生。这是钱学森在90多岁高龄的时候，想到中国的长远发展而依然忧虑的事情。

值得期待的是，这一状况正在发生改变。国家在教育宏观治理层面正进行“放管服”改革，旨在改变教育管理官僚化、学术行政化与办学产业化等弊端，通过政府的分权、放权，让学校具有更多自主权，让社会力量更多参与教育中，激发教育领域的生机活力，形成培养杰出人才的环境。教育方针也更加强调“德、智、体、美、劳”五育并举、促进学生的全面发展；教育方式鼓励针对学生潜质、特长和发展方向而进行个性化培养，鼓励研讨式、探究式教学，通过持续的学术民主培植“创造性思维”的土壤，推进多元化、差异化教学评价等等，都是以教育理念的更新、教育方式的变革等创新举措，回应“钱学森之问”。

（二）钱学森的大成智慧教育观

再看第二个方面，钱学森的“大成智慧”思想在教育中的阐释和应用，主要源于他在唯物辩证法的启发下，对学科知识体系的思考以及对系统科学重要性的强调。“大成智慧”一词的名称极具中国特色，其本意是“把一个非常复杂的事物的各个方面综合起来，集其大成”[①]，即将相关资料、信息和人的知识、经验、思维成果等集成起来，借用中国传统文化中“集大成、得智慧”的思想，超越机械唯物论和唯心主义，去解决现实复杂系统的各种问题。虽然有学者将钱学森所有关于教育的论述都归入大成智慧教育思想中，但笔者以为，大成智慧教育更多地来源于钱学森对于现代科学技术的认识论，与其关于杰出人才培养的观点虽有同源性和交叉性，但仍有相互独立的思想内涵，因此笔者加以分别阐述。大成智慧教育思想的核心要义可以概括为以下几点。

一是以唯物辩证法作为基本的世界观和方法论。

“大成智慧”中的基本概念就是智慧，而哲学是关于智慧的学问。要有智慧，丰富的知识是必要的，但光有知识是不够的，要能够合理地选择和灵活地使用知识去解决问题，并达到最佳效果。现代科学技术将知识分门别类地划归到不同的学科体系之中，目的就是让人类的知识系统化、结构化，更利于传播和传承。而能够对各个系统化了的知识体系进行概括的就是哲学。这里，钱学森指出，“我认

① 顾吉环，李明，涂元季编.《钱学森文集》卷六［M］. 北京：国防工业出版社，2012：273-274.

为马克思主义哲学、辩证唯物主义是一切知识的最高概括”“要有智慧就必须懂得并学会运用马克思主义哲学去观察分析客观世界的事物。”[①]马克思主义哲学的精髓就是唯物辩证法，通过对人类社会和自然发展变化规律的深刻揭示，通过把现代科学技术和古代哲学思想结合起来，形成对于世界的从局部到整体、从低层次到高层次的辩证统一的认识。在人才培养中，要把马克思主义哲学教育放到基础位置，要以辩证的、发展的观念去学习现代科学技术，也要传承和发扬我国优良的传统文化。

以唯物辩证法去指导教育基础理论的研究，钱学森强调教育的基础科学是脑科学。要通过对大脑发育和运转规律的研究、人的思维发展规律的研究，以脑科学、思维科学和心理学为基础，从认知、情绪、策略等角度去改进教育理念和方式方法。例如，学制改革、学科设置、创新思维培养，包括教育科学自身的发展等问题，不能靠主观想象，靠经验总结和借鉴国外的做法也是不够的，还应该有自然科学规律的支撑。比如，基于脑科学的研究成果，人类高水平的思考与交流能力来自脑神经元具有的长距离的轴突，能够及时地汇聚、贯通输入的感知觉信息，而新颖、奇特的外部信号对于脑神经轴突的长距离发育具有良好的促进作用。由此启发，跨领域、大跨度的知识和外部信号刺激可能会促进脑神经轴突的延伸和长距离神经元的发育，从而激发更好的创新思维。

二是人才培养要打通学科界限，实现大跨度联系。

除了脑科学方面的依据，从现代科学技术的发展来看，一方面已有学科不断分化，越分越细，新学科、新领域不断产生，呈现出高度分化的特点；另一方面不同学科、不同领域之间相互交叉、相互融合，向综合性、整体化的方向发展，呈现出高度综合的趋势。因此，我们的人才培养，既要强调学科和专业的精通，更要强调学科和知识之间的相互贯通和融合，需要打破行业、学科领域间的界限，集知识体系之大成，这是大成智慧教育观的核心观点。正如钱学森所强调的：“大成智慧的核心就是要打通各行各业各学科的界限……整个知识体系、各科学技术部门之间都相互沟通，相互促进。人的创造性成果往往出现在交叉点上。”“大成智慧教我们总揽全局，洞察关系，可以促使我们突破障碍，从而做到大跨度地触类旁通，完成创新。”[②]

大成智慧教育观所倡导的知识整合、跨学科的人才培养模式，是钱学森在前瞻性地预见到21世纪科学技术发展趋势后所做出的论断，面对与经济、社会、环境发展密切结合、与哲学社会科学相统一的发展迅速的现代科学技术，应建立开放的、融通的学科知识体系，来培养“科学家＋工程师＋思想家”类型的复合型

① 上海交通大学钱学森研究中心编.《集大成 得智慧——<钱学森谈教育>》［M］.上海：上海交通大学出版社，2015：111，123.

② 钱学敏.《钱学森科学思想研究》［M］.西安：西安交通大学出版社，2008：186.

创新型人才，这样才能打赢和平发展时期国家与国家之间的“智力战”“人才战”。比之STEM（科学、技术、工程与数学）教育模式，这样的人才培养模式面向的对象更全面，也是富有远见的。

三是要把系统科学的最新成果教给学生。

大家知道，钱学森创建了我国的系统科学体系框架。他主持开展系统学和系统科学的研究工作，丰富和深化系统学理论、方法体系和实践体系，同时致力于培养系统科学的研究人才和队伍。1986年至1992年，钱学森组织开展了“系统学讨论班”学术活动，笔者的导师姜璐是国内第一批参加该讨论班的学员，得到了其亲自指导。

钱学森在谈及系统科学的重要性时曾说：“我们若是把这件事做成了，将会是震动世界的，在科学史上的意义将不亚于相对论和量子力学。”①不仅系统科学自身的发展至关重要，系统科学的教育和普及也十分关键。钱学森指出，一定要让学生上系统科学的课程，把系统科学的最新成果教给学生。系统科学不仅能够让学生对客观世界有一个整体的认识，而且让学生知道用哪一类方法论去认识和分析不同类别的系统。

在教育领域，加强系统科学的普及已成为国际上的共识。例如，美国政府对于在青少年中培育系统科学思想非常重视，美国科学促进协会（American Association for the Advancement of Science，AAAS）早在1993年出版的《科学素养的基准》一书中，就已经将系统科学的相关内容，包括系统、模型、恒定与变化、规模等系统科学所涉及的基本概念和原理，以“通用概念”的具体、形象的描述形式，设计到从幼儿园到12个年级的科学教育内容框架中，同时对不同学龄段的学生还提出了系统科学教育方面的具体目标和应该采取的教育手段。1996年由美国国家科学院出版的《美国国家科学教育标准》中，同样囊括了“系统、秩序和组织、模型和解释、演变与平衡”等系统科学的基本概念和内容。这些都成为美国面向21世纪人才培养而进行的美国基础教育改革工程，即著名的“2061计划”②的构成部分。可见，系统科学作为对学生进行综合素质培养、特别是科学素质培养的基本内容是非常必要的。

在我国，虽然不少高校已经开设了与系统科学相关的学科、专业，然而在基础教育课程体系中，对系统科学基本思想和方法论的相关内容还未引入，系统科学教育尚未引起足够的重视。在构建现代教育体系、加快实现教育现代化的进程

---

① 张大良．学习践行钱学森教育思想 大力培养拔尖创新人才［J］．中国高教研究，2012（1）：15-17.

② “2061计划”是20世纪80年代由美国科学促进协会提出的基础教育阶段的科学、数学和技术教育改革计划，目的是使美国儿童适应2061年彗星再次临近地球时科学技术和社会生活的发展变化。——作者注

中，我们应充分学习借鉴发达国家教育改革与发展经验，及时吸纳其先进、实用的做法，让我们的学生也尽早培养对系统、秩序、模型、变化等科学概念的理解，拥有系统科学相关的认识事物和解决问题的能力。

作为后生晚辈，得益于导师的谆谆教诲，在整理文献资料的基础上，在此对钱学森的教育思想做了一个十分粗浅的回顾。然而，无论是相关介绍或是个人理解都是不充分不深刻的。钱学森的教育思想非常丰富，涉及教育的不同层次和多个方面，在梳理其教育思想过程中，只感觉其中有很多极具前瞻性的理念和内容，包括如何完善人才培养体系，特别是如何培育拔尖人才，如何优化学科专业设置、课程内容和结构等，这些与其毕生的科学研究经历、思维的高度、非凡的学术见识息息相关，值得我们去深入学习、研究和领会。教育领域的从业者和实践者，也应学习和了解钱学森的教育思想，进一步把握钱学森教育思想的精髓，用以指导教育实践，真正培养出适应当今社会快速发展的跨界复合型人才和擅于创新的杰出人才，通过人才培养实践去发挥钱学森教育思想的真正价值。

第四节　教育发展的外部环境

任何系统都产生于一定的环境之中，又在环境中发展和演化。在研究某一系统时，我们需要了解系统所处环境的基本状态，将环境作为已知条件，研究系统与环境的相互作用，尤其是环境对系统发展及演化所产生的影响。因此，我们关注教育系统，特别是宏观层面的教育系统的性质、结构和功能，必须先了解和熟悉教育系统所处的外部环境。为此，本节聚焦我国当前的时代特点和社会环境的基本特征，从信息技术、全球化和社会转型三个关键影响因子出发，简要分析我国教育发展在新时期所面临的机遇与挑战。

一、信息技术对教育产生深刻影响

2011年5月，美国苹果公司创始人乔布斯与微软公司创始人比尔·盖茨会面讨论关于教育和未来学校问题时，乔布斯曾经说过一句著名的话："为什么IT改变了几乎所有领域，却唯独对教育的影响小得令人吃惊?"这在后来被称为"乔布斯之问"。这个问题引发了教育界的思考和争论。在一部分人看来，信息技术的发展及对社会生产与生活的改造令人瞩目，应该更多地将其应用到教育领域，对教育教学产生深层次、根本性甚或是颠覆性的影响。当然也有一部分人持保留意见甚至批评观点，认为教育活动具有与物质生产劳动或其他社会交往活动与众不同的属性，信息技术作为增强教育教学效果的一种辅助性工具，不可能从根本上去改变教育，也难以依靠信息技术或教育信息化去实现教育现代化，更为糟糕的情况是，技术被不当或过度地使用时可能造成教育的异化，反而损害教育的价值。两种论见各有主张，持续争锋，时至今日在学术界也没有达成一致的结论。更多的学者对信息技术引入教育领域则持有正面且谨慎的态度，一方面认为信息技术对于教育教学变革的推动作用的确不可小觑，另一方面认为信息技术的工具理性应该服从于教育的价值理性，避免因技术的滥用或误用带来教育方向的偏离甚或教育本质的异化。

从我国的教育政策来看，对信息技术的应用一向持有较为积极乐观的态度。2010年，《国家中长期教育改革和发展规划纲要（2010—2020年）》提出："信息技术对教育发展具有革命性影响，必须予以高度重视"，认为信息技术将促使教育方式发生根本性变革、创新教育理论以及改变教育环境。2019年，《中国教育现代化2035》提出："加快信息化时代教育变革"，要在建设智能化校园、利用现代技术加快推动人才培养模式改革、创新教育服务业态、推进教育治理方式变革等方面发挥重要作用。2018年，我国教育部《教育信息化2.0行动计划》发布，明确了教育信息化1.0向2.0转变的客观要求。在此之前，教育信息化的重心可以概括为"基础建设＋设备配套＋应用探索"，而进入教育信息化2.0阶段之后，其发展理念、方式、特征等发生了变化。发展理念从重点关注高速度的量变转向重点关注高质量的质变，发展方式从强调应用驱动、融合发展转变为注重创新引领、生态变革。具体而言，从教育资源、师生能力、教学方式、焦点治理等维度，呈现出从专用资源到通用资源、从应用技能到信息素养、从应用驱动到创新引领、从注重速度到提高质量、从经验管理到精准管理等5大显著特征。

我国自上而下推动的教育信息化的转型升级，对教育发展模式和目标产生了影响，为各级各类教育创新提供了发展遵循和行动指南。目前，我国教育信息网络、平台体系、数字资源、智慧校园、创新应用、可信安全等方面的建设已经起步，支撑教育高质量发展和教育信息化升级的教育新型基础设施体系建设已初具规模，信息技术引导的教育创新和融合应用正在推进。处于教育信息化从1.0阶段迈入2.0阶段，教育现代化加速发展的特殊时期，我国的学校和教育机构应顺势而为，进一步认识高度复杂、充满不确定性的社会环境和时代特征，充分把握教育教学活动的基本规律、教育系统的演变规律和内外部现实条件，积极主动、科学合理地做出应对。

2020年初，全球新冠疫情突如其来，被媒体称作是冷战结束以来最严重的突发性全球危机，给世界大多数国家的经济、安全、社会生活造成了重大影响，加速了国际秩序和人类社会面貌的演变。疫情使当今的教育机构及学校面临众多挑战及风险，甚至在相当长的一段时间内，影响到学校的生存与发展。联合国教科文组织于2020年8月发布《教育与新冠疫情政策简报》，其中数据显示，在疫情危机的高峰期有190多个国家的近16亿学习者（占世界学生总数的94％）受到教育机构关停的影响，预计全世界将有2400万学生因之辍学，高等教育的辍学率可能最高，入学率预计将下降3.5％，导致高校学生人数减少790万。

然而，新冠疫情在客观上促进了高科技驱动的智能基础设施建设和社会领域的数字化转型，在教育领域则助推或强化了支持远程教学的相关技术的广泛应用。我国在新冠疫情暴发初期，师生面临时空分隔的状况，不得不将原来少数机构开展的、面向部分受众的在线远程教学，演变成了全国大、中、小学以及国内教师和在校学生都采用的教学形式，以此实现“停课不停教、停课不停学”的要求。在此次有史以来最大规模的远程教学实验中，在线教学平台、在线课程及其学习工具、即时通信工具等构建了在线教学环境和虚拟学习空间，使得各级各类教育中各阶段的教学计划和教学活动得以延续。然而，教育信息化的基础设施、网络通信设备、数字化教学资源、师生信息素养等方面的不完善不均衡，成为制约此次大规模在线远程教学活动的核心要素，影响了最终的教学质量和成效。在远程教学活动过程中，师生角色的变化、教学模式和方式的转变、学习反馈延迟与互动交流的不足、数字鸿沟引发教育机会和教学效果的更大差距、在线学习的形式主义倾向等等问题，触发了对于技术变革教育的进一步反思。信息技术虽然帮助疫情防控期间的教育暂时渡过了难关，但是从教育质量、教育公平等角度，信息技术的教育功能和价值需要被重新审视，或许需要更加审慎地对待。

但是，我们仍然无可否认技术之于社会发展和教育创新的巨大潜力。在以数字化、智能化为主要特征的信息时代，技术驱动经济发展方式和产业结构的深层次变革，科技主导不仅是工业发展的核心要素，也成为教育持续创新发展的原动力。互联网、大数据、云技术、区块链、人工智能等信息技术手段，正在深刻地改变教育形态和服务模式，全方位影响着教育理念、结构、模式、过程和环境。在新兴技术的驱动下，教育技术应用的数字化、智能化特征和趋势更为显著。

在个体学习层面，“自主选择”“因材施教”的学习在智能技术支持下成为可能，大规模的开放式教学与多样化、个性化的自主学习得以统一，教育现代化的主体性目标也能够实现。从教育生态的角度，智能化技术有助于进一步增加高等教育有效供给，建立起学习者与知识、信息和客观世界更为广泛的连接，各类教育之间的相互联通也成为可能，开放的学习机会、灵活的学习路径和贯通的学习网络，导向了终身教育的目标。面向教育的个性化、终身化理想，信息技术必将大有可为，需要的是恰如其分地发挥其正向的赋能作用，通过提升教育信息化水平，推动教育教学模式、服务模式及治理模式的创新，带来教育从规模化到个性化、从强调快速增长到聚焦质量信誉、从机构数字化转型到生态重塑等一系列变化，而这些变化意味着教育现代性的增长与实现。

当然，技术赋能的教育现代化转型并不会自动发生，更不能急功近利地追求通过信息化实现教育现代化的“一招制胜”，从而盲目进行教育信息化基础设施的投入建设。从系统科学的视角来看，技术要素融入教育系统的过程，将从结构到功能、从量变到质变，促成教育系统的演化和新功能的生成。因而，教育技术领域的研究者需要系统分析技术融入教育的过程，分析系统新结构、新功能产生的条件，考虑到系统发展的种种不确定性和系统演化的可能方向，在系统分析与科学论证的基础上，提出信息技术应用于教育的针对性发展策略。

二、全球化对教育赋予新责任

地理大发现之后，随着国家之间经济交流的愈发普遍和信息交流的日益频繁，人类历史进入全球化时代。正如马克思、恩格斯在《共产党宣言》中所指出的，“由于开拓了世界市场，使一切国家的生产和消费都成了世界性的，过去那种地方的和民族的自给自足和闭关自守状态，被各民族的各方面的相互往来和各方面的相互依赖所代替了。物质的生产是如此，精神的生产也是如此。各民族的精神产品成了公共的财产”。20世纪末，伴随着世界经济重新走向全球化，教育也呈现出国际化特点，包括国家间的师生交流、全球范围内的人才竞争、跨国教育的开展、区域性和全球性协作组织的建立、质量评价标准的统一化、课程的国际化等等。全球化与信息技术一样，对教育的影响是双重的，利与弊共存，教育在其中的作用也可能是双向的，教育全球化既可能起到推动经济社会进步、提升国家及人才竞争力的积极作用，也可能起到扩大社会发展差距、本土文化遭受侵蚀等消极作用。

欧美等发达国家和地区在教育全球化过程中注重价值观念的输出，以教育国际化为手段，在追求经济效益和商业利润的同时，捍卫其原有的国际话语权与文化中心地位。与此相比，我国近代以来的教育一直谋求国家富强与民族复兴，在全球化的浪潮下，我们强调通过教育国际化提高自身的教学和研究水平，缩小我国与发达国家和地区之间教育发展的差距，不断提高国内人群的综合素质和能力水平。毫无疑问，全球化背景给予我们讨论教育问题以更加宏大的视角和相互比较的切入点，需要我们时时关注国际教育的发展动向和趋势，跟上教育现代化和社会现代化发展的步伐，同时承担一个大国应尽的责任，助力其他发展中国家提升其教育水平，实现经济社会与教育发展同向而行，这是推动世界和平与可持续发展的基础。

联合国教育、科学及文化组织，简称“联合国教科文组织”（UNESCO），是各国政府间讨论关于教育、科学和文化问题的国际组织，作为主管教育的联合国专门机构，在全球教育领域发挥前瞻性研究、知识和技术引领、推动交流合作等作用。20世纪70年代以来，联合国教科文组织已在教育领域陆续推出多份有影响力的全球教育报告，这代表了教育国际化发展的方向。1972年，发布《学会生存——教育世界的今天和明天》，呼吁不断扩大教育范围并开展终身教育。1996年，发布《教育——财富蕴藏其中》强调了人文教育的重要性，并确立了教育的“四大支柱”，即学会生存、学会认知、学会做事、学会共同生活。2015年，发布《反思教育：向“全球共同利益”的理念转变》，提出知识和学习是实现世界改革发展的基础，要对作为全球共同利益的教育和知识进行反思，促使教育兑现其助力我们塑造和平、公正和可持续未来的承诺。2021年，联合国教科文组织最新发布《一起重新构想我们的未来：为教育打造新的社会契约》报告，呼吁重新构建新的教育社会契约，以应对近年来发生的全球化、气候变化和数字革命的挑战，确保人们终身接受优质教育的权利，加强教育作为一项公共事业和共同利益的保障。

面向构建新的教育社会契约，要求重新思考学习以及学生、教师、知识和世界之间的关系，进而找到未来教育发展的革新趋势。这些趋势包括以下方面：推动教学法的研究与创新，应围绕合作、协作和团结等原则加以组织；课程应注重生态、跨文化和跨学科学习，帮助学生获取和创造知识，同时培养其批判和应用知识的能力；教学应进一步专业化，教师作为知识生产者以及教育和社会变革的关键人物，其教学工作和社会贡献应得到更大的认可；应重新规划学校，学校不仅是知识发展与传播之地，还承载着支持包容、公平以及个人和集体健康的职责，应成为受到保护的教育场所。总之，通过以上方面的努力，积极推进全球教育的团结与合作，形成新的教育社会契约，以便更好地推动世界向更加公正、公平和可持续的未来转变。

我国传统文化一向主张“求同存异”“兼收并蓄”，有着极强的包容性。2001年，随着我国加入世界贸易组织（World Trade Organization，WTO），我国教育系统的对外开放程度进一步提高，教育资源和服务开始进入全球化市场。在全球化的进程中，我国提出构建人类命运共同体的目标，反映了对世界发展紧密联系和人类命运交互交织的整体性认识。在人类命运共同体理念下，我国提出“一带一路”倡议，其中包含了新的全球化理念，即和平合作、开放包容、互学互鉴、互利共赢。推进“一带一路”建设，教育是其中的一个重要维度，通过深化与“一带一路”沿线各国的教育交流与合作，促进教育资源要素在合理范围内的流动，推动教育向更加开放、均衡、包容和普惠方向发展。近年来，我国加大教育基本投入，教育发展取得显著成效，成为发展中国家的楷模。“十三五”末期，我国教育总体发展水平已进入世界中上行列，北京、上海等地区的教育发展已达到世界发达国家水平，普及程度、教育质量、公共财政教育支出等指标处于世界前列。积极参与全球教育治理和国际教育合作，对其他发展中国家开展教育援助，推介教育扶贫的经验做法，在人类命运共同体和“一带一路”建设中承担更多的教育责任，体现了中国的大国担当和历史使命，也为教育全球化发展之路提供了中国方案。

当然，在谈及全球化问题时，我们要重提2020年的新冠疫情，因为这次疫情给全球化带来了深刻的影响，全球化的结构和内涵可能出现新的变化。全球化意味着互联互通，但是应对疫情又需要物理上的隔断。这造成了实质上的悖论，给各国决策造成很大的困扰，应对疫情的不同模式也相应地产生了不同的后果。不管在经济、科技领域，还是文化、教育领域，不管是政府、企业、学校，还是社会组织和个人，在对外开放与合作交流的过程中将面临更多风险和成本，也需要更多安全因素的权衡与考量。疫情改变了世界，但是长期来看，教育全球化的方向和趋势没有改变，教育仍要面向世界、面向未来，全球化视野、国际经验和共识依然是各国教育发展的重要参照，教育也应该为人们适应后疫情时代的生产、生活和思维方式，调适人们的心理状态和心理健康提供必要的牵引和辅助。

三、社会转型对教育提出新要求

当前，新一轮科技革命、产业变革与经济社会转型发展形成历史交汇，学科之间的跨界融合特征更加突出，新知识新技术层出不穷，产业升级发展的速度越来越快，这对人力资源的创新发展和迭代更新提出客观要求，对于教育的内涵式、高质量、适应性发展也提出更高要求。信息化不仅改变了人们的生产生活、工作和学习方式，也使全球化进程加速，国与国在政治、经济、贸易上相互依存，各国之间的教育联系不断增强，人才竞争有所加剧。20世纪90年代以来，世界范围内的核心素养研究热潮实质上反映了国际教育竞争对人才观的影响，体现了教育质量升级换代的要求。虽然各国提出的核心素养清单的框架结构和分类方式有别，但其实质内容有着高度的一致性，创新创业能力、批判性思维、解决问题能力、学习能力、社会与公民素养、交流与合作能力（包括跨文化、跨国界交流与合作能力）、自我发展与自我管理能力、信息素养等成为各国共同强调的21世纪人才所需具备的核心素养。

在知识经济时代，新一轮的国际竞争归根结底是人才的竞争。中国要具有国际竞争力，其教育发展必须具有国际视野，其人才培养需要适应经济社会全球化发展的需要。为此，我们需要摈弃传统的教育质量观（即“唯分数”“唯奖项”“唯学历”等），在促进学生全面发展、个性发展、自主发展的同时，着重培育21世纪的核心素养，让我们培养的人才能够应对未来激烈的国际竞争，助力国家综合实力和发展能力的增长，为人民赢得美好生活。

在新时代的历史方位下，我国社会主要矛盾已经转化为人民日益增长的美好生活需要和不平衡不充分的发展之间的矛盾。这种不平衡不充分的发展也体现在教育上。教育的发展不仅要更加公平，还要更高质量，为实现人民的美好生活而贡献力量。我国于2020年全面建成小康社会，开启了全面建设社会主义现代化国家的新征程，这也是我国教育加快实现现代化的有利时机。习近平总书记指出：“我国发展环境面临深刻复杂变化，发展不平衡不充分问题仍然突出，经济社会发展中矛盾错综复杂，必须从系统观念出发加以谋划和解决，全面协调推动各领域工作和社会主义现代化建设。”我国是教育大国，有着数量庞大的学校、教师和学生，具有多样的教育类型、丰富的教育内容和层次，面临着复杂的教育问题。“系统观念”作为我国新时期经济社会发展必须遵循的基本原则，从整体统筹性、要素协同性、层次关联性、动态演化性等多维角度，将能够帮助我们梳理和厘清我国教育所面临的复杂的现实问题，进而尝试找到分析问题的思路和解决问题的方法。

面临科技发展带来的外在机遇、社会转型带来的内生需求，以及新冠疫情带来的生存压力和发展困境，教育改革成为重要的出路。诸多学校希望扩大服务范围，通过提供更灵活的学习认证及学习机会为不同类型的学习者服务；扩大研究领域，与企业、行业和其他院校及社区建立新的伙伴关系；积极采用适切的信息技术，探索疫情防控下的新型教学方式，发展更符合现实条件和师生习惯的混合式学习模式成为优先选项。学校和教育机构正在努力适应甚至彻底改革原有的业务模式以及人才培养方式，以适应疫情状态下社会发展、教师教学和学生学习的新需求。

下面的章节，我们将从系统观念原则出发，采用系统科学的理论和分析方法，从教育学的学科理论与实践、教育发展中的关键问题、教育现代化的目标路径和教育发展的未来趋势等维度，对教育领域的研究对象加以系统性梳理和分析，在系统要素整合、总体布局及动态谋划的思想下，以系统观点剖析、阐释教育学科及实践发展的一系列核心问题，并尝试提出解决问题的路径选择和策略建议，进一步建立起从宏观层面认识、到中观或微观层面系统分析教育问题、优化教育系统结构和功能的理论与方法架构，为更好地发挥教育系统的效能、推动新时期教育的高质量发展、加快建设中国特色的现代教育体系提供研究支撑。

第二章　系统观念下的教育学科理论与方法

系统科学是具有普遍方法论意义和研究工具价值的横断科学。系统科学的探索领域是知识结构本身，即各种各样的从概念框架中产生的系统范畴，它具有方法论性质，指向的是某种专门类型的系统，指导教育实践的教育理论的研究也包含其中。本章关注系统观念下教育学的学科理论和方法建构，专门涉及教育技术学相关的系统理论原理和原型设计，同时针对一些具体领域的系统方法运用，最后将从复杂性研究视角，尝试以系统模型方法更加深入地认识和分析某些教育系统的特点和规律，对不断完善教育学科理论与方法体系有所助益。

第一节　教育学及其学科体系的系统建构

近代以来，教育逐步科学化并成为一门学科，尤其是20世纪以来，系统科学的兴起对教育学发展产生了重要影响。本节回顾了系统科学对教育学理论建构和教育研究产生的影响，进一步基于系统科学的学科分类原则，探讨了教育学学科知识体系的构建。

一、系统科学对近代教育学发展的影响

20世纪，系统科学作为一门独立学科出现，其理论方法不断丰富和完善。教育学的研究对象是抽象的教育系统，教育学也从系统科学的发展中汲取了营养，不断拓展其学科知识体系和研究范畴，发展了源于系统观的认识论（本体论）和方法论。

（一）教育学理论和方法的建构

系统科学对于近现代教育心理学和教学论某些学派的形成和发展产生了重要影响。20世纪60年代，以加涅（Gagne）为代表的信息加工学派将学习看作外在环境刺激下个体的一整套内部信息加工过程，学习被划分为多个层次与水平，并

由简单的低级学习向复杂的高级学习依次递进和发展。20世纪80年代，皮亚杰（Piaget）提出的建构主义学习理论则认为，个体的“认知结构”是在与外部环境的相互作用中实现对于环境的适应和知识的建构，即实现认知的发展。21世纪初，西蒙斯（Siemens）提出的联通主义学习理论强调，学习是建立在知识网络之上连接专门节点和信息源的过程，而知识网络具有动态生成性、自组织性、个体相关性、混沌性、复杂性和不确定性等特性。某种程度上说，这些理论均建立在系统科学的理论根基之上，充满了相互作用的、层次划分的、动态演化的系统观点。

从教育学的研究与实践来看，多个学科教学体系的建立运用了系统思想和方法。特别是教育技术学的发展与系统科学及其方法息息相关，教育技术学研究课程系统和教学系统的构造技术，课程和教学系统的开发、设计及利用需要系统方法论和系统方法的指导。刘美凤认为，系统方法是教育技术解决实践问题的研究立场、指导思想和根本方法，是教育技术及其学科的核心和灵魂。这样的观点在学界具有代表性，学者们普遍认为，系统理论和方法对教育技术学具有深远影响，可以说带来了观念及实践上的创新突破。

国内运用系统科学开展教育研究始于20世纪80年代，这一时期主要运用“老三论”（系统论、信息论、控制论）与“新三论”（耗散结构论、协同论、突变论），探讨教育系统结构与功能、教育系统与其他社会系统的关系等。查有梁的著作《控制论、信息论、系统论与教育科学》（1986）、《系统科学与教育》（1993）就是运用系统科学的“三论”原理研究教育哲学、教育美学、教育心理学、教学论和教育技术等一系列问题的代表性成果。

钱学森以马克思主义哲学为指导，基于系统科学理论构建的“现代科学技术体系”为创新型人才培养提供了科学的目标体系，其针对开放的复杂巨系统所提出的综合集成法，为解决我国教育存在的一系列问题提供了重要启示。教育系统是开放系统，从定性到定量的综合集成法是一种适宜的研究方法，不仅体现了以人为本的教育精神，而且将自然科学和社会科学的多种研究方法加以整合运用，能够分析和处理教育系统所面临的各种非结构化问题，特别是需要综合分析多种因素的教育决策问题。综合集成法用于辅助决策的研究过程如图2-1所示。该方法的研究过程是：针对研究问题，依靠专家群体提出经验性假设，再利用以计算机为主的现代信息技术和网络技术方法进行验证，通过人机交互、反复迭代、逐次逼近，最终实现从定性到定量的认识，从而对经验性假设正确与否做出科学结论。该方法的运用一方面可以发挥信息时代“人—机”结合的优势，尝试认识和调控复杂的教育系统，并在复杂性研究范式下更好地解释教育现象，发现和解决各种教育问题；另一方面，可以充分发挥实践对于理论的修正作用，在辅助决策和解决问题的教育研究实践中，对扩充和丰富综合集成法本身起到积极作用。

20世纪末，复杂性研究在教育领域日益得到关注。叶澜的著作《教育研究方法论初探》（1999）中，专列一章阐述系统科学方法论思想对于教育研究的价值，提出复杂性思维在打开教育研究的新视野、新立场并改进具体的教育实践方面，能够发挥相当大的作用。21世纪以来，以系统科学的理论与方法来认识教育现象、探索解决教育问题的研究日益普遍，尤其在教育大数据、智能教育、学习科学等研究中，系统控制、系统仿真与建模等方法被广泛运用。

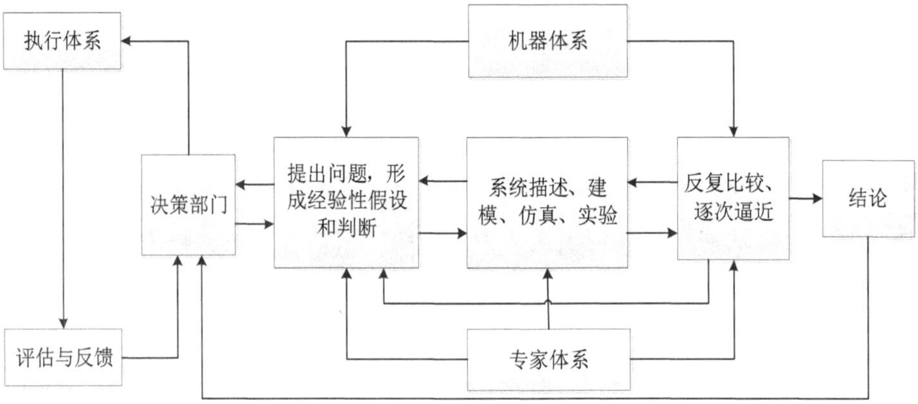

图 2-1　综合集成法辅助决策的研究过程示意图

随着教育信息技术的发展，面向有丰富信息含量的教育系统，包括大量的、相互关联的教育网站、网络学习资源、学习者等系统要素，可以运用复杂网络方法建立研究模型，通过分析网络拓扑统计特性、动力学和稳定性等，为教育研究提供新的融合空间和视角。而且，复杂网络的数据模型能够实现数据的集成化、可视化，搭建起从微观到宏观的桥梁。利用复杂网络方法，将模型方法与数据方法相结合，可开展基于教育大数据的研究，如数据关联规则与智能挖掘研究、学习行为挖掘与学习评价研究、学习资源个性化推荐研究、知识协作应用研究等，为相应的大规模、非线性的教育数据的实证分析提供了路径。

（二）教育系统的复杂性探讨

近年来，复杂性思想及其研究方法在教育领域日益得到关注，甚至有学者认为，复杂系统科学带来了教育方法论的革命。笔者以为，也许尚未到"革命"的颠覆性程度，不过人们确实普遍接受了教育的复杂性观点，开始将教育系统视作一类复杂系统，用复杂性科学的理论和方法来认识探索教育教学系统的规律与特征。从之前关于复杂性研究的论述中我们已经清楚，复杂系统在自然界和现实社会中普遍存在，其内部包含了多个层次，存在着多种非线性相互作用，引致了系统行为的多样性与演化结果的多种可能，无法用标准的线性方程对其演进过程加以预测。显然，教育系统是非线性的、动态演化的复杂系统，且兼具自然性和社会性。

系统科学关注的研究对象，按照其复杂性由低到高的顺序，基本上可以划分为三类：简单巨系统、复杂适应性系统和复杂巨系统。

简单巨系统是包含的个体数目众多，但相互作用层次较少，相互作用关系相对简单的一类系统，其演化具有很强的规律性，演化方向和结果是可以预见的。以现实系统为例，热力学系统、化学反应系统就是简单巨系统。对于简单巨系统在平衡态或线性区的性质，可以用统计物理学、热力学理论方法进行研究，对于非线性区的性质，系统科学也发展了一套专门的研究工具和研究方法，主要是微分方程（反应扩散方程、主方程）和自组织理论（耗散结构论、协同论）分析方法。

复杂适应性系统不仅个体数目众多，而且相互关系复杂，一般具有多个层次，其系统内部的主体具有对环境的适应性，适应性产生的涌现行为是此类系统复杂性的根源。一般可以用刺激—反应模型来刻画主体的适应性，而由于主体的行为有规则可循，往往能够在概率意义上分析和研究系统的演化方向。多数生物系统，如免疫系统、中枢神经系统等，可以看作是复杂适应性系统。对此类系统，圣塔菲研究所已提出复杂适应性系统理论和相关的模型算法作为分析基础。现在依靠电子计算机强大的软件功能与运算能力，研究复杂适应性系统的分析工具和计算模型得以迅速发展，如人工智能算法、复杂网络模型等。

再看复杂巨系统，其包含的个体数目多，相互作用层次关系非常复杂，最为重要的是，系统内的个体，不仅能够学习记忆，而且可以自发产生新的行为，同系统内其他个体或系统环境之间构建新的结构关系，创造出新的系统功能，这种创造虽然需要一定的基础和时间积累，但是其内在规律尚属未知领域。现实社会中有人参加的多数系统，如经济系统、教育系统、军事系统等，就属于复杂巨系统，这些系统都具有开放性，所以又称作开放的复杂巨系统。由于当前人类认知水平和理论发展水平的限制，难以利用计算机建立描述其微观相互作用和优化机制的统一模型，也还没有形成从微观到宏观的研究理论，对这样一类系统尚无规范的研究方法。钱学森倡导的系统科学，其主要研究对象就是这类开放的、由人组成的复杂巨系统，“所谓复杂性实际上是开放的复杂巨系统的动力学”[①]。因此，复杂性科学需要针对开放的复杂巨系统，探索新的研究方法论和研究方法。钱学森提出的从定性到定量的综合集成法，是迄今出现的研究复杂巨系统演化问题较为有效的方法。

对于系统科学关注的三类系统及其研究方法，简要归纳如表2-1所示。

① 钱学森. 创建系统学［M］. 太原：山西科学技术出版社，2001：199.

表 2-1 系统科学关注的三类系统及其研究方法

系统科学的研究对象	基本特征	研究方法
简单巨系统	由大量个体构成，个体之间相互作用层次较少、关系简单	统计物理学、热力学理论方法、微分方程（反应扩散方程、主方程）、自组织理论（耗散结构论、协同论）分析方法
复杂适应性系统	由大量主体构成，个体之间相互关系复杂，一般具有多个层次	复杂适应性系统理论分析方法和算法模型
复杂巨系统	由大量有自主行为的个体构成，个体之间层次关系非常复杂	从定性到定量的综合集成法、复杂系统理论和系统工程技术方法

再来看教育系统的特性。教育具有文化、政治、社会等多重属性，面向的是人类的心智活动和深层的智能行为。教育系统属于有人参与的、兼具自然性和社会性的“极其复杂的涉及诸多要素的系统”“可能是人世间复杂问题之最”①。按照系统科学对研究对象的分类，教育系统的子系统种类繁多且具有层次结构，相互之间关联关系很复杂，而系统又是开放的，与环境有相互作用，子系统的结构会随着系统演变产生变化，是典型的开放的复杂巨系统，且属于有人参与的特殊的复杂巨系统。由于教育系统呈现的非线性、多样性、不确定性、模糊性和动态性等特征，因而把教育系统看成复杂系统加以研究，就是为了用复杂系统的观点和方法论，解决传统研究方法所无法解决的复杂的教育问题。

在开展教育研究时，我们往往根据研究问题的需要和可利用的客观条件，对现实系统予以简化和抽象，以灵活运用相对成熟的、规范的研究方法，包括复杂适应性系统的很多模型和分析方法。比如，教学活动的主要参与者教师、学生均是有各类自主行为的主体，主体自身有发展动态、主体之间可以形成多种关联、主体与外界的交流也非常复杂，在作为教学系统来研究时，我们可以仅关注主体间的教学互动行为以及教学主体与教学资源之间的信息流动，并避开资源、信息与人群的复杂交互过程，采用图论里“节点—边”的语言将系统加以抽象，将个体看成网络中的节点，个体之间的知识连接看成网络中的边，采用复杂网络的建模和分析方法对知识在人群之间的传播模式进行研究。本章第三节会专门介绍将复杂网络模型应用于描述知识信息资源传输过程的一个案例。

教育研究强调生成性思维，在分析系统的演化时，系统科学（尤其是自组织

① 叶澜．世纪初中国教育理论发展的断想［J］．华东师范大学学报（教育科学版），2001（1）：1-6.

理论）通常以微分方程为工具，通过数学计算、数值模拟等方式，观察不同参数作用下非线性系统的动力学行为，了解系统发生相变的临界条件、系统演化的过程和终态（系统轨道可以是稳定点、周期态、准周期态、混沌态）等。研究教育系统时，应在合理假设的基础上，将定性判断与定量描述相结合，适当引入量化研究方法，通过分析系统要素及其关联结构的变化，建立起描述系统演化行为的数学模型，并确定系统演化过程中的快、慢变量，获得系统“涌现”出新功能的条件，进而了解复杂现象背后隐藏的动力学机制，这样可以更好地把握动态生成性系统的特征，达到有效预测系统发展方向、优化系统发展结果的目的。

教育泛指培养人和影响人的社会活动。它跨着两端，一端是人类的社会活动，另一端是学习者个体的心理（思维）活动。教育系统的发展在宏观上与社会发展相互作用且彼此制约，在微观上与人的发展相互作用且彼此制约，中观上通过课程、学校等组织形式起承转合。因此，教育研究也呈现出不同层面上的复杂性，教育与社会其他子系统各要素协同发展的复杂性，人的学习过程中心理和行为发展变化的复杂性，以及学校管理与决策、课程设计与实施中的复杂性，等等。宏观上，可以借助社会学、经济学等理论和方法，从人机交互、经济发展、文化环境等层面对教育的作用和影响加以研究；微观上，可以借助心理学、认知科学等理论和方法，从神经元、大脑结构与功能等实证层面研究微观个体的学习过程和思维现象；中观层面，可以借助管理学、信息技术等理论和方法，对学校管理、教学组织、课程系统等加以研究。系统科学本身是一门具有方法论性质的学科，不管在哪一层面，均可以借助系统观及其方法论来研究解决教育系统面临的特定的复杂性问题。本书的内容侧重于宏观到中观层面，通过系统科学的原理和方法促进教育发展研究，重点关注如何构建社会大系统中的教育系统，以系统观念认识和优化其结构和功能，以更好地适应经济社会高质量发展之需。当然，教育问题的复杂性是相互交织的，宏观层面的教育研究也不可避免地涉及办学主体——学校和机构，教学主体——教师和学生，以及教学客体——知识和信息，最终回归到教育促进社会发展和人的全面发展、促进知识的传承创新的本质上来。

二、系统科学对构建教育学科体系的启发

系统科学的知识不像传统科学那样是关于客观世界本身的知识，它是关于各种类型系统及其关系特性的分类知识，传统科学的知识由此组织起来，换句话说，系统科学的知识是关于知识结构的知识。

（一）系统科学的学科分类原则及现代科学技术体系

过去几百年，科学技术研究的深入和分化是科学发展的主流方向。古代，人类掌握的知识还比较肤浅，各个领域的研究不算深入，对于各个学科之间的界限认识得也不十分清晰，于是，一个科学家往往是通晓多个领域的全才，可以称之

为博学家，比如古希腊的柏拉图（Plato）、亚里士多德（Aristotle）、欧几里得（Euclid），中国汉代的张衡、北宋的沈括，中世纪的伽利略（Galileo），文艺复兴时期的达·芬奇（Leonardo da Vinci），等等。然而，科学发展到今天，其内容已极大地丰富，不要说全才的科学家不复存在，就算处于同一个学科领域的学者之间，由于研究方向的不同彼此也会存在交流障碍。打一个不很恰当的比喻，现在，我们研究的每一门学科就像一条道路，道路之间有交叉，道路本身有分岔，而纵横交错的道路形成一个网络体系，它代表了彼此有着密切联系的各个学科所组成的整个科学体系。某个领域的科学家通常只能走在其中的一条道路上，沿着它不断前进，探索客观世界的奥秘。实际上现实中的任何一个人都不可能去探索整个体系中的每一条道路，但是，我们有必要去了解整个道路网的布局，以及掌握这条道路和相邻道路的关系。回到学科与学科的关系来看，就是需要将多个科学部门建立起一定的整体结构，形成具有内在联系和逻辑特征的知识体系。

人类历史上，很多科学家、哲学家都对科学分类进行过研究。古希腊的亚里士多德是对科学整体有着系统性研究的第一人，他首创了科学归纳法，并逐步形成为古希腊人的归纳科学、归纳程序的思想方法，这是人类社会在建立科学体系方面的一次重大突破。后来的欧几里得也是一位科学知识的集大成者，他将几何学知识系统化，以严谨的逻辑和科学的推理完成了《几何学原本》一书，在某种程度上可以说代表了古希腊科学的最高成就。

在漫长的封建社会时期，自然科学、社会科学、哲学等方面的知识都是分散而混杂的，没有区分的界限，更谈不上体系。直到近代科学的诞生，以哥白尼的日心说为代表，形成了与中世纪完全不同的新兴科学体系，以牛顿的经典力学为代表，则建立了机械世界观体系。另外，还出现了从宏观上对科学自身结构进行研究的学者，其中最著名的是英国思想家培根（Bacon），他依据人类思维方式的特征将人类的科学知识分成了三大类：记忆的科学（如历史学、语言学等），想象的科学（如文学、艺术等）和理智的科学（如哲学、自然科学等）。黑格尔（Hegel）则以发展的思想重新确立了自然科学体系，他依次排列了各门学科，即数学、力学、物理学、化学、植物学、动物学、地质学等等。在第二次科学革命（发生于19世纪，以原子论和周期律、能量转换与守恒学说、细胞学说与进化论这三大发现为主要内容）之后，恩格斯确立了科学的辩证唯物主义的分类原则。他按照物质运动从低级形态向高级形态过渡的“固有次序的分类排列”思想，把科学分为机械运动、物理运动、化学运动、生物运动等门类，而把社会科学看作从自然科学中发展而来、描述有自我意识的人类行为的更高级的运动形态。恩格斯的分类理论兼顾了客观性原则与发展性原则，并预见到自然科学与社会科学的统一。

自19世纪末到20世纪初，发生了以量子力学和相对论为代表的第三次科学革命，这次科学革命辩证地修正了机械论的自然观和世界观，使得人们认识客观世界由牛顿的三维坐标观念转变为爱因斯坦的四维连续时空观。这一深刻的思想变革，必然导致科学结构的再次转变。

著名科学家钱学森提出了学科之间新的分类标准，建立了适应现代科学技术高度分化与综合特点的现代科学结构。他所提出的学科分类的原则是：

（1）各个学科之间的差别不在于研究对象，而在于它们研究的角度不同、研究的侧面有所区别。

（2）一个学科内部的各门知识之间存在着纵向的区别，一般需将某学科内部的知识划分为基础理论、技术基础和实际应用三个层次。

（3）学科分类体系不应有千古不变的模式，随着科学的发展，人类的知识将不断发展、不断完善，并逐渐形成体系。学科分类应该是自然而然形成的，而不是先搭好一个框子，再把现有的知识硬性地装进去。

钱学森于1982年在《现代科学的结构——再论科学技术体系学》一文中首次提出了现代科学技术的学科体系架构，当时包含数学、自然科学、社会科学、系统科学、人体科学、思维科学等6大学科部类，后来经过不断扩充和完善，到1996年，钱学森提出的现代科学技术体系中已包含11大学科部类，构成了如表2-2所示的现代科学技术体系相互关系。

在这个学科体系中，马克思主义哲学是各学科认识论和方法论的基础。辩证唯物主义理论反映了自然界、人类社会和思维发展的普遍规律，是人类对客观世界和主观世界认识的高度概括，因此，现代科学技术的发展应该坚持以马克思主义哲学为指导。

横向地说，马克思主义哲学通过相应的哲学层面的“桥梁”与每个学科部类相联系。最后提出的11个学科部类是：文学艺术、行为科学、军事科学、人体科学、思维科学、系统科学、数学、社会科学、自然科学、地理科学、建筑科学。

纵向来看，每个科学技术部门里包含着认识世界和改造世界的知识，而这些知识又处于不同的层次上，包括：直接用来改造客观世界的工程技术，即实际应用层次（又称应用技术层次）；为工程技术直接提供理论基础的技术科学，即技术基础层次（又称技术科学层次）；以及揭示客观世界规律的基本理论，即基础理论层次（又称基础科学层次）。这三个层次反映了人类在从认识世界到改造世界的过程中，每个学科所具有的各个要素之间的有机结合方式。这样的结构是根据现代科学技术发展到目前水平而总结出来的，而且表中各学科层次所列出的相关学科名称并不充分，只是这一层次所涉学问的例子。随着科学技术的进一步发展，今后还将产生出新的科学技术部门，所以，这个体系结构本身就是一个动态的、开放的系统，应不断改造和深化。

表 2-2 现代科学技术体系相互关系

	马克思主义哲学										
桥梁	审美观	人学	军事哲学	人天观	认识论	系统论	数学哲学	唯物史观	自然辩证法	地理哲学	建筑哲学
学科部类	文学艺术	行为科学	军事科学	人体科学	思维科学	系统科学	数学	社会科学	自然科学	地理科学	建筑科学
基础理论	美学	伦理学 行为学	战略学	心理学 生理学	思维学 信息学	系统学	几何 代数 数学分析	经济学 民族学	物理学 化学 生物学	理论地理科学	建筑学
技术基础	音乐理论 文艺理论	社会主义道德	指挥学	病理学 药理学	模式识别 情报学	运筹学 控制论 信息论	计算数学 应用数学	市场经济学	机械原理 化工原理	地理信息科学	城市学、园林学
实际应用	绘画方法	公共关系学	战术训练 军事工程	内科学 心理咨询	人工智能 密码技术	系统工程 管理工程	统筹方法 速算技术	企业管理	齿轮技术	地理系统工程	建筑设计 城市规划 园林设计

从上述现代科学技术体系的结构来看，我们可以更清楚地了解，科学是一个整体，各学科之间是相互联系的。科学分类本身属于系统科学的研究对象，即它研究的是科学这个整体与各门学科（局部）之间的关系。同时，我们看到了系统科学这门学科在整个科学技术体系中所处的位置，以及系统科学与其他学科的关系。系统科学作为一门横断性的学科，比一般的学科，如生物学、物理学等涵盖的范围更宽。系统科学把现实事物看作各种具体系统，从系统的结构、功能、演化等方面研究它们，包括探讨原来各个学科的研究对象（物理系统、化学系统、生物系统、社会经济系统等）的共性规律，所以，从某种意义上说，系统科学可以作为不少学科的基础，对于教育学科的研究也具有启发意义。

（二）厘清教育学研究对象和理论框架

教育研究中，系统科学多尺度多层次的研究思维，可以为建立研究对象和研究问题的框架提供思路，而对于研究对象和问题的梳理，可形成研究内容的某种逻辑联系，有助于教育学的学科知识体系的构建。

厘清研究对象是选取合理的研究路线和研究方法的基础。教育研究的对象，既有客观存在的人、群体和社会现象，也有人工设计的各类系统，当运用系统方法开展研究时，要清楚地界定我们的研究对象——教育系统，并把握教育问题的复杂性，对研究对象进行合理的抽象，明确系统的边界和研究的范畴，系统以外的部分作为系统的环境，研究时只需考虑系统内部要素的相互作用及环境对系统产生的影响。例如，我们把整个教育系统作为研究对象时，社会系统就是此时的环境，政治体制、经济发展、思想文化状况等均是环境变量；研究教学系统时，教育系统就是此时的环境，教育管理体制、制度等作为环境变量来处理。我们不研究环境变量本身，只关注环境的变化对系统结构、功能、状态等产生的影响。

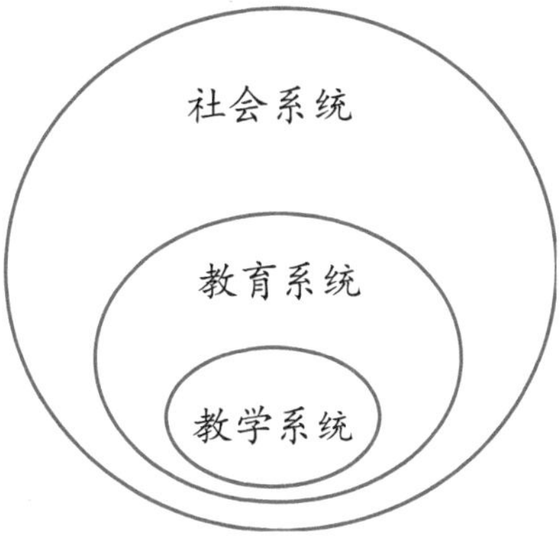

图 2-2　教育教学系统与社会环境

查有梁在《系统科学与教育》一书中，就以研究对象为依据，将教育系统划分为针对个体的微观教育系统、针对群体的中观教育系统和针对社会的宏观教育系统三个层次，并提出了教育者在每一层次上应当关注的系统要素及其相互作用机制。对于微观教育系统（个体），应关注其知识、能力、人格的联系和相互转化机制，也不能忽视健康对人的发展的决定性影响和环境的随机性影响。对于中观教育系统（群体），应在整体原理、反馈原理和有序原理、自组织原理等指导下进行教育民意调查，以定性与定量相结合的方式改进和提高群体素质。对于宏观教育系统（社会），应关注教育、经济、科技、文化等子系统的相互关系，应用系统循环增殖、动态适应、结构优化等原理，构建描述和分析宏观教育系统的多层次、复合型指标。

这种以研究对象为依据的分类方式对教育系统的研究是实用的，但对于教育学知识体系本身，我们可以借鉴系统科学的学科分类原则及现代科学技术体系的划分方式来深化其认识。

我们来看国务院学位委员会学科评议组在《授予博士、硕士学位和培养研究生的学科、专业目录》中对于教育学一级学科、二级学科及其专业的划分，这是从高等学校和科研机构进行人才培养的层面所做的知识体系分类，如表2-3所示。

表 2-3 学科、专业目录中的教育学分类体系

<table>
<tr><td rowspan="17">教育学</td><td rowspan="10">0401 教育学</td><td>040101</td><td>教育学原理</td></tr>
<tr><td>040102</td><td>课程与教学论</td></tr>
<tr><td>040103</td><td>教育史</td></tr>
<tr><td>040104</td><td>比较教育学</td></tr>
<tr><td>040105</td><td>学前教育学</td></tr>
<tr><td>040106</td><td>高等教育学</td></tr>
<tr><td>040107</td><td>成人教育学</td></tr>
<tr><td>040108</td><td>职业技术教育学</td></tr>
<tr><td>040109</td><td>特殊教育学</td></tr>
<tr><td>040110</td><td>教育技术学</td></tr>
<tr><td rowspan="3">0402 心理学</td><td>040201</td><td>基础心理学</td></tr>
<tr><td>040202</td><td>发展与教育心理学</td></tr>
<tr><td>040203</td><td>应用心理学</td></tr>
<tr><td rowspan="4">0403 体育学</td><td>040301</td><td>体育人文社会学</td></tr>
<tr><td>040302</td><td>运动人体科学</td></tr>
<tr><td>040303</td><td>体育教育训练学</td></tr>
<tr><td>040304</td><td>民族传统体育学</td></tr>
</table>

实际上，我们看到这种划分的依据不是一个维度的，但从系统科学的学科分类原则来理解，仍然可以得出一些认识。心理学、体育学在其自身的细类划分中，可以大致看出基础理论、技术基础、实际应用这三个纵向层次，比如心理学中，基础心理学、发展与教育心理学、应用心理学分别可代表基础理论、技术基础、实际应用层次的学科划分。但在教育学细类中，教育学原理、课程与教学论、教育史等应属于基础理论层次的教育学，比较教育学、教育技术学应属于技术基础层面的教育学，而学前教育学、高等教育学、成人教育学、职业技术教育学、特殊教育学等学科，实际是按照不同教育对象划分的教育类型。在这里，研究对象的差异造成了教学内容、教学方式、教育组织形式等方面的差异，从而形成了不同教育类型各自的研究领域，产生了多样化的学科，这是教育作为面向人的社会活动而具有的独有特点。其中还涉及不少交叉学科，如教育史、发展与教育心理学、体育人文社会学等。这样的学科分类体系，不完全是根据学科自身属性，而更多来源于市场对于教育专业人才培养的需要。

总之，系统科学方法对教育学理论与实践研究有着重要价值，有助于教育学学科体系的构建，尤其对教育技术学的理论和应用有着广泛而深远的影响。下面一节将基于系统观念和系统方法，对教育技术学及教育技术系统的研究进行介绍。

第二节 基于系统方法的教育技术学理论与实践

如前所述，教育技术学这一教育学分支学科与系统科学的关系尤为密切，学者们普遍认为，借鉴系统理论及其观点、方法，能够深化对教育技术学学科理论基础的认识，推进其应用于实践领域的探索。

一、教育技术学及教育技术系统的构建

（一）对教育技术学学科性质的系统认识

教育技术的研究可追溯到19世纪人们对教育方法的开发和相关实践研究。20世纪中叶，随着广播、电视进入大众视野，教育技术开始作为一个专门术语，逐渐形成其研究领域。20世纪80—90年代，随着信息时代的到来，教育技术学迅速发展，已成为教育学的一个重要分支学科。运用系统观念如何增进对教育技术学学科性质的认识呢？首先来看国内外教育界有关教育技术学的代表性定义。

1.国外对教育技术学的定义

美国教育传播与技术协会（Association for Educational Communications and Technology，AECT）是具有国际影响的权威性专业组织，从20世纪60年代至今，AECT（1963年时名为“全美教育协会视听教学部”）共提出了6个关于教育技术的定义，这些定义的调整及变更表明其对于教育技术认识和实践的不断深化，并越来越凸显其系统的思想和方法内涵。

早期的全美教育协会视听教学部在1963年对“视听传播”进行了定义，认为其主要研究学习过程中信息的设计和使用，包括在教育环境中如何利用人员和设备将信息结构化、系统化，这也可以看作教育技术定义的前身。1971年更名为教育传播与技术协会之后，提出教育技术是为教学目的服务的传播媒体，强调了媒体技术和软硬件设备的应用。之后教育技术作为专门的研究和实践领域逐渐形成。从管理学的角度出发，认为教育技术通过对学习资源的系统鉴别、开发、组织和利用来促进人的学习（AECT1972定义），将教育技术的应用与对资源的流程化管理紧密结合，把媒体资源包含在学习资源之中，反映了研究内容和研究方法的变化，也明确表达了对系统思想、方法的重视。继而，教育技术的定义外延进一步拓展，以人们学习中的各种问题为研究对象，提出教育技术是对分析问题和解决问题而进行考察、实现、评价的包含人、方法、工具、组织的复杂的综合过程（AECT1977定义），把媒体和技术的使用都包含在一个复杂的问题解决过程之中，强调教育过程的复杂性和系统性，更加明确需要采取系统方法去研究和分析问题。

值得一提的是AECT1994定义，该定义称教育技术为“教学技术”，即教学技术是指为了促进学习，对有关的过程和资源进行设计、开发、利用、管理和评价

的理论与实践。这是一个广为国内教育学者所熟知的定义，为我国许多教育技术类教科书广泛引用。该定义依旧立足于过程和资源，强调了教学技术的学科意味，认为它不仅是一种方法，更是一个理论与实践领域和行业，设计、开发、利用、管理和评价这五个术语正是来自教学设计中的系统方法模型。AECT2005定义则提出，教育技术是指通过创建、运用和管理适当的技术过程和资源来促进学习和提升绩效的研究和符合职业道德规范的实践。该定义强调教育技术是“研究”与“实践”，扩展了教育技术的研究方法，把教育技术的研究方法从自然科学范式扩展到思辨的反思性研究，也不再突出系统方法术语，同时拓展了教育技术的目的，除了促进学习还包含提升绩效，特别强调了“技术”应是“适当的”技术，也就是说，相关技术在教学过程中的使用应符合提升学习绩效的预期目的和教学实际，且应是“符合职业道德规范”的实践，这些表述反映了对于技术与教育融合的更具主体性的思考，但也有丧失其概念框架清晰性之嫌。对教育技术最新的定义是AECT2017定义，即教育技术是通过对学与教的过程和资源进行策略设计、管理和实施，以提升知识、调节和促进学习与绩效的关于理论、研究和最佳方案的研究且符合伦理的应用。该定义指出了教育技术研究的对象（学与教的过程和资源）、内容（策略设计、管理和实施）、目标（提升知识、促进学习与绩效）、范畴（理论、研究和最佳方案）、形态（研究和应用）等核心要素，兼顾了“学与教”的互动性主体性地位，强调技术性教学资源与过程的系统设计与实践。

2.国内对教育技术学的定义

20世纪90年代，基于媒体技术、教育心理学和系统科学的发展，我国开始形成了教育技术理论体系。电化教育的奠基人、教育家南国农先生在《电化教育学》一书中对电化教育进行了定义：“电化教育，就是在现代教育思想、理论的指导下，主要运用现代教育技术进行教育活动，以实现教育过程的最优化。”[①]教育过程最优化目标的实现，也就是通过对教育技术变量的控制和多种因素的协调，来达到优化系统行为、促使系统往最优解方向演化的目的。黄荣怀从系统辩证论的观点出发，借鉴AECT1994定义，认为关于学习过程和学习资源的设计、开发、利用、管理和评价的理论和实践构成了教育技术学的五个研究领域，而这些都与系统方法深入学习过程和学习资源密切相关，同时教育技术学的发展也可以用系统观、过程观、时空观来加深对其的理解，以树立起全面的“教育技术观”。何克抗在对AECT2005定义与1994定义进行对比的基础上认为，“教育技术学（技术化教育学）是通过设计、开发、利用、管理、评价有合适技术支持的教育过程与教育资源，来促进学习并提高绩效的理论与实践”[②]，借助技术的教育活动是教育技术学的逻辑起点。进一步，赵可云、何克抗认为，教育技术学是研究用技术的

① 南国农，李运林.电化教育学（第二版）[M].北京：高等教育出版社，1998：2-4.

② 何克抗.关于教育技术学逻辑起点的论证与思考[J].电化教育研究，2005（11）：3-19.

手段优化教育教学过程规律的交叉学科，兼具自然科学与社会科学性质。系统方法在教育技术中的运用使其走出了媒体中心论，进入了系统研究的新阶段，而系统研究把握了事物（要素）之间普遍的、相互联系的本质，具有客观性、有效性、定量化、精确化等现代科学方法特征，能够更好地帮助我们从整体上认识和理解教育技术系统。由此可见，系统观点和系统方法贯穿了国内外对于教育技术学的理论研究和实践应用之中，为认识和解决这一学科领域的各类问题提供了指导思想和方法原则。

教育技术学面向以人为主体的教育系统，探索技术在教育教学活动中的应用规律以及教育系统的性质和功能优化，从系统科学的学科分类原则来看，教育技术学在教育学学科知识体系中应属于技术基础层次的学科，在教育学中起着承上（承接基础理论）启下（指导实际应用）的作用。具体而言，教育技术学的一端连接着教育学基础理论，要应用教育学原理和相关的技术原理开展系统研究，另一端强调教育技术理论的实际应用，通过教育技术的转化应用，促进教育系统现实问题的解决。因此，教育技术学旨在为教育技术应用于教学领域直接提供研究支撑，其学科研究的核心是“信息技术支持的学与教设计”[①]，虽然与教育相关的新技术新理念层出不穷，而系统化教学设计仍是当前教育技术学的核心要义，是教育技术学研究和实践中的一个重要领域。

（二）教育技术系统的构建与分类

系统科学是一种方法论性质的科学，不仅为人们认识和描述教育技术学这门学科提供了观点，也为解决教育教学问题提供了科学的系统方法论。借鉴系统科学理论和方法，将教育学研究对象抽象为教育系统，用仿真、模拟、统计等系统方法去研究解决现实教育问题，逐渐成为一类普适性的方法，而构造教育系统的“技术”，成为教育技术学的研究内容之一。正如杨开城所提出的，教育技术学区别于其他学科的根本特征是它所采取的开发取向，开发取向使教育技术学通过探寻教育教学系统的构造方式，来达到对教育教学系统运行规律的自为性理解。可以说，教育技术是一种“教育系统的构造技术”[②]。这种“技术”不但在研究和实践中具有实用的方法价值，而且具有独特的理解教育复杂性的认知功能，能够引导人们改变传统的简单范式而采用复杂系统的立场和方法来研究教育。对于多层次、非线性的教育系统，借助动力学方法、多主体方法和随机方法等复杂性研究方法，用系统建模和数理统计去描述系统的状态变化及其宏观表现，有助于从整体上观察教育系统要素、结构和功能关系，发现隐藏其中的系统演化和调控规律，从而达到理解教育教学规律、优化教育教学实践的目的。

与此同时，针对教育技术本体构建教育技术系统，将其作为一类特殊的系统

① 任友群，顾小清．教育技术学：学科发展之问与答［J］．教育研究，2019（01）：141-152.

② 杨开城．教育技术学何以作为一门学科［J］．现代远程教育，2010（6）：20-23.

来研究，由此认识教育技术自身的性质、特点和发展规律，也是教育技术学研究的一个范畴，可称之为教育技术元研究。教育技术系统同样是一类独特的复杂系统，具有开放性、松散结合性、非线性与非均衡性等特征。教育技术系统中的教师、学生、管理者、设计师等要素具有多样性，并且是活的具有适应性的主体，通过与系统环境以及各要素之间非线性、多层次的相互作用，在系统设计、开发、管理、利用和评价的动态过程中可以“涌现”出新的特性。龚萍、欧阳明认为，教育技术不仅是制造教育技术系统的技术，而且绝大多数教育技术系统主要是教育技术“人一机”系统，具备人机交互的特性，学习者与学习环境都属于该系统，其最大的特点在于通过人机结合，利用形象思维与逻辑思维的互补优势，达到促进学习的目的。

对于教育技术系统的构成，笔者参照将教育技术学划分为教学设计、课程开发、教育工程学三个分支的观点，从研究问题的不同维度，尝试提出教育技术系统的三层面划分框架，见表2-4。微观层面以教学系统（子系统）为主要研究对象，重点研究课程教学目标与教学主体、教学过程实施、教学内容、教学媒体、教学效果评价及其相互之间的关系；中观层面以课程设计与开发系统（子系统）为主要研究对象，重点研究学科（专业）课程体系与社会需求、教育目标、各门课程内容、教学形式、教学资源及其相互之间的关系；宏观层面以教育决策系统（子系统）为主要研究对象，重点研究多人协作下的教育实践活动的组织管理技术，包括教育规划、开发、治理、服务、创新、绩效等。当然，从不同的时空维度和研究视角，还可以构成更多的研究问题域，例如从教育技术的AECT1994定义出发，可以将教育技术研究内容划分为学习资源和学习过程的设计、开发、使用、管理和评价五个范畴，也就能抽象出不同的研究对象。

表2-4 教育技术系统的三层面划分框架

研究层次	主要研究对象	重点研究内容	对应的教育技术学分支
微观	教学系统	课程教学目标与教学主体、教学过程实施、教学内容、教学媒体、教学效果评价及其相互之间的关系	教学设计
中观	课程设计与开发系统	学科（专业）课程体系与社会需求、教育目标、各门课程内容、教学形式、教学资源及其相互之间的关系	课程开发
宏观	教育决策系统	多人协作下的教育实践活动的组织管理技术，包括教育规划、开发、治理、服务、创新、绩效等问题	教育工程学

龚萍、欧阳明在《从系统方法视角探讨教育技术系统》一文中还尝试构建了教育技术系统的知识分类体系。以钱学森现代科学技术体系的基本框架为依据，以系统哲学、教育哲学、技术哲学为桥梁，将教育技术的相关理论和技术划分为

基础理论、技术理论（技术基础）、技术方法（实际应用）等三个层次，构建了教育技术系统方法体系的理论基础框架，如表2-5所示。这些研究为系统方法论指导下教育技术系统的构建与深入理解提供了有益的参照。可以看出，系统科学理论是教育技术学的基础理论之一，在其驱动下教学设计理论得以发展和完善，并成为教育技术学的技术理论之首要内容，连接了教育技术的理论与实践。

表2-5　教育技术系统方法体系的理论基础框架

哲学（马克思主义哲学）	
桥梁	系统哲学（方法论）
	教育哲学
	技术哲学
基础理论	学习理论
	教育心理学
	教学与课程论
	教育传播学
	系统理论（老三论、新三论、复杂系统理论）
	媒体技术理论
技术理论	教学设计理论
	信息技术教学论
	数字资源建设理论
	数字媒体传播理论
	多媒体计算机技术理论
技术方法	数字教学材料制作技术
	信息技术教学技术
	教育统计方法
	社会网络分析技术
	人工智能技术
	知识管理技术
	……
教学实践	

二、系统方法在教学设计理论和实践中的运用

下面我们将介绍，系统方法如何支持和促进教学设计理论的形成及发展，进而推动教学设计模式研究与实践的不断创新。

（一）系统方法支持教学设计理论形成与发展

20世纪50—60年代，在将系统方法运用于解决教育技术领域核心问题的过程

中，教学设计（Instructional Design，ID）理论应运而生，由于系统分析的对象是教学系统，或者说系统方法贯穿了教学设计的各环节，因而教学设计也被称为教学系统设计（Instructional System Design，ISD）或系统化教学设计（The Systematic Design of Instruction，SDI）。如前所述，系统方法论强调还原论与整体论相结合、定性描述与定量描述相结合、局部描述与整体描述相结合、确定性描述与不确定性描述相结合等方面，在运用系统方法去考察教学系统时，着重描述系统整体与局部（要素）之间、局部与局部之间的多层次相互联系和相互作用，在规划教学系统设计时，也着重体现教学的动态生成性、开放性、非线性、层次性、关联性、环境适应性和复杂性等系统特性。对于教学设计的系统思维和系统方法运用，实际上催生了教学设计理论的形成。

二战时期，系统科学的老三论（系统论、控制论、信息论）快速发展起来并在科学与工程应用中日益普及。受此影响，运用系统分析方法来设计教学系统、分析并确定教育教学的最优化策略方案的教学设计理论在20世纪60年代兴起。实际上，彼时的教学设计移植了系统方法的基本逻辑，把教学问题视为一项系统工程，简言之，就是基于系统设计思路，通过采集教学主体（师生）行为信息、教学环境信息、教学需求与问题等来确定教学系统的目标，以教学系统的目标为导向，通过系统分析来确定教学策略，继而根据不同的策略方法开发适当的教学资源和工具，实施教学过程并进行评价，根据评价结果（多维教学目标的达成度）修正教学目标和内容设计，优化教学策略和教学过程，形成目标控制下教学系统分析→设计→开发→实施→评价（即ADDIE教学设计模式）的流程化闭环管理。在早期的教学设计理论中，已然贯彻了系统方法所强调的整体性、层次性、动态性和最优化要求。

但是，在复杂性研究兴起之前，人们往往把教学系统设计看成硬系统设计，即系统总体目标可以线性地划分为若干子目标，而各层次的目标可以被准确地界定和阐明，可选的问题解决方案存在最优解，那么，通过选择和实施对应具体子目标的最佳教学方法，可以实现总的教学目标。在教学系统设计中，经常采用布鲁姆的教学目标分类法或加涅的习得能力分类法。这样的教学设计因未能充分考虑系统的复杂性和整体涌现性，可将其称为简单教学设计。这样的教学设计方式因其逻辑明确、简洁易操作，能够解决很多现实中的教学设计问题，其实际应用是最为广泛的。欧阳明、张英类比系统工程中的霍尔三维结构，提出了简单教学设计的三维模型，如图2-3所示①。

① 欧阳明，张英.教学设计研究：以问题为导向的科学方法论视角［J］.现代教育技术，2013（11）：35-40.

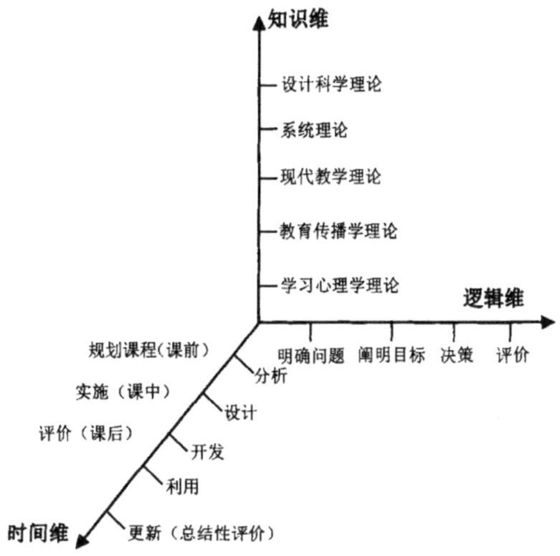

图 2-3 简单教学设计的三维模型

从20世纪末到21世纪初，随着自组织理论和复杂性科学的兴起，教学设计理论也与时俱进，不断发展和完善，形成了多种教学设计模式。教学设计受到“新三论”的影响，更加注重体现开放性、非线性、协同性与涨落性等促使系统“进化”为有序的耗散结构的自组织特性。何克抗阐释了这些特性对于教学系统设计理念、方法和策略的影响，这些影响也具体地体现在混合式学习、认知探究性学习、数字化网络课程、基于Web2.0的大规模协作学习等教育技术的探索实践中。

在复杂性研究视域下，现实中的教学系统设计面临更多的不确定性和不可预测性，除了系统的自组织特性外，需要更加关注教学对象和教学问题的多样性、教学要素之间的多重非线性交互作用、系统对于外部环境的适应性等所带来的教学系统的复杂性，此时，宜采取系统科学处理复杂系统的研究方法，包括复杂适应性系统理论分析方法、从定性到定量的综合集成法、复杂系统理论和系统工程技术方法等来优化教学设计策略。目前，面向复杂性的教学系统设计基本上还处于理论研究的起步阶段。

（二）基于系统方法的代表性教学设计模式

20世纪70年代，美国学者乔伊斯（Joyce）和韦尔（Weil）将“模式”一词引入教学领域，在《教学模式》一书中对“教学模式”进行了系统的研究。他们提出，“教学模式是构成课程和作业、选择教材、提示教师活动的一种范例或计划”。我国学者也从教学过程、教学程序、教学结构等角度，对教学模式给出了大同小异的阐释。比如，何克抗指出，“教学模式是指在一定的教育思想、教学理论和学习理论指导下的、在某种环境中展开的教学活动进程的稳定结构形式”[①]。冯克诚等提出，“教学模式是在一定教学思想或教学理论指导下建立起来的、较为稳定的教学活动结构和活动程序”[②]。从对教学模式的设计要素和特点分析来看，教学设计模式是教学设计理论与教学实践的桥梁，可以看作在一定的系统理论、学习理论和传播理论的指导下，运用系统方法分析教学过程及其组成要素之间的相互作用，进而建立起来的各种类型的教学活动基本结构或框架，是促进教与学的程序性的策略体系。

从支持教学设计的不同时期的不同学习理论出发，可以把教学设计划分为以行为主义的联结学习作为理论基础的第一代教学设计（简称ID1），以“联结—认知”学习作为理论基础的第二代教学设计（简称ID2）和以建构主义（或称结构主义）学习作为理论基础的第三代教学设计（简称ID3）。一般认为，ID1的代表性模式为肯普模式，ID2的代表性模式为史密斯—雷根模型，ID3的代表性模式就是基于建构主义教学设计原则的模式。同时，应用复杂适应性理论来分析和改进教学设计，有学者尝试构建了相应的教学模式。这里分别做出简述。

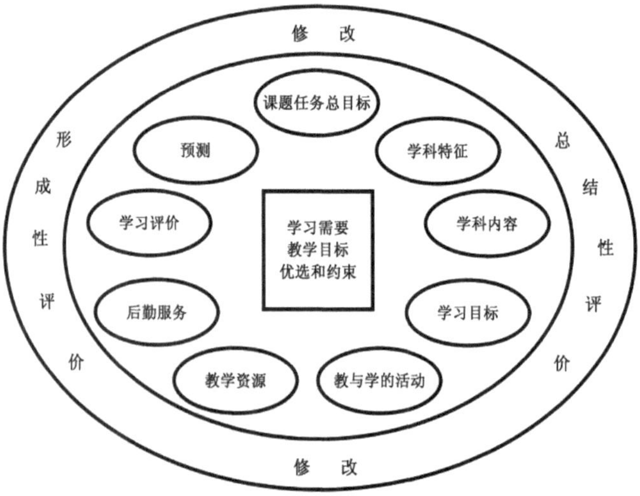

图 2-4 第一代教学设计的肯普模式

由肯普（Kemp）在1977年提出并逐步完善的教学设计模式，其中心思想是将“学习需要”和“教学目标”作为系统目标，提出了教学设计的10个因素，依据形成性和总结性评价不断修改教学设计，来促进教学目标的达成，如图2-4所示[③]。该模型体现了系统要素相互作用的整体观和系统控制的反馈思想（“刺激—

① 何克抗.建构主义的教学模式、教学方法与教学设计［J］.北京师范大学学报（社会科学版），1997（5）：74-81.

② 冯克诚，西尔枭主编.实用课堂教学模式与方法改革全书［M］.北京：中央编译出版社，1994：4.

③ 闻小娇.基于复杂适应系统理论的教学设计研究［D］.云南大学.2010：27.

反应”的联结图式)，有其指导意义，但是整个教学设计过程突出了教师的中心地位，自ID2出现后其影响渐弱。

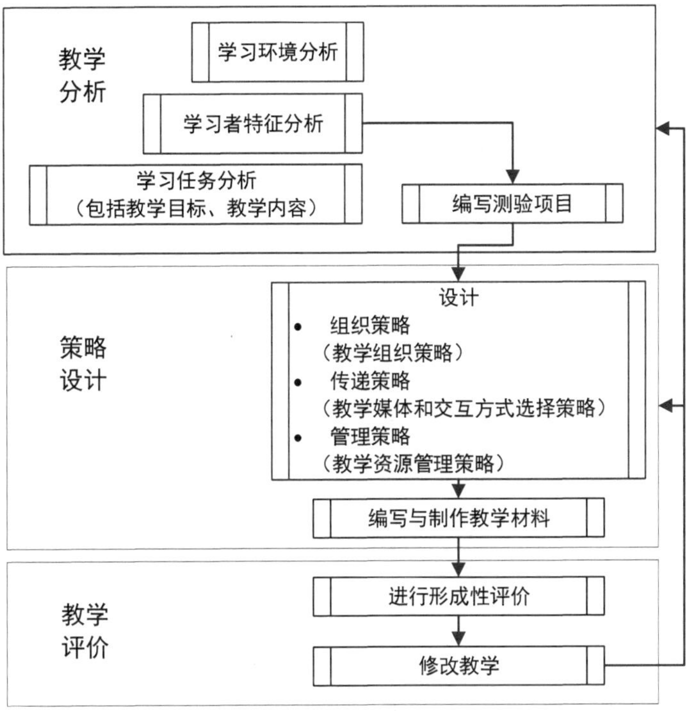

图2-5　第二代教学设计的史密斯—雷根模型

史密斯(Smith)和雷根(Ragan)于1993年提出了史密斯—雷根模型(如图2-5所示)。该模型在教学分析中不仅注重教学目标和教学内容的分析，还强调了学习环境和学习者特征分析，凸显了认知学习理论对教学内容组织的影响，较好地融合了行为主义与认知主义的思想。同时，其分析—设计—评价的教学设计过程，与ADDIE设计模式相符，体现了系统目标控制和系统化流程管理的原则，因此，该模型获得了广泛的认同，在实践中得到大量的应用。

再看第三代教学设计，建构主义教学模式可以概括为，在建构主义学习环境下实施的教学活动进程的稳定结构。它贯彻“以学生为中心”的思想，教师通过组织、引导和帮助，利用情境、协作、会话和意义建构等学习环境四大要素对认知主体(即学生)施以影响，激发学生学习的主动性、积极性和首创精神，学生通过“同化”与“顺应”实现对当前所学知识的意义建构。建构主义教学模式强调了学习环境对主体的影响，在教学要素的相互作用过程中，实现知识意义的主动建构(即学生原有知识结构中涌现出新知识)。建构主义教学设计模式的主要内容和步骤可以归纳如图2-6所示。

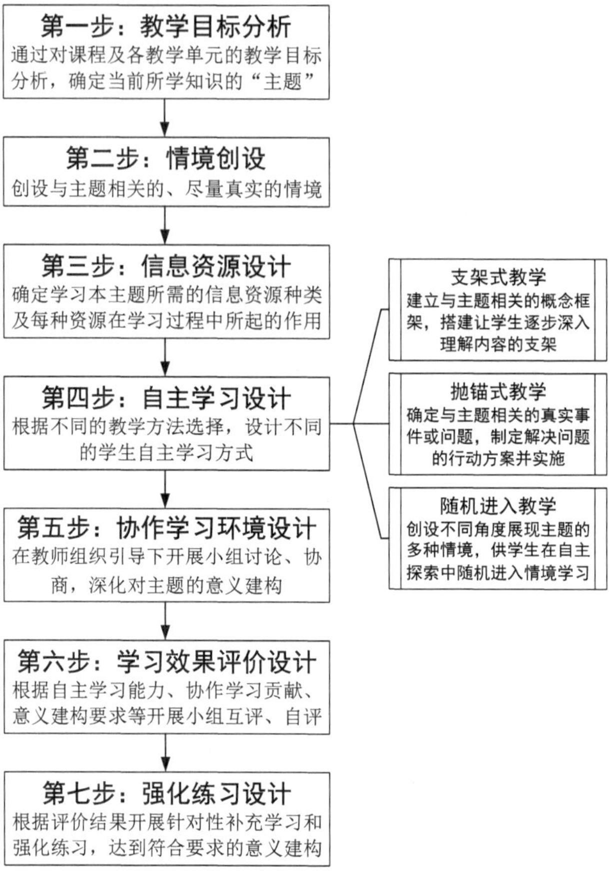

图 2-6　第三代教学设计的建构主义模式

从复杂适应性系统理论出发，可充分认识教学系统的开放性、层次性和演化性，关注教学主体的适应性和主动性、教学结构要素之间的相互作用以及教学过程的复杂性和不确定性等。闻小娇运用系统方法，通过分析教学系统的基本结构要素、社会环境对于教学系统的影响、教学要素在时空系列上的相互作用关系和动态变化过程，提出了基于复杂适应系统理论的教学设计模式，如图 2-7 所示[①]。

该模式将教学实施过程抽象为一个不断向上转动的螺旋形圆柱体，自下而上代表着教学系统的发展和演化进程。教师、学生、教学内容、教学媒体（策略和方法）等教学要素依据预期的教学目标而相互联系、相互作用，并受到内外部环境变化的影响，在结果与评价反馈的作用下，随之不断变化和调整，在往上聚集的过程中各要素协调一致，以适应实际的教学场景、外部环境和内部主体特征。这个模式可以较为直观地展现教学系统的动态变化、教学主体的互动以及对于环境的适应性，但其缺乏具体操作层面的描述，难以直接应用于指导现实的教学设计，可作为理解复杂性教学系统设计理念的理论框架。

① 闻小娇．基于复杂适应系统理论的教学设计研究［D］．云南大学．2010：27.

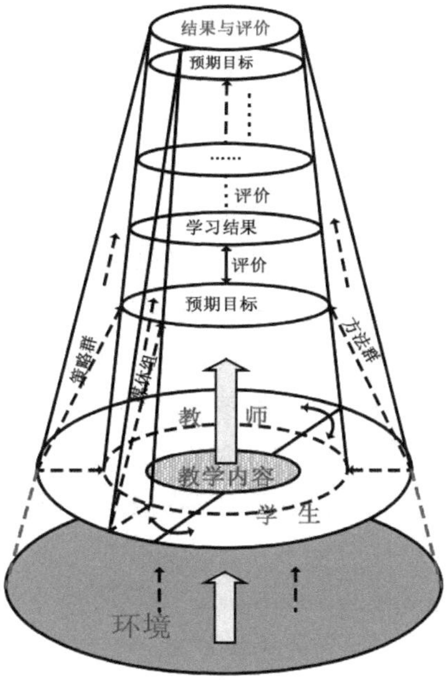

图 2-7 基于复杂适应系统理论的教学设计模式

三、系统方法在教学质量保障中的运用

高质量发展是当今教育发展的基本主题，也是实现教育内涵式发展的根本要求。对于一所学校或教育机构而言，教学质量问题是关乎其生存和可持续发展的首要问题，建立和完善教学质量保障体系，是提高其教学质量与服务水平的重要抓手，也是教育技术学关注的现实问题。

教育质量保障可以从宏观与微观的不同层面展开讨论。宏观层面的研究通常带有引导性与前瞻性，一般着眼于大面积乃至世界范围内的教育机构的质量状况，采取文献数据计量法、纵向（历史）比较法、横向（国际）比较法等研究方法，关注各级各类教育由自身教育类型的特点与规律、特定历史发展阶段和当下所处社会环境等因素造成的带有普遍意义的教育质量问题，如教育质量标准、技术手段应用、资金成本投入，等等。根据问题的不同内容和性质，提出现实条件下解决问题的宏观策略，倡导构建全球性、区域性的教育质量保障体系。微观层面的研究则是针对院校或教育机构，关注其教学及其管理的质量问题，尝试构建具体的质量保障体系，这是我们将要阐述的主体内容。

由于远程教育是“有组织的系统工程”，这种以互联网作为主要教学载体的教育类型，较之传统教学模式，其质量管理涉及技术应用、课程开发、学习支持等更多领域，在质量保障问题上更具复杂性和代表性。因此，下面我们以远程教育为例，以相关的远程教育机构（院校）为对象，探究在远程教育教学质量保障中应用系统科学方法的两种研究分析框架。

（一）基于控制论原理的要素分析法

系统地研究某个对象，重点应该考查系统的要素构成及其关联结构。影响教育教学质量影响因素很多，国内外学者提出了多种观点。从对高等教育教学质量影响因素的研究来看，这些要素通常涉及教师、学生、教学条件、课程、课堂教学、教学方法、师生互动与交流等，其中最重要的是教师、学生和教学环境。在远程教育领域，相关学者也曾提出关于远程教育质量要素的不同看法，下面是影响力较大的几种观点。美国远程教育专家摩尔（Moore）在远程教育交互中强调了三个要素：教师、学生和内容；英国的格伦维尔·鲁姆勃尔（Greville Rumble）和凯伊（Kaye）在远程教育四个基本子系统——课程子系统、学生子系统、管理子系统与后勤子系统的基础上提出了两个特征运行子系统，即课程管理子系统、教与学支持服务子系统；我国远程教育专家丁兴富提出了远程教育质量保证体系的基本要素，即资源设计、开发与发送及其评估、学生学习支助服务、双向通信交互、教育管理、课程考核与学生学业评价、教师专业发展和培训、远程教育研究、基础设施建设、财政支持和经费保障。

在分析系统要素之后，按照惯常的质量评估思路，可以对诸要素赋予细致的评价指标，考查每一项细部评价指标是否达到质量标准。指标考核可以采用多种方法，如意见调查法、档案归纳法、专家评分法等，获得对各项要素的质量评价之后，赋予各要素不同的权重分值并进行分值的加权汇总，最后可得出对系统整体质量状况的一种定量评价。

然而，远程教育系统是开放的复杂系统，一方面，它与外界进行着人员、资源和信息的交换，另一方面，这些要素之间存在着多种相互作用，例如教学实施效果与资源技术的配置息息相关、学习支助服务水平与管理系统的运行效率密切联系等，将影响系统质量的诸要素分离出来一一进行考核，并通过线性加总方式获知系统的整体状况，这样的质量评价工作既非常繁杂，又有着一定的局限性。实际上，从系统的整体观来看，可以通过对远程教学系统的某些核心要素予以整合，从局部到整体来进行系统内部质量保障体系的设计。摩尔与基尔斯利（Kearsley）率先将系统论的观点引入远程教育研究中，从控制论的角度描述了远程教育系统的输入、输出过程，并强调了系统组成要素之间的依存关系对于远程教育系统的重要性。这里，我们采用控制论的思路，在进行远程教育教学质量保障的过程中，考虑系统随时间和环境的动态演变，并重点关注系统的核心要素及其在外界环境影响下所发生的变化，将其融入质量控制框架之中进行综合考查。

首先，在综合上述教育质量要素观点的基础上，结合远程教育工作的实际，关注质量保障涉及的直接对象——网络教学，而非远程教育的系统整体或特定的教学环节，提炼出远程教育机构内部教学质量控制的四个核心要素：教师、学生、课程、学习平台，从哲学范畴来说要素涵盖了教学活动的主体（教师、学生）和载体（课程、学习平台），也就是教学交互的双方、内容和环境。要素的提炼是为了把握教学质量保障活动中关键参数的输入输出，针对要素的质量保障也不仅关注要素本身是否符合特定标准，还包含对其发生相互作用的过程（流程）与后台管理（数据）的质量控制。

在远程教育领域，国际开放与远程教育协会（Intenational Council for Open and Distance Education，ICDE）在对远程教育院校进行评估时，所奉行的质量观是“合乎目的”（fitness for purpose），这实际上是对教育活动与教育目的一致性的根本要求，也就是实现泰勒评价模式中的质量，即自洽性。从“合乎目的”的质量观出发，对要素的质量控制可简化地理解为通过对要素输入、过程和输出的监测或干预，使教学成果（最终体现为学生发展）能够适应、达到预定目标。在要素与过程控制的质量管理思路下，借鉴通常情况下高等教育质量保障的基本内容，加入反映远程教育教学方式及其质量特色的因素，我们得出图2-8所示的基于控制论的远程教育机构质量保障框架，该框架大致描述出了远程教育机构（如开放大学）质量保障的核心要素与基本流程。

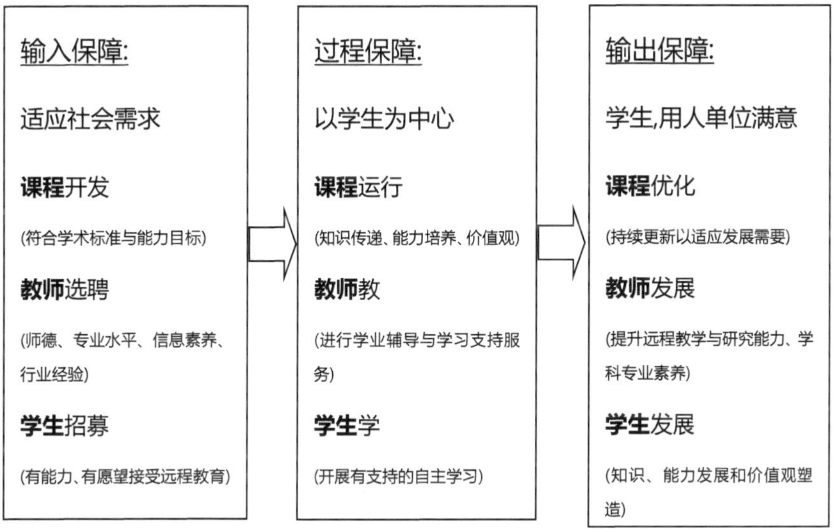

图2-8　基于控制论的远程教育机构质量保障框架

需要指出的是，远程教育的教师、学生、课程、学习平台等要素具有一些特定的质量内涵，决定了模型中这些要素涉及的质量标准，包括输入时的基本条件、过程中的关注点和输出时的考量指标，会与通常的教学质量标准有一定区别。这里，我们提供了一个整体框架或思路，实际中的远程教育系统更具复杂性，应当在此基础上有所扩展，并依据具体研究对象、考查时期和周围环境的不同，依据教学、管理成效与质量目标之间的差距，对教学质量保障的流程和要素做出相应调整。

（二）基于结构方程的演化分析法

远程教育系统是开放的复杂系统，系统与外界物质和能量的交换以及系统内部非线性的相互作用，使系统整体的熵值减少，从而使其可能朝着有序的方向转化。远程教育系统的质量保障过程，可以看作系统达到质量优化的宏观稳定有序状态的演变过程。为了提炼出质量保障过程中的关键要素，下面尝试采用耗散结构理论中建立反应扩散模型的方法，对这一问题进行决定论层次上的基本抽象与分析。

实施远程教育，需要教育机构具备远程教学的基础设施（如广播、电视、网络通信设备等），需要一定的师资条件，适量的生源支持，还要有配套的教学管理规章制度，这些方面构成了远程教育质量的大体标准，将上述诸因素列出，并以某个字母表示之：基础设施 D、师资 T、生源 R、管理制度 C，远程教学质量 Q，则上述过程可以用公式描述为

$$D+T+R+C \xrightarrow{k_1} Q \tag{1}$$

现代远程教育的目的是，依托先进的通信技术满足社会大众的学习需求，向其提供优质的教育服务。从学生对教学产品的满意度来考查教育的成效，更易于实现远程教育的目标。现在，远程教育国际机构质量审核的重点与此相似，比如ICDE质量标准局（ICDE Standards Agency）进行质量审定的核心，是学习者在课程中所接受的信息质量、所获得的学习支持以及期望他们达到的学术标准和他们实际达到水平的比较，可以说其评价内核是一致的。对一个系统而言，外部影响可以看作环境因子，考虑到我们关注的重点是系统内部的质量保障问题，为简化分析，令系统的环境因子为常量，在没有外界干预（如财政投入、师资引进）的情况下，良好的教育质量 Q 和较高的管理服务水平 S，可以促进学生的满意度 R（即扩展生源），将其用公式简单概括为：

$$Q+S \xrightarrow{k_2} R \tag{2}$$

上述两式相互耦合，构成了远程教育质量保障系统的耗散结构，用反应扩散方程来描写（为方便讨论略去了扩散项），可以得到该系统状态变量Q的演化方程：

$$\frac{\mathrm{d}Q}{\mathrm{d}t}=k_1 DTRC-k_2 QS \tag{3}$$

当远程教学系统演化到我们预期的有序状态时，也就是说，远程教学质量达到了一种稳定状态，令 $\frac{\mathrm{d}Q}{\mathrm{d}t}=0$，此时有 $k_1 DTRC=k_2 QS$，即

$$Q=k_1 DTRC/k_2 S \tag{4}$$

其中，k_1/k_2 是质量提升的效率。

由（4）式可见，当教学系统的外部影响，包括设备 D、师资 T 短期内保持不变时，影响教育质量的要素，一是教学服务相应于学生数量的水平 R/S，这正体现了近年来远程教育中屡屡强调的内容：个性化的支持服务，这是教育实施者主观上可以积极促进的方面。另一个要素是教学管理的规章制度 C，强调对远程教育机构进行科学化、规范化管理的要求。不断健全教学管理制度，促使教学过程更加合理、规范、有序，必定能够吸引更多优秀的师资和生源，同时，质量提升

的效率与此密切相关。综合来看，在外界环境不变的情况下，教学服务与管理是远程教育机构进行内部质量保障的着力点。当然，这种设计是模型化的、抽象式的，是面向系统内部的，要达到系统质量的全面提升，外部质量保障不可或缺。外部条件对远程教育系统施加的约束，可以使质量保障的标准和过程更加统一；而内部质量保障实时的监督管理、有效的反馈机制，能够充分发挥系统的自适应功能，适应教育目的，及时改善教学服务与管理，进而实现教育质量优化的良性循环，在内部驱动和外部规范的双重质量保证之下，能够确保远程教学系统的良性运转。

第三节　基于系统理论的教育模型及其构建

模型是对描写和说明的研究对象实体的一种表达方式，多数情况下是对研究对象某一方面性质的反映和抽象。在系统方法的实际应用中，将系统抽象为某类模型加以研究，是一种分析系统结构、属性和功能，解决问题并预测发展趋势的重要方法。将某类教育系统适当简化并抽象为理论模型加以研究，能够相对客观、简明地分析系统的本质和特征，从而深化对于教育系统的认识和理解。本节将介绍笔者本人基于复杂网络理论、教育理论及游戏理论，分别针对开放教育资源传播、教育数字游戏设计而开展的两项教育理论模型研究，作为系统科学模型方法在教育领域应用的两个例子，以作抛砖引玉之用。

一、知识传输网络理论模型

开放教育资源（Open Education Resources，OER）运动兴起至今，教育资源“开放”和“共享”的理念已经在全球范围传播开来。在此过程中，以简易信息聚合源、网络博客、微博、维基百科、社交网站、社会图像网站、播客和视频等软件典型应用为代表的Web2.0信息技术环境是推动开放教育资源运动发展的有力支撑，其用户分享、信息聚合、开放平台等技术架构和互联网文化对于教育领域的影响是深远的，不仅极大地促进了教育资源的传递与共享，也引领着教学模式的创新与变革。在开放教育资源共享运动中，被称为“公开课”或“开放式课程”的开放课件（Open Course Ware，OCW）项目和被称为“慕课”的大规模在线开放课程（Massive Open Online Course，MOOC）的出现，是冲击传统教育领域的最引人关注的两次教育信息化革新浪潮。

在此背景下，Web2.0技术架构的出现，不仅意味着各类平台与软件技术的创新成果应用于提高开放教育资源的传播效率，还促使一种新的教育范式的维度正在形成。这种范式的来源是给所有学习者提供了个性化的参与式学习空间，改变了教育资源与学习者之间的交互模式，教育资源由单向传播转变为由资源提供方与学习者共建的关系，促进了学习者之间互动的广泛发生，发掘了学习者群体的内在潜能。Asselin等人的研究表明，在Web2.0参与性和创造性的环境下，学习者发展了新的读写能力、查找关键信息的能力，以及共享与建构知识的能力，学习者的内在学习动机和学习的自我效能得以提升。实际上，Web2.0蕴含的建构主义理念使得教与学的关系发生了变化，知识的创造与传递行为被赋予了新的内涵，更加贴近开放学习的本质。Web2.0所支持的知识内容聚合、信息智能搜索等功能，使开放性的学习与开放性的资源相互匹配，知识的共享与共建融为一体，非常适用于构建开放教育资源传播的技术架构。

与此同时，Web2.0的出现为打造更有活力的“多元学习生态”和营造教育界“供人分享的文化”带来了可能。通过Web2.0技术和其主要工具，利用基于网络的课程传播过程，可以促进以约翰•杜威（John Dewey）为代表的实用主义教育家所设想的“课堂的延展化和民主化”，包括从知识内容的小范围传递到大范围共享，从单纯的校园课堂到虚拟学习环境的转变与适应，从学习者的单方面参与到鼓励知识的产生与创造等。这一切影响并转变着传统学校的角色与行为，让学校重新审视自身的教学质量与社会责任。当一所学校要将其优质教学资源拿出来在世界范围内共享时，当一门学科课程要被打造为可供大面积复制的数字化产品时，当教师面对的是互联网上数以万计的学习者，而不再只是闭门教授自己的学生时，对学校的发展理念、教学模式、课程质量与教师的教学能力等无疑提出了更高的要求。而这些来源于社会发展特定阶段的要求，植根于信息技术革命所提供的种种可能性，正是促使传统教育面向市场、从根本上进行变革的持久推动力。

为了探讨信息技术应用于教育背后的自然科学原理，研究开放教育资源传输过程中Web2.0技术架构的作用机制，下面将运用复杂网络的模型方法，以关联主义学习理论为依据，即“知识是网络化联结的，学习是连接专门节点和信息源的过程”[①]，在知识信息传输的一种典型组织形态基础之上，构建出基于Web2.0技术的知识传输网络模型，用以描述开放教育资源传播的抽象机制。以OCW到MOOC的发展为例，阐释网络模型的演化行为及网络节点中枢角色与功能的转变。进一步，对模型的网络结构、小世界效应、信息传输效率、功能鲁棒性等网络特性予以分析，认识和把握模型的整体结构与功能特征，加深对Web2.0技术驱动下知识传输机制的理解。

（一）构建基于Web2.0技术的知识传输网络模型

对于世界范围（Internet）或局域范围（LAN）的网络，以开放教育资源提供站点为节点，网站之间的知识关联（即存在知识信息内容的交互）为边，构建出一个开放教育资源网络，这里称之为网络R。由于知识产权保护和商业网站竞争之类的原因，在网络R内部，节点相互之间的知识传输量较少，连接也不稳定。同时，以开放教育资源受众群体内的学习者为节点，其间的知识共享途径为边，

① George Siemens. Connectivism：A Learning Theory for the Digital Age［J］. Instructional technology &distance learning，2005（1）：3-10.

构建出一个学习者网络，称之为网络S。当网络S内部节点之间的联系为人际关联时，已有学者建立了社会关系网络模型，业已总结出节点的六度分离等规则。

可以想见，在将Web2.0技术应用于开放教育资源的传播过程之前，各站点的知识几乎是独立的单向输出模式。从学习者网络S到开放教育资源网络R之间虽然连接数量众多，但其连接结构是零散的、无规则的。基于Web2.0技术的各类社会性学习平台，可以架起网络R与S之间沟通的桥梁。通过RSS聚合源、专业网站、社交媒体网络等Web2.0技术工具，能够将开放教育资源集中呈现与发布，并以Web2.0平台为媒介自动聚集某一特定领域的资源提供方和学习者群体。

如图2-9所示，在网络R与S之间，Web2.0平台建立起了沟通两个子网络的有序连接。网络R可以借助平台拓宽其服务对象的范围，网络S的学习者除了能够借由平台快捷地获取所需的知识信息，还可以参与同类知识的创建，并经由平台有效地输送到网络中的其他节点，即将创建的知识分享给相关的学习者和资源提供方。由此，可将Web2.0平台看作是位于R、S两个子网络中间层次上的一类中枢节点（网络中度数、介数最高的节点），在网络中拥有最多数量的强连接，将开放教育资源与学习者密切联系起来，共同构成了一个有层次结构的知识传输网络模型。从信息论的角度看，Web2.0平台为系统中信源（即信息的来源）与信宿（即信息的接受者）之间的信息传播提供了大规模的、集成的信道（即信息传播的通道和媒介），促使子网络R与S内部出现了自动聚合的效应，两者之间连接的层次结构变得明显，系统知识信息的传输能力提高了。此时，模型系统的熵降低了，意味着组织化程度（有序程度）提高了，知识传输网络具有了自组织的特征，即模型系统自发地形成了以Web2.0平台为网络节点中枢的某种有序结构。

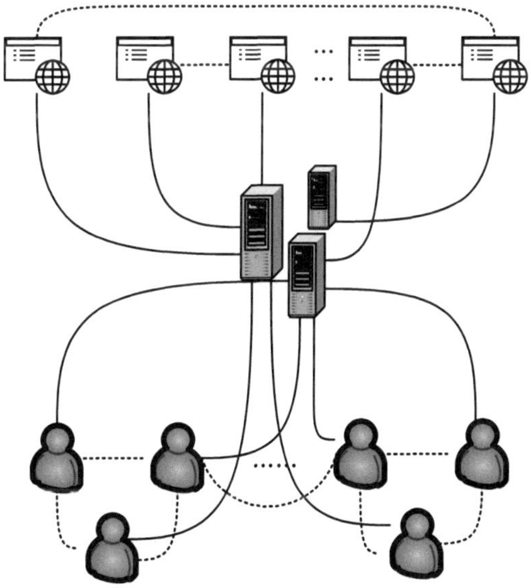

图2-9　基于Web2.0的知识传输网络模型示意图
（实线、虚线分别表示强、弱连接，R内部知识关联和S内部人际关联是弱连接）

实际上，如图2—9所示的Web2.0模型结构在应用于开放教育领域之前，已经成功地运用于电子商务领域，提供并维护Web2.0平台成为某种特定的商业服务，而Web2.0技术促成的是商业服务提供商与广大零散客户之间快速有效的信息沟通。在电子商务领域，信息传输并非是一个完全自组织的过程，商业服务提供商会借助Web2.0平台持续性地引导客户的消费行为，通过各种手段增强老客户对于特定产品或服务的黏度，同时发展新的客户群体，以此保持模型中网络连接的稳定性并有意识地扩大网络规模。同理，在知识传输网络模型中，加强对学习者学习目的的引导、学习习惯的培育及学习过程的辅助，关注更为广泛的学习者群体等，也成为模型网络演化的方向，成为系统持续发展需要强化的功能。从OCW到MOOC的演变，正是知识传输网络为加强其系统功能与稳定性的演化过程，体现了Web2.0技术引领下知识传输机制的微妙变化。

（二）从OCW到MOOC：网络中枢角色与功能的转变

2002年，美国麻省理工学院（MIT）开始在世界范围内免费公开自己的教学资源，之后许多国家的高校和教育机构纷纷加入开放共享资源的行列，独立启动或合作实施了各具特色的开放课件（OCW）项目。2008年，开放教育领域出现了一种基于关联主义学习理论的新型网络教学模式：慕课（MOOC）。从OCW到MOOC的发展，体现了开放教育资源从单纯的资源到课程与教学模式的转变。除了资源内容的更加丰富和结构的相对完整，以及项目为结业者提供的课程证书或学分而外，MOOC较之OCW，最大的变化是从利用一些社会性平台进行开放教育资源的输出，到专门提供教学主体之间在线合作与交互的平台，以及由多种在线虚拟实验软件提供的对于学习者的学习支持服务，能够将数以万计的学习者在共同学习目标、学习兴趣和先备知识的驱使下组织起来。这是正规教育的需求和市场竞争行为引致的一种变化，若关注隐藏在现象背后的某种机制或规律性，OCW到MOOC的转变也是系统为加强其连接稳定性、保持并扩大其规模而演化到的一种状态。

如前所述，在基于Web2.0的知识传输网络模型中，Web2.0平台作为网络的节点中枢，对于知识传输功能的发挥起到了至关重要的作用。在OCW项目中，Web2.0平台主要是搜集汇总、集中呈现网络课件资源的作用，多数是直接利用互联网上的开放资源社区，并不强调对资源的传播过程进行人为干预。在OCW为开放教育资源主体的时期，课程学习没有组织者，教学互动几乎为零，虽然学习者内部可以基于Web2.0技术应用工具进行一些交流讨论，但这些活动是在没有教学设计和教学评价情况下的学习者的自发行为，难以成为有效的学习活动和学习体验。此时的知识传输网络会存在一定的泛中心化情况，大量冗余信息出现的频率较高，学习者可能在众多资源与信息中迷航，产生学习主题不明确、认知负荷过重、理解不完全等问题。

在更突出知识学习互动的MOOC项目中，学习者在网络空间的学习行为并非完全自发和随意，而是要在教师的引导和支持下进行，以获得接近于正规教育的学习体验和成果。实现这种要求的途径是构建了专门化的课程学习平台（如Udacity、Coursera、edX，以及让教师的角色介入开放课程的传播和学习者的学习过程之中，如图2-10所示。在MOOC为共享资源的知识传输网络模型中，网络节点中枢的角色和功能得到了补充和强化，除了在开放教育资源和学习者两个子网络之间起到沟通衔接的作用，还承载了教师对教育资源的组织功能及对学生学习的支持功能，真正使技术、教学组织和学习支持整合于统一的基于Web2.0的平台架构之中。

当然，MOOC模式下教师的地位和作用与传统课堂教学不同，不是课程的主导者，而是起到导学、助学和促学的作用，引导和支持学习者在虚拟学习环境下的自主学习，促进学习者之间的分享与协作。在知识传输网络模型上，教师与课程及学习者之间的互动，将通过发挥节点中枢（即基于Web2.0的课程学习平台）的种种功能而实现。例如，教师利用RSS和邮件推送功能，有针对性地提供、推荐更加可靠的课程资源；利用讨论空间和实时交流工具安排专家互动与主题讨论，或以意见领袖的身份设计学习活动；利用维基和博客，激励学习者对课程知识进行延伸与再创造，使学习过程中涌现出新的有用信息，等等。此时的教师处在知识传输网络的中心，利用平台发起特定项目的开放课程，组织分布在各种社交网媒中的与课程有关的资源，支持学习者的学习及互动；同时搜集学习者群体创建的知识信息及学习反馈信息，将其系统化为有价值的内容并用于课程的持续改进。在MOOC为主体资源的知识传输网络模型中，正是这类由教师干预的Web2.0节点中枢，造就了网络的他组织特性，能够适当地协调学习者群体的自主学习行为，促使网络进一步向有序结构的方向演变。

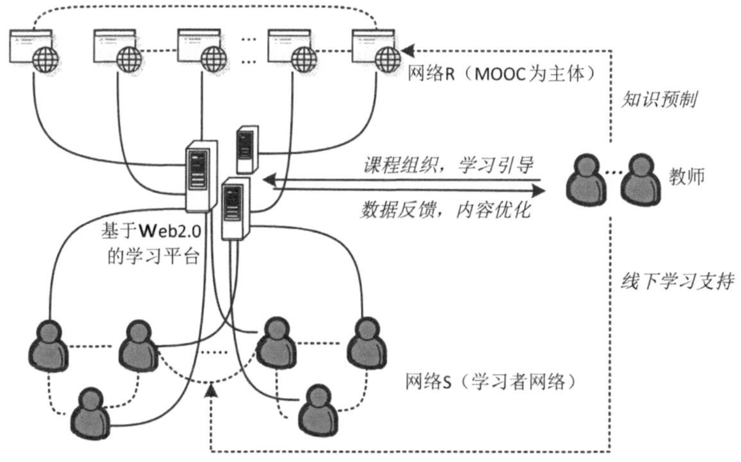

图2-10　以MOOC为主体资源的知识传输网络模型示意图
（实线、虚线分别表示强、弱连接，MOOC模式下教师借由Web2.0平台施加影响）

值得一提的是，在开放教育资源的传播过程中，尤其在基于关联主义的MOOC模式下，他组织形式的学习支持应遵循学习的自组织规律，实现学习自组织与他组织之间的动态平衡①。在教师和学习者的关系上，两者应注重平等对话和共同学习，以保持知识传输网络的虚拟社会化、开放性与共享性特征。如果教师或外部干预程度过高，接近于传统课堂师生关系的话，就会抑制学习者知识创造的积极性，而由开放的、大规模和低成本的资源传播机制，恢复到侧重于单向知识传授的、类似传统教学模式的知识传输机制了。所以，教师的参与行为应予以规范，提供学习支持的内容、形式与频率也要慎重选择，使系统保有知识信息更新和资源溢出能力。

（三）知识传输网络模型的基本特性

在基于Web2.0的知识传输网络模型中，前文以网络中枢角色与功能的转变为着眼点，一定程度上解释了从OCW发展到MOOC开放教育资源传播机制的变化。下面依据复杂网络的理论方法，对模型网络的基本特性加以分析，增进对模型整体结构与功能特征的理解。

1.网络结构

基于Web2.0技术的知识传输网络（如图2-9）具有分布—聚合式结构，此种网络结构在自然界和社会组织中广泛存在。以Web2.0平台为中心的、通过系统自组织形成的分层体系结构，可以增强网络的内部联系，减少网络路径选择的计算量，既符合经济效益，又加强了节点之间连接的稳定性，提高了知识信息在网络中的传输速度、效率和可靠性。

分布—聚合式网络结构不同于“人人网”一类的社交网络系统，后者是以模块叠加的方式形成的网络结构，具有无标度的网络特征，较之于知识传输网络，信息的传播和扩散依靠网络规模的迅速扩张可以更加快速。但是，与社交过程不同，教育资源的传播不是仅以传播速度的提升为目的，而是需要考虑知识在传播过程中的有效利用，考虑教育资源与学习需求的匹配性。因此，MOOC项目中依靠专门化的平台补充了教学互动环节，让学习过程受到教育者的适当引导，在给学习者提供自由选择空间、保持知识持续更新与创造的动态特性的同时，能够降低学习者的信息搜寻成本与资源传递过程中的损耗，使开放教育资源在学习者之间的传播兼具自由度和效率，这是分布—聚合式网络结构的优势所在。

2.小世界效应

Web2.0技术驱动的知识传输网络同现实中的很多社会网络、生物网络一样，呈现出小世界效应。研究指出，Web2.0环境下的教育传播网络，其本质相当于“一个由众多学习者及学习组织组成的既不完全规则也不完全随机的人际传播网

① 樊文强.基于关联主义的大规模网络开放课程（MOOC）及其学习支持［J］.远程教育杂志，2012（3）：31-36.

络”①。由此可以推断，基于Web2.0的知识传输网络是介于规则网与随机网之间的小世界网络（体现为网络拥有较短的平均路径长度＜L＞和较大的平均聚集系数＜C＞），具有小世界的特征。

知识传输网络中，Web2.0平台增加了开放教育资源与学习者之间的交流频率，将特定知识领域内的学习者聚合在一起，在网络内形成了类似于学习共同体的聚合模块，使得两个子网络R与S内部的连接也更加紧密。利用小世界效应，可以进一步增强网络聚合模块内节点彼此之间的联系，有针对性地提高网络中关联模块之间知识信息的交互频率。

3.信息传输效率

信息传输效率是指单位时间内传输的信息量。良好的网络内部结构可以实现知识信息在其中的快速、有效流通。在基于Web2.0平台的知识传输网络中，对于子网络S内的任一随机节点而言，能够与子网络R内节点相连接的规模较之从前的无序网络大为增加，虽然S内的节点到达R的路径长度会因途经Web2.0平台而稍有增长，但较之连接规模的增加，这种增长可以忽略不计，故学习者在单位时间内可获得的来自资源提供方的信息量是大为增加的。

简单的推理过程如下：以网络S内随机选取的某节点i为研究对象，假设网络内两点之间路径长度为其间连接的边数，在引入Web2.0平台之前的无序网络中，节点i连接到网络R内的某节点j，经历的路径长度是1，而在引入Web2.0平台之后的图1中，i经由平台连接到j的路径长度是2。这里简化地将两点之间的路径长度作为一定量信息在其间传输所需耗费的时间。同时，假设R中每个节点的知识信息传输给i的概率是相同的。无序网络中，节点i只能与网络R中少量p个节点建立连接，而图1的有序网络中，节点i经由Web2.0平台，能够与网络R中的P个节点建立连接（显然$p \ll P$）。按照申农的信息量度量公式，i在无序网络和有序网络中获得某信息的概率分别为$1/p$和$1/P$，故i获得的信息量先后各为：

$$I_1 = -\sum_{i=1}^{p}(1/p)\log_a(1/p)$$

$$I_2 = -\sum_{i=1}^{P}(1/P)\log_a(1/P)$$

容易证明，若$p \ll P$，因为有序网络中信息来源的可能性较之无序网络大大增加，则$I_1 \ll I_2$。计算各自的信息传输效率。对S内任意节点，无序网络和有序网络中的信息传输效率分别为：

$$e_1 = I_1/1$$

$$e_2 = I_2/2$$

① 梅虎，詹泽慧.基于小世界网络的Web2.0教育传播网络研究［J］.中国电化教育，2009（6）：102-105.

由于$I_1 \ll I_2$，从而$e_1 \ll e_2$。

也就是说，在基于Web2.0技术的知识传输网络模型中，知识信息从开放教育资源网站传递给学习者的效率比之从前大大提升。同样地，借助Web2.0平台，子网络S内学习者之间共享信息的效率也可以获得明显提升，这一点可以从网络的小世界效应上找到依据。

4.功能鲁棒性

从网络的稳定性来讲，在Web2.0驱动的知识传输网络模型中，节点中枢会造成网络从结构到功能的局部脆弱性，即网络对除了节点中枢之外的其他攻击表现出鲁棒性，但对于针对中枢的专门攻击，会造成网络核心结构的破坏，甚至重要功能的缺失。因而，可以加强网络中枢的建设，在节点中枢遭受特定攻击时施以专门的保护，同时发展其可再生、可复制能力。如果节点中枢拥有较强的复制再生能力，也就是说，当Web2.0平台被攻击时，能很快出现替代其受损功能的应用功能，这样网络就可以成为一个具有功能鲁棒性的网络，其局部脆弱性也可以避免。

实际上，Web2.0技术本身具备这样的特点，Web2.0平台的可移植性很强，开放教育资源项目的开发者可以对节点中枢实现的功能进行随时的补充和更新，无须担心由于该节点的通信障碍，造成整个网络功能的缺失或不稳定。除此之外，还可以通过提高网络中其他节点与中枢之间的交流效率、降低其交流频率来减少知识传输过程中的风险。在MOOC项目中，教师的介入可以增强网络节点中枢的稳定性，在学习者和学习内容之间建立起较之过去更为稳固的连接，以弥补网络信息流通的突发性障碍和某些方面的功能性缺陷，是对Web2.0平台功能的一个有益补充。

（四）模型的讨论

传递与分享知识是教育的重要使命，开放与远程学习获得成功的基础要素之一是教育资源的可获取性。该研究提出的基于Web2.0技术的知识传输网络模型，对开放教育资源在学习者之间的传播机制进行了复杂网络模型的抽象，虽然是一种较为简化的、原理性的描述，但模型的建立与分析仍然具有一定的现实意义。Web2.0模式下的知识传输网络给出了开放教育资源传播的一种自组织机制，借助通用的技术标准和学术规范，构建衔接开放教育资源和远程学习者的Web2.0平台，可以在教育资源和学习者群体之间自发地建立起有序连接。从OCW演变到MOOC的过程，是知识传输网络系统加强功能与稳定性的演化过程，通过对网络节点中枢施加适当干预（包括专门化平台的构建与教师角色的介入），使得知识在学习者之间的传播具有了他组织特性，能够进一步优化网络的结构与功能，造就更加有效的开放学习环境。对于网络结构、小世界效应、信息传输效率、功能鲁棒性等网络特性的分析，有利于认识和把握模型特征与规律，为Web2.0技术架构在教育领域的应用及推广提供理论支持。

在高等教育日益普及与教育资源广泛共享的进程中，关注互联网、数字媒体、移动应用等一些新兴的技术手段，研究其在教育领域的应用，能够充分发挥技术可能给学习带来的种种益处，推动教育向着公平、创新与可持续的方向迈进。但是，任何技术都有其针对性和局限性，也有其作用于教育教学的最佳机制和发挥功能的适当范围，在运用推广时应加以理性的分析，充分把握不同技术的特点和技术应用于实际的条件，全面、客观地权衡其中利弊。例如，Web2.0技术虽然可以促进开放教育资源的有效传播，然而将其引入传统教育领域或存在问题，Web2.0实践同传统教育体系中知识和学习的概念，以及行为逻辑和行为模式之间，可能会引起一些观点上的争议和实践上的挑战："Web2.0引导的学习行为在特定教育环境下暗含了对学生的一些能力需求，尤其是反思、参与和知识构建，而这些需求在某种程度上是相互矛盾的；……对学生学习成效的评价也侧重于其沟通与互动技巧，而非课程本身所期望学生获得的能力和知识"。再如，2012年美国知名高校开发的以行为主义理论为基础，强调大规模复制知识并进行传播的MOOC项目，短期内引发了媒体、商业集团和教育机构的热切关注，然而当前又有学者指责其运用的是一种非常古老的、过时的行为主义教学法，甚至"没有任何教学法的考虑"，建议"在炒作背后应该回归理性的发展轨迹"①。

所以，强调教育与技术的深度融合，绝不是一味地扩大教育过程中信息技术的含量，或片面地追求新兴技术的应用，而是应回归教育的核心使命，遵循教育教学的基本规律，根据学习内容、学习对象、学习场所等选择合理的技术手段，建立起技术应用于学习过程进而引领教学模式转变的良性机制。唯其如此，才能发挥技术之于学习最大的驱动作用，让丰富的教育资源借由适当的信息技术工具传递到有需求的学习者身边。

二、教育游戏的系统理论模型

数字游戏（以下简称游戏）超越娱乐的价值自严肃游戏概念提出之时已经有了初步探索，人们认为在教育中引入带有教育意义的游戏，即便它们不具备直接的教育目的，也可以起到激发学习动机、促进认知发展、培养社交技能、调节内心情感等作用。

（一）教育游戏研究的背景

近年来游戏技术的迅猛发展，使利用严肃游戏进行学习的可能性日渐增长，游戏与教育的有机结合、在教育中利用游戏成为热点课题。研究表明，数字游戏对教育具有很大的潜力，游戏提供了潜在的强大学习环境，它们的一些特性，如

---

① 约翰·丹尼尔，王志军，赵文涛编译．让MOOCs更有意义：在谎言、悖论和可能性的迷宫中沉思［J］．现代远程教育研究，2013（3）：3-12.

引导学生进入话题、帮助学习资讯技能等让其成为教学上有价值的附加环节，游戏中的激励、吸引力等关键因素可以增强学习者对所学信息的学习及记忆，游戏还可以开发语言和认知能力、问题解决能力、多任务管理能力、信息处理与沟通能力等。学术界普遍认为，电子游戏有许多积极的教育价值，有目的、有控制地使用游戏对学习有显著的推动作用，不论学校教育还是职业训练，都可以受益于游戏。一定程度上，游戏将改变“学习是苦差事”的传统看法，从幼儿园到大学及更高层次，应该充分开发数字游戏式学习隐藏的潜力，努力实现“乐中学、学中乐”的理想状态。

虽然数字游戏为信息时代的教学提供了一种新的途径，将游戏与教学结合起来的教育游戏也被认为是下一代主要的教育媒体之一，将对教育和学习方式的变革产生重大影响。然而，教育游戏的发展现状却不容乐观。一方面，教育游戏的发展速度远远不如商用游戏。没有直接的教育目的、特别为了娱乐而设计的商用游戏占据了市场的主流，且发展态势良好。原因主要在于，以盈利为首要目的的商用游戏较之教育游戏更有商业前途，易获得投资方青睐；而教育界传统的教育范式和社会对游戏的固有认知，使得游戏引用到教育领域的接受度仍然较低等。Sandford等学者指出，存在深层次的困难和障碍使得教育游戏难以成长，包括游戏与学习在动机和行为上的差异性，游戏结果、课程计划和评估的关系难以调和等，最重要的是游戏本身的特性和教育特性之间或存在着某种不相容。

另一方面，教育游戏的研究和发展极其不平衡。从现有文献资料和游戏产业布局来看，大部分关于数字游戏的研究和实践成果来自发达国家，我国关于教育游戏的研究一度活跃，也有不少人员加入该研究领域，却存在理论研究不够成熟、设计开发方面缺乏创新、教学应用研究不够系统等主要问题。从实际开发情况看，针对低龄儿童的教育游戏较为丰富，包括学语言、学数学及各种益智类游戏，面向中学生的教育游戏就显得较为单调，针对较高层次学习者的教育游戏则少之又少。而且存在游戏形式和结果单一、说教性过强、游戏与教育内容相分离或结合生硬等问题，一旦游戏者熟悉了游戏之后，游戏就没有太大的吸引力，与知识内容处于准分离状态，造成教育游戏市场低迷，产品认可度普遍不高的状况。

从我国教育游戏发展缓慢和失衡的现象出发，可以追溯教育游戏设计的理论基础和方法学层面的一些问题。针对这些关键问题，将游戏理论和教育理论相结合，采用系统分析法，可以深入理解教育系统和游戏系统的关联性，发掘教育游戏区别于普通游戏的特征属性，进而把握教育游戏设计的原则与方法论。首先，在回顾游戏理论中关于游戏性的多维模型基础上，分析游戏性和教育性的相互关联；继而引入游戏设计的层次模型，探讨教育游戏和商用游戏在内核层面上的异同；最后提出基于不同内容和目标开发“轻重结合”教育游戏的观点，以及关注游戏结构与教育目标适应性的游戏类型选择策略，阐明将教学内容与游戏内核进行整合设计的基本思路，以促进教育游戏中知识内容与游戏结构的真正融合。

（二）再论游戏性与教育性

从学者们较为公认的游戏概念出发，游戏是玩家参与其中的人为设定的矛盾环境，该矛盾环境是一个可导致量化结果的由规则所定义的系统。可以看出，游戏与教育在其系统概念本质上有很大的相似性，都是由相关主体参与其中的复杂系统环境，在某种规律/规则支配下演化到某个方向，且需要对演化结果进行价值判断。甚至有学者宣称“所有的游戏在某种意义上是一种教育活动”①。然而，与教育或教学系统置身于现实社会不同，游戏中的世界可能是抽象的，不一定是对真实世界的直接描述或模拟；同时，与教育或教学系统强调达到特定的教育目的或教学目标不同，游戏结果虽然可以量化，但并非具有明确的意义指向性或社会功能性。这些差异反映了游戏性这一特征属性，它赋予游戏系统较之教育系统更大的自由度。下面通过引用游戏理论中描述游戏性的多维模型，进一步探讨游戏性与教育性之间的相互关联。

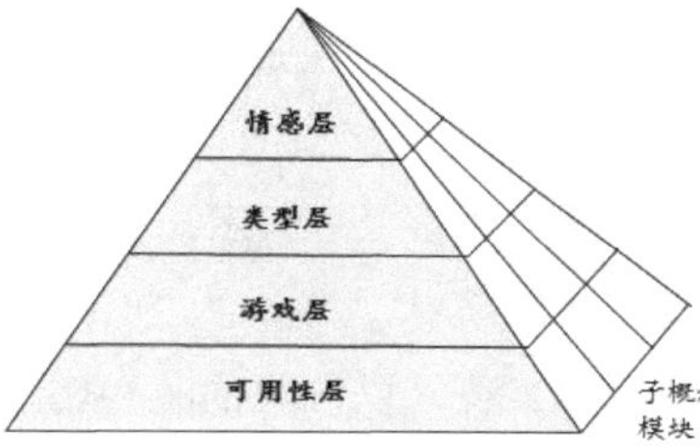

图 2-11　游戏性的多维模型

1.游戏性的多维模型

为了对游戏性有一个全面的理解，比较完整地表达游戏性的内容结构，按照游戏性的不同属性及其评估方法，叶展、叶丁提出了游戏性的多维模型，如图 2-11 所示。这个模型由底到顶分为四层，体现了由共性到特性、理性到感性的变化。底层是可用性层，代表数字游戏作为软件所具备的通用属性，这是游戏性的基础，是游戏性中最容易评估的部分，可以用 HE（Heuristic Evaluations）方法、CW（Cognitive Walkthrough）方法、费茨定理（Fitt's Law）等进行可用性评估。第二层是游戏层，代表游戏软件特有的属性，是所有类型的游戏应具有的共性，即狭义上描述游戏性的常规要素（如置入感），这部分内容较易确定，但程度较难评估。第三层是类型层，代表了某种游戏类型的特殊属性，是各类游戏所特有的影响游戏性的具体要素，由于针对性明显，也可以使用 HE 等方法制定标准进行评估。第四层是情感层，涵盖了游戏性中所有主观的、模糊的情感设计因素，通常使用用户测试的方法，通过实证和观测来评估。多维模型每层中还包含不同的模

① Crawford C. Art of Computer Game Design ［M］.USA： McGraw- Hill Osborne， 1984.

块，如可用性层中包含了可学习性和可记忆性等子概念模块，可根据实际需要进行组合。

通过系统分析游戏性的多维模型容易得出，可用性层和情感层对不同游戏设计与开发方法具有类同的需求与作用要素，包括对软件可用基础的强调，以及对用户（不管是游戏中的玩家还是教育游戏中的学习者）情感体验的重视，这两个层面无法体现出教育游戏产品与普通游戏软件的差异，故这里不作讨论。真正对教育游戏设计产生重要影响的是，代表了所有游戏共性的游戏层，以及不同类型游戏软件特有属性的类型层。下面以游戏性内容要素为基础，进行游戏性与教育性的对比分析，重点探讨教育游戏设计中两者的融合问题，之后还会专门讨论教育游戏设计中游戏层和类型层的选择策略。

2.游戏性要素与教育性

加诺（Garneau）在2001年提出了14种代表游戏性的要素：美、置入感、解决问题、竞争、社交、喜剧、惊险刺激、体育运动、爱、创造、权利、探索和发现、进展和完成、使用技能。不难发现，在这14个游戏性的要素中，多数要素本身能够体现教育活动“有意识地传递经验”的概念内涵，符合社会主义教育方针中对某个微观层面教育性的侧重（如表2-6所示）。而一些偏向娱乐性的要素，如竞争、喜剧、权利等，只要以“培养人、促进人的身心发展”为目的，适当地引入教育实践也无损于教育目标的实现，以人类的某种情感调用或情绪体验为手段，还可以潜在地促进现实教育目标的达成。在游戏过程中，“游戏者既可获得与日常生活不同的紧张、喜悦等感情，又可完善或者提高自身性能的某些方面”[①]。游戏属性与教育属性由类同的要素所体现，这说明两者不是此消彼长的关系，游戏性与教育性在本质上没有矛盾。如果说教育游戏设计与开发中应考虑游戏性与教育性的平衡问题，毋宁说应考虑其融合问题。

表2-6 游戏性与教育性的比较分析

游戏性要素	教育性的微观层面
爱 社交	德育
解决问题 创造 探索和发现 进展和完成 使用技能	智育
体育运动	体育
美	美育
竞争 喜剧 权利 惊险刺激	情感调用、情绪体验
置入感	\

值得一提的是，置入感（immersion，或称沉浸感）是诸多学者关心的一个要

① 恽如伟，李艺.面向实用的电子教育游戏界定及特征研究［J］.远程教育杂志，2008（5）：75-78.

素，源于其在游戏玩家身上产生的重要影响已经引起广泛的注意。对仍处于成长期的儿童来说，沉浸会让儿童对游戏上瘾，甚而会影响其对真实世界的感知和日常生活，这是社会质疑游戏作用的原因之一。教育游戏中，置入感是把双刃剑，既是教育工作者引入游戏于教育过程的动因，又是其担忧学习者过于投入而影响学习内容认知及学习进程规划的缘由。基于上述分析，游戏性与教育性的矛盾或集中于此。一方面，置入感需要游戏构造出某个虚拟环境/世界，虚拟世界的形态和法则往往与现实生活中的规则不一致，也就是产生了所谓的“游戏误差”，充分地尊重现实又会损害玩家的置入感，降低游戏性；另一方面，我们所提及的教育，通常特指学校教育或类似的有组织的正规教育形式，强调教学计划的预制、教学过程的整齐划一和教学结果的量化评价，而游戏中玩家的自我进程无疑会打乱教学的节奏，致使教学计划无法落实、教学过程无法控制，最终导致可衡量的教学目标难以达成。

这两个问题引致了游戏和教育之间的冲突，然而并非无法解决。第一个游戏误差问题，在笔者看来可归结为游戏风格的选择问题，可以将更接近于现实认知的游戏作为教育游戏风格的更优选择。如《第二人生》(Second life)、《文明》(Civilization)此类网络游戏就是虚拟客观世界的例证，并不会妨碍现实认知；再如国产游戏《傲世三国》中应用的武器系统力学平衡原理以及经营模拟的成分，与真实世界的基本法则并无二致。而且，就算游戏世界与真实世界的背景不同，一个优秀的游戏所设置的完整的世界观及人物原型，仍是基于现实世界的要素，玩家在这样的游戏里，可以极大地丰富想象力，激发创造性，并在游戏创设的拟真的“做中学”情境中，逐步把握事物形态和现象背后的本质。

第二个计划性问题是工业化时期学校教学的惯性，在崇尚个性化教学的时代，适合不同学习者个人学习特点和风格的多样化游戏进程，也许才是教育游戏发展的方向。例如，近几年在国外异常火爆的一款游戏《我的世界》(Minecraft)给了玩家无穷的可能性，玩家用最简单的正方体沙箱发挥想象创造出物品，堆砌属于自己的虚拟“世界”，玩游戏的过程是游戏者自我创造的过程，已经有不少玩家在游戏中创造出令人叹为观止的“世界”。这类激发想象力和创造性的生成性游戏，实际上正是在游戏中打造了一种建构主义学习环境，以个体为中心促进游戏者综合能力的提升，值得教育游戏开发者所借鉴。另外，在教育游戏中，借助非玩家控制角色(Non－Player Character，NPC)的介入，对学习者的认知学习过程加以适当引导，帮助其兼顾自我进程的保持与学习任务的达成，不仅可以在一定程度上保持教学的计划性，还能以“最近发展区”学习理论为支撑，促使学习者达到潜在的发展水平。

而且，游戏附带的教育性不应局限于特定的学科或课程，一些通用技能，如社交能力、问题解决能力、创造力和批判性思维能力的培养，以及课本以外大量隐性知识的传递，与特定学习任务之间并无直接的对应关系。在教育游戏设计中，或者说在教育游戏的教育性评估中，如果仅以对某学科知识传递产生的效用而论，无形中对教育游戏是一种限制和低估了。无论如何，现阶段要真正地解决好游戏性与教育性的融合问题，尤其是在教学内容相对规范、教学模式趋于统一的学校教育环境下加以应用或许很难。教育游戏研究领域的权威学者Prensky也指出，教育游戏并非适于所有的学习对象。然而我们无法忽略这样的事实或趋势，在互联网和游戏中成长起来的一代将比当前的学习者更能适应教育游戏，并且对于非正式、非正规的多样化学习形式而言，教育游戏将大有用武之地。

（三）深入内核层探讨教育游戏的特征属性

既然游戏具有某些天然的、不同程度的教育元素，游戏性与教育性能够相容，是否意味着商用游戏的设计与开发理念都能应用于教育游戏领域？我国教育游戏产业研究报告将教育游戏定义为：能够培养游戏使用者的知识、技能、智力、情感、态度、价值观，并具有一定教育意义的计算机游戏类软件。可见，教育游戏强调的是软件开发的育人目的。结合哈尔茨（Haltz）和斯特恩（Stern）提出的严肃游戏定义："初始目的为培训或学习的游戏""具有确定的学习目标，而不是为了娱乐目的而设计"，可以这样认为，属于教育游戏的判断依据不是游戏中教育元素或学习含量的多少（这也很难测量），而是以游戏设计时的教育目的而论。那么，对于特定教育目的或具体化为教学目标的考虑对游戏设计过程产生了什么影响，能够使教育游戏区别于一般的商用游戏呢？下面引入游戏设计的层次模型，并用系统性质与演化分析的观点，来认识教育游戏的特征属性。

1.游戏设计的层次模型

按照不同的维度，如主题、故事情节、视觉风格和游戏规则，游戏可以分成很多类别并有了约定俗成的简称，如RPG（角色扮演类游戏）、ACT（动作类游戏）、FPS（第一视角射击游戏）、FTG（格斗游戏）、RTS（实时策略游戏）、AVG（冒险类游戏）等等，不管是哪种游戏类型，都具有游戏设计理论中阐释的由内核层和交互层所构成的游戏本体结构，补充上游戏与玩家的互动关系后，可以抽象出一个包含游戏本体和游戏者（玩家）的游戏设计的层次模型，如图2-12所示。

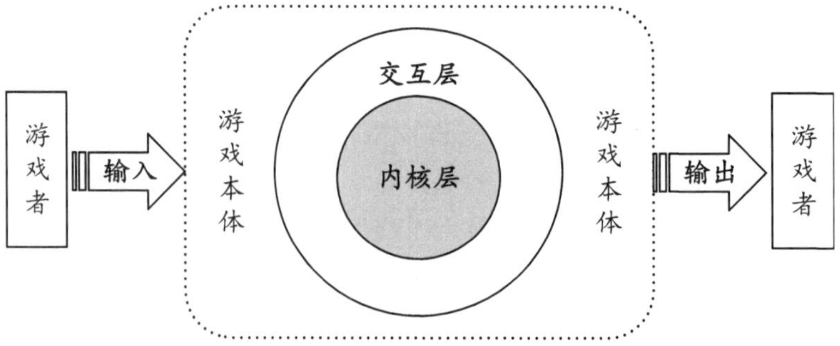

图2-12　游戏设计的层次模型

游戏本体包含游戏内核（内层）和交互层（外层）两层。游戏内核是一个游戏的内部运行机制，决定游戏输入和输出的法则，可以说是游戏的核心和灵魂。交互层是玩家眼中所能见到的游戏，细分起来包括游戏的表现层（即画面、动画、音乐、音效和文字等外部效果）和操作层（输入/输出行为的方式）两部分。游戏设计者和玩家之间的信息沟通和交流通过交互层来实现，其中包括预设的、透明的游戏规则（通常是简洁明了的操作规则）。而内核对玩家来说是不可见的，相当于一个封闭的黑箱，玩家通过操作层输入一定的行为，内核根据设定的内部机制（游戏系统的运行规则，该规则与玩家可见的游戏规则不同）产生相应的反应，并通过操作层输出，这样多轮次的交互产生了每个玩家的自我游戏进程。所以，游戏系统是一个动态的多层模型系统，基于该系统，叶展、叶丁等业界人士提出了游戏设计的几个准则，这些准则也适用于教育游戏的设计与开发。

第一，决定游戏成功与否的是游戏的内核，而非游戏的外部效果；

第二，游戏的行为系统应采取向下兼容、渐进发展的行为模式，适度产生悬念对抗玩家不断增长的经验，使其保有挑战性；

第三，游戏在交互过程中应建立玩家的情感负荷并让其释放，这是游戏使人获得愉悦的要素（玩家因挑战产生焦虑并在挑战之后释放焦虑的过程，可获得“心流”的高度兴奋及充实体验，这也是置入感中最佳的一种心理状态）。

尤其是第一条，对于游戏内核的充分重视应是所有游戏设计的基础。不管交互层如何繁复或花哨，内核层才是决定游戏之间高下的关键，拥有了优秀的游戏内核，才有了充分发挥外部效果的可能性。不同游戏的内核层难以尽述，大多数类型明确的游戏通常只有一个内核（一套可以用数学模型表述的运行机制），而有些经典游戏会综合几种类型的内核，其中有一个最为突出。即使是相同类型的游戏，在内核上的侧重也会有所不同。比如《星际争霸》（Star Craft）和《帝国时代》（Age of Empires）都是实时策略类游戏，但内核机制不同、游戏风格迥异，前者注重游戏的平衡性、策略性和操作性，后者注重文化感、认同感和战略性，不同的内核侧重使这两款游戏得到了不同玩家群体的拥趸。

反观教育游戏的现状，游戏内核设计过于简单是目前包括一些大型教育游戏在内的通病。不少教育游戏与教学内容是两张皮，往往只在交互层上做文章，如采取游戏界面上呈现学习内容、增加承载知识点的问答关卡等方式服务于教学，参与者感受到的可能是游戏和学习内容的相互分离。究其原因在于教育游戏设计与开发中对于内核的重视不够，教学目标仅作用于游戏的表现层和操作层，游戏内部运行机制通常是机械照搬，与教育目的、学习内容等没有实现真正意义上的融合。下面的分析将说明，教育游戏正是在内核层面产生了与普通游戏设计的本质差异。具体而言，因把教育目的作为第一设计原则来考虑，引致内核属性的变化，进而游戏系统中各类要素的相互作用机制与演化机制有了新的特点，以实现学习内容与游戏结构的深度融合。

2.教育游戏内核属性的变化

如前所述，普通游戏内部是封闭系统，游戏内核是只有游戏设计者知晓的黑箱，里面放置了游戏后台运行计算的全套机制，一个设计出色的游戏将在生命周期内保持内层运行机制的神秘感，让玩家无法预见游戏的进程（情节及人物发展、关卡或任务设置、画面呈现等），引发玩家持续探索游戏结果的欲望。内核是游戏产品的商业机密，也是游戏对玩家产生吸引力和挑战性、让玩家持有兴趣的关键。在玩家自由的个性化操作下，游戏须始终符合设计者限定的运行规则，一旦规则出现漏洞（bug），游戏可能走向终结。

教育游戏设计考虑的首要因素是教育目的，例如通过设置对应不同层次教学目标的函数作用于游戏运行机制，使游戏进程服务于特定的教育目的，在此范畴内教育游戏内核设计的神秘性未必需要向游戏者（包括学习者和教师）保持。对学习者来说，掌握嵌入的知识内容和操作技能是教育游戏应用的目的，除了让学习者持有对游戏的兴趣之外，游戏内核若能为其深入了解，可弥补对学习者元认知能力的培养。教师作为教学活动的组织者和引导者，更有必要了解游戏设计的规则和进程，有利于其在教育游戏中扮演某些关键角色（如NPC），或将游戏应用于不同的外部环境和教学要求。所以，与普通游戏不同，教育游戏的内核层具有了一定的开放性，而这并不意味着内核的重要性有所削弱，相反，游戏内核与知识内容及教学目标的深度融合，应是教育游戏设计的重中之重，这样才能避免游戏结构与学习内容相分离。

普通游戏按照内核预制的演化机制决定外部行为系统的演化方向。玩家与游戏的互动输入内核，并按照游戏本体的响应机制转化为一次次输出，展现为特定的演化过程和终态，其演化路径虽然对玩家个体具有差异性（通常应用了人工智能），对游戏自身而言却是确定的、包含多种路径的方案，系统自身不会发生演化，除非商家推出游戏的新版本。教育游戏则不应全然如此。由于具有一定的开放性，学习者和教师的输入、系统内核转化的教学内容的输出将推动游戏多样化的演化进程。学习者个体通过游戏习得知识、能力和技能，可以有不同的路径逐步实现教育游戏软件特定的应用目的，以达到适合自身的预期学习效果，也就是说，教育游戏创造了一种典型的自适应学习机制。李馨曾设计了基于学习者多样化学习风格的“适应性教育游戏”，能够根据学习者特性和学习偏好，适应性地呈现知识内容，并自选定制游戏学习过程。除了体现对学习者特征的适应性外，教育游戏还能凸显学习者的创新思维，在教育游戏应用过程中，应允许来自玩家的一部分信息更新与知识创造，可以使教学内容的输出更加丰富，促成游戏行为系统的动态演化。正如有学者指出，“教育游戏进程的设计和使用不应有固定的模式，不应有强制的结果和单一的结局，应体现出游戏进程的多样性、开放性，让学生保有自由发挥的空间和场所，为学生提供获取成功的多种途径和方法，由他们自己去完成和创造与众不同的游戏过程。”①让学习者在游戏过程中享有内在独立性和自主性的思想，已经在某些商用游戏中开始显现，比如之前提及的《我的世界》（Minecraft），这类游戏让玩家参与并达成自我设计的理念，同时影响游戏行为系统的发展，与动态生成性课程资源的设计理念可谓不谋而合。

至此，我们发现教育游戏设计与一般游戏设计的重要区别在于游戏内核属性的变化。教育目的对游戏系统的影响，一是造成系统内部的开放性质不同，二是造成行为系统呈现演化方向的多样性和生成性。在把握教育游戏设计原则和系统基本性质的基础上，面向不同的学习群体，设定不同的认知目标和学习要求，将对教育游戏设计策略产生重要影响。这种影响涉及重度游戏与轻度游戏的考虑，以及不同游戏类型的选择。

（四）基于不同内容和目标的教育游戏设计策略

综上，在教学中引入教育游戏有其客观合理性，教育性和游戏性本身并不冲突，从超越知识传递的育人目标来看，教育游戏的特性正符合知识的自我构建、挑战性的情感体验、方法技能的探究式学习、态度与价值观的全面塑造等教育教学理念。而且，教育游戏内核不仅非常重要，还有其特征属性，游戏内核与教育目的的适应性成为教育游戏系统设计的关键。正如教学手段要服务于内容和目标一样，教育游戏设计策略的选择要适应教学内容、目标和教育对象，对这些因素的考量直接影响了表征教育游戏特性的游戏层和类型层。

1.游戏层：选择重度游戏抑或轻度游戏？

尚俊杰等人曾提出轻度游戏的定义、特征和设计策略等观点，并强调发展轻度游戏的必要性。从我国教育游戏应用的现状来看，主要针对低龄儿童（K12群体）的认知类、益智类游戏的确占据了较大比例。轻游戏由于其游戏色彩“轻”、应用时间和应用模式“轻”等特点，更适于引入课堂教学之中，作为类同于教具的学习辅助工具，无需对原有的教学计划和过程产生实质性干预。可以看出，轻度游戏能够满足补充必要知识、加强学习动机和思维锻炼的教育需求，加之其设计成本低、应用简单，适宜在青少年群体和课堂教学中使用。然而，轻度游戏在避免非理智沉浸的同时，会损失一定的游戏元素和整体性，不仅削弱了游戏对学习者的吸引力，而且限制了游戏发展的规模和空间。

再看重度游戏，顾名思义是与轻度游戏相对的包含了大量游戏元素、活动设计复杂、内容和玩法丰富的游戏，如一些大型网游。这类游戏有趣、耐玩，携带的信息量大，往往赢得大批铁杆粉丝，从而使游戏更具生命力。这提示我们，如果想将知识含量大、层次多、任务和流程较复杂的学习内容（如高等专业教育或职业能力培训）融入教育游戏软件，重度游戏或是更有说服力的选择，类似已有

① 张文兰，刘俊生.教育游戏的本质与价值审思——从游戏视角看教育与游戏的结合［J］.开放教育研究，2007（10）：64-68.

的模拟法庭、军事训练、对战策略等虚拟仿真游戏软件。然而，开发这样的游戏过程复杂、产品成本和附加值均较高，超出了补充课堂教学的意义。重度游戏中复杂的游戏内容、完整的游戏进程涵盖了宽泛的知识信息，会造成学习者时间和精力上更大的投入，较适合思维与心性趋于成熟的成人学习者。

游戏界当前推崇的轻重结合的观点也给教育游戏的设计与开发带来了启示。不少游戏界人士认为，轻重游戏相互结合、优势互补是未来游戏发展的趋势，教育游戏同样可以考虑轻重结合的设计思路。例如，在作为课堂教学辅助的轻度游戏中逐渐加入重度游戏的多元化玩法，像装备系统、任务系统、宠物系统、对战（PK）系统等，无疑可以增强游戏的耐玩性和对于学习者的黏性。而在如职业训练的重度游戏设计中，加入轻度游戏的休闲元素，把应用更自由的特点和一些休闲式玩法植入重度游戏里，对游戏活动带来的学习体验也将起到增强的作用。

2.类型层：关注游戏结构与教育目标的适应性

教育游戏类型层的选择同样与教学内容和目标息息相关。教学目标是分类别和层次的，按照布鲁姆分类法（或称教育目标分类学），在认知领域由低到高可以分成6个层次：识记、理解、应用、分析、综合、评价。这样多层次、承载着不同教学内容的目标作用于教育游戏设计时，会对游戏类型的选择产生一定影响。针对不同的学习内容与教学目标层次，可以设计相应的学习活动，进而选取适宜的游戏类型或其组合。

对于基本概念、基本理论等学习内容，在“识记”层次上的认知目标，简单的问答、记忆、操练等学习活动就符合要求，教育游戏可以设计为完成相应学习活动的关卡任务式或知识竞赛类，通过任务与关卡的设置，引入荣誉、激励等游戏要素促成知识学习与记忆的发生。

对于知识内容在“理解”“应用”层次上的学习目标，学习者只掌握知识本身是不够的，还需要进一步领会知识，并掌握活学活用的方法。此时适宜设计为案例式教学活动，通过游戏模拟知识应用的特定事件或工作、生活场景，可采用角色扮演类、冒险类等游戏类型，在特定知识的应用与操作反馈过程中，将知识内化为方法、技巧与能力。

再看“分析”“综合”“评价”等更高层次上的学习目标，对学习者的能力培养要求更为全面，适宜打造包括情境、协作、交流和意义建构在内的多元学习环境，赋予学习者更为深入的学习体验。因此可以设计更加丰富的游戏元素，可综合采用角色扮演类、冒险类、实时策略类等游戏类型，通过组合各种领域的知识，在多角色参与的协作学习、探究学习、建构学习等过程中，完成对学习内容及其应用变化的反思、加工与再创造，并将能力、情感、态度的培养贯穿其中。

值得一提的是，游戏的分类维度是多元的，且不断有新的类型出现。选择适合的游戏类型，其实质是利用不同类型游戏的特点，使游戏的逻辑结构能够适应于教学内容、目标和教育对象，并更好地匹配于游戏内核。

游戏的灵魂是内核，教育的本质是育人，教学的重心应是让学习者学会学习。教育游戏将教育与游戏相结合的过程是“质的化学反应”的过程。所以，无论是重度、轻度，或任何类型的教育游戏，都应以育人作为游戏设计与开发的根本价值理念，以内涵丰富的、具有独特属性的游戏内核设计为重点，确保游戏内核与教育教学目标的适应性。在方法论层面，最重要的是抽取教学内容和教学活动背后的那套知识逻辑和教学逻辑，并与游戏内核进行整合设计，应用适当的交互方式，使得想要传递给学习者的知识、技能和方法，想要培养学习者的情感、态度和价值观等，都能在教育游戏所搭建的以学习者为主体地位的个人成长脚手架中，以自然的、生动的、令人愉悦的方式实现。

第三章　系统观念下的教育发展关键问题

用系统观念、系统方法来分析和解决社会问题，是系统科学现实应用的一个重要方面。系统科学关注事物诸要素、多主体之间的非线性、多层次相互作用，探讨系统的结构和功能特点、动态发展和演化机制。本章从讨论教育公平与教育效率的关系开始，去深入理解我国提出的“努力让每个孩子都能享有公平而有质量的教育”目标之内涵。为了实现这样的教育理想，在“十四五”及未来一段时期，我国教育发展聚焦在构建高质量教育体系、加快实现教育现代化的战略目标上。在实现教育现代化的进程中，构建多元利益格局下的现代教育治理体系是题中应有之义。进一步讲，教育评价是教育治理的核心内容和重要抓手，如何实践多维度、全方位的教育评价成为推进我国教育综合改革所面临的关键问题。本章所关注的是，从系统观的角度分析、理解上述不同层面的教育发展中的关键问题，并为问题的解决提供系统分析下的致思路径。

第一节　教育公平与教育效率的协同

教育既然是一种社会活动，其发展水平就是由底层的生产力和经济基础决定的，反过来作用于生产力。宏观上，现代教育的发展目标适应于经济社会发展需要，随着不同历史时期、不同国家和地区的社会变化而变化。比如，2015年9月，联合国发展峰会通过的《2030可持续发展议程》提出了17个可持续发展目标，并将“确保包容、公平的优质教育，促进全民享有终身学习机会”列为第4个可持续发展目标（Sustainable Development Goals 4，SDG4）。其中，公平、优质一直是现代教育发展的主题，代表了人们对教育公平与教育效率的不懈追求。

经济学上，效率是指在技术水平和资源存量一定的条件下，通过资源的最优配置和使用给社会带来最大福利，也意味着劳动生产率的提高。公平是指在市场经济的自由竞争中，每个人都应当具有平等竞争的机会和权利，它是基于市场等价交换原则的，包括机会、过程和结果的公平。从维护市场的有效性角度来说，效率与公平都是促进经济发展的原则与手段，有其一致的追求。古典经济学之父亚当·斯密（Adam Smith）在其著作《国富论》中对经济规律进行研究后认为，任何时代、任何社会运行的主要矛盾都是公平与效率。而从社会学角度来说，公平与效率则是两个有些矛盾的目标，犹如“鱼与熊掌”，在社会发展中往往呈现出此消彼长的对立关系。教育领域亦是如此，需要妥善处置教育公平与教育效率二者的关系，力图达到公平与效率的动态平衡，通过两者的矛盾运动驱动教育的可持续发展。

一、教育公平与教育效率的概念

教育公平与教育效率是教育政策追求的两大目标，两者之间的关系被学界持续讨论，但是人们对于教育公平与教育效率却存在很多认识偏差，下面将借鉴一些知名学者的观点，阐述两者的概念内涵和性质，为后续分析其交互作用关系、探讨如何实现优质、公平的教育目标奠定基础。

（一）对教育公平的基本认识

教育公平是社会公平的有机组成部分，就如正义之于社会一样，教育公平既是人们社会理想和教育理想的重要组成部分，又是调节社会不公平和利益冲突的重要手段。关于教育公平，国内外教育学者提出了诸多理论和观点，目前就最具代表性的观点引述如下。

在西方，对于教育公平的权威性观点是胡森（Torsten Husen）和科尔曼（James S.Coleman）的教育机会均等观。瑞典教育家胡森在其代表作《社会环境与学业成就》中对教育机会和教育平等进行了界定。他指出，教育机会均等包括起点均等论、过程均等论和结果均等论三个阶段。具体来说，第一，法律应保证人人享有受教育的权利，即获得不受歧视地开始其学业生涯的机会；第二，教育制度或教育安排要平等地对待每一个儿童，无论其种族、社会背景和家庭出身；第三，有获得平等教育效果的机会，即促使所有儿童有机会获得平等的学业成就。美国社会学家科尔曼深入研究了教育机会均等观的演变过程，提出教育机会均等在不同历史时期和政治哲学下表现为不同的教育理念和诉求。受到差别性校外因素影响，学校不能实现教育机会均等，反而会加深种族与阶层之间儿童的差异。美国政治哲学家罗尔斯（John B. Rawls）则从社会公平角度来理解教育公平，强调补偿教育是实现社会平等的前提条件。他提出了“平等的自由”“机会的均等”和“差异的”教育公平原则。他认为要从最本质的人权意义上保证个人受教育机会的平等、受教育的自由权和要求权，同时要通过社会提供的不平等机会来消除种种非社会因素所造成的不平等，即通过形式上的不平等来促成事实上的平等，要建构有关的社会体制去实现符合平等与自由价值的教育公平。

我国教育学者对教育公平也提出了很有建树的观点。刘复兴提出，应区分义务教育和非义务教育领域实现教育利益的正当分配，且这种利益分配体现为发展权利与发展机会的分配、发展条件的分配、发展水平和资格的认定等三个阶段。褚宏启提出，教育公平是用正义原则对教育资源分配过程和分配结果的价值判断。他认为教育公平包含教育资源配置的三种合理性原则，即平等原则、差异原则和补偿原则，与此对应，教育公平分为三种：平等性公平、差异性公平和补偿性公平。叶澜提出，差异的存在是公平的前提；教育公平要保障每个人享受教育的平等权利，要在承认和尊重差异的基础上，改变不合理的差异以实现平等。石中英认为，教育公平的主要内涵包括人人享受平等的教育权利，人人平等地享有公共教育资源，公共教育资源配置向社会弱势群体倾斜，反对各种形式的教育特权。

由此可见，教育公平体现为受教育权的保障和教育机会的平等已基本形成共识。当然，教育公平不是用入学机会和教育资源配置的“平等”就可以替代的，更不是简单地意味着教育过程和教育结果的“均等”，公平概念包含了更多内涵，尤其是对于“差异”和“补偿”的概念，需要更加深入地理解。

首先，公平不等于平等。美国学者塞卡达（Walter G. Secada）指出，“为了实现教育公平，需要区分教育公平什么时候与平等一致，而什么时候不一致”“公平与平等的根本区别在于，公平是一种质的特性，而平等是一种量的特性”。具体而言，“平等”或“均等”指人们在某方面彼此之间处于一致、相同的状态，它是一种量的特性，具有客观性，可以被测量，且包含了某种平均主义。比如我们常说的教育权利平等或教育机会均等，意味着每个人享有一样的受教育权利或受教育机会；教育资源均等，意味着教育资源在不同人之间被平均地分配。但是，平等或均等本身不含有对这种分配结果的价值判断，只是一种对于权利、利益或资源分配结果或分配状态的客观描述。相对地，公平作为一种质的特性，是与正义、公正等概念相联系的具有主观性的价值判断，包含了对于一种分配结果是否恰当、是否合理的评价。当人们认为当前的教育是公平的，意味着人们认同现在的教育权利、教育机会、教育资源分配的合理性，这种合理的分配结果不是人与人之间没有了绝对的差距，而是虽有差距却符合社会正义原则。

至此，我们能更好地理解公平的含义，平等与公平是两个密切联系，但又有所区别、各有侧重的概念。教育公平涵盖了教育平等，且比之后者有着更为宽泛、丰富的内涵与外延。除了平等享有的受教育机会和权利之外，还包含了教育的“差异性”和“补偿性”概念。不管是差异还是补偿，都是基于对教育公平合理性的价值判断而做出的恰当选择。

首先来看教育的差异性。世界上没有完全相同的两片树叶，个体之间普遍存在的差异性在教育中不容忽视，绝对均等和平均主义的教育观念在现实中是行不通的，只会带来系统熵值的增大，走向无序和灭亡。如果说孔子提出的“有教无类”指的是教育平等理念的话，那么“因材施教”就是差异性教育原则的体现，即“同样情况同等对待，不同情况不同对待”的原则。对于不同天赋和智力水平的人，给予适合其发展、适应其需求的差异性教育是公平的，相反，如果给不同的人都施与同样的教育，甚至采用同等的尺度去评价是不公平的。我们还要认识到，基于同等的受教育权利和受教育机会，在教育实施的过程和结果方面呈现出合理的差异性，这样的状况是合乎客观现实的，也符合罗尔斯所倡导的社会正义原则。

再者，教育公平的差异性实际包含了补偿性的原则，即从天生处于劣势者或处境不利者的立场来考虑问题，对由于出身、天赋、智力等先赋性因素造成的不平等进行补偿是合理的、公平的。现实中，人们的教育起点是不同的，此时将教育资源以平均份额的方式均等地分摊给每一个人，这种看似平等的分配形式，无疑会带来事实上的教育不平等。因而，采用对弱势群体相对有利的制度安排，比如对贫困学生给予一定的补偿性教育，在落后地区给予更大的教育投入、配置更多的教育资源等，这种看似不平等的教育政策与资源上的倾斜，实际上是教育公平的体现。

总之，教育公平有着丰富的内涵，不仅包含教育基本权利的保障和教育机会的平等，还包含了教育资源在不同群体间的合理分配，而合理分配不是均等分配，要体现因时、因地、因人制宜的差异性，也体现“补短板、强弱项”的补偿性。

（二）对教育效率的基本认识

如何提高效率是经济学和管理学关注最多的问题，教育效率也主要来源于这些学科中的概念，也称为教育投资效率、教育资源利用效率等。但直接移植到教育领域都有其局限性。

从经济学和管理学的视角看，效率为生产或经济活动中资源消耗与直接产出的比较，即投入与产出之比，是可以通过模型计算进行测度的，有高低之分。美国经济学家汉森（W.L.Hansen）首先将此计算方法引入教育经济学计算教育效率（即教育投资收益），将贴现后的个人净收益除贴现后的教育成本，得出人力资本的内部收益率计算法（其计算公式如下式所示[①]），为西方教育经济学家计算个人教育投资收益率时所普遍采用。

$$E=\frac{\sum_{t=1}^{n}B_t/(1+i)^t-\sum_{t=1}^{m}C_t/(1+i)^t}{\sum_{t=1}^{m}C_t/(1+i)^t}$$

其中，E为个人教育收益率，B_t为第t年的个人教育收益，C_t为受教育期间第t年的个人教育成本，i为主观利率（银行利率或个人的人力资本增值率），n为受教育者毕业后的工作年限，m为总的受教育年限。

20世纪60年代，美国经济学家舒尔茨（Thodore W.Schults）和贝克尔

① 科恩著．王玉昆，陈国良等译．教育经济学［M］．上海：华东师范大学出版社，1989：77.

（Gary S.Becker）创立了人力资本理论（human capital theory），该理论认为教育不只是一种消费活动，也是一种投资活动，教育投资提高了国民人力资本，进而转化为国家的经济收益，可以通过对教育的投入产出率加以测量，来判断教育效率的高低。教育经济学开发出一系列量化指标来测量教育的投入和产出效果，比如毕业率、升学率、辍学率、生师比、场馆利用率、图书利用率、生均经费、教师工资支出等。可见，教育经济学对教育效率的衡量偏重于“金钱性投入”与“可测量的教育产出”之间的关系。

20世纪70年代，学校效能研究在教育效率研究的基础上，关注如何提高学生的学业成绩，关注非金钱性的输入或过程（例如教学计划与策略、学习安排、教师能力培养等），与其输出功能进行比较，可估计出“学校效能”。同时，通过对教育效能的研究，发现对学生的学业成绩有积极影响的学校特征或其他因素，并以学校促进学生学业成绩的进步程度来衡量学校教育是否有效或高效。可见，教育效能研究同样沿用了“投入—产出”的分析模式，比之教育效率，关注的是教育活动最重要的“产出”，即学生的学业成绩及其进步。上述关于教育效率和效能的研究，对许多国家公共教育政策的制定产生了重要影响。

但是，教育领域的学者逐渐意识到，经济学思维模式有其局限性，不仅使人们对教育效率的理解单一片面，而且从某种程度上说，忽视甚或抹杀了教育活动的特殊性。一个明显的问题就是对于投入和产出量化手段的使用，以各种各样的量化指标来衡量教育的成效，作为判断教育效率的标准，其实并不能全面地反映出学生的发展状况和教育的实质效果。正如国际教育大会1979年建议书中所言：“良好管理的一个基本目标，就是利用已有的资源投入获得最佳的效果，这一点是显而易见的，但它必须由这样一个事实予以规定，即教育活动不能完全用成本—效益的公式来评判，还必须考虑到教育中无形的和不可测的方面。”①

从系统科学的角度来说，观察和判断一个系统是否有效率，就看系统的演化是否朝着预期方向进行，系统是否实现了既定的功能目标，因而，教育系统的效率，除了用经济学和管理学的投入产出比来衡量外，还可以从是否实现教育目标、多大程度上实现教育目标的结果指向上进行讨论。实际上，目标指向的分析思路可以考虑到教育产出过程中不可测量或不易测量的方面，拓展了教育产出概念的外延，使教育效率的阐释兼具普遍性和特殊性。

教育是人类自身再生产的手段，是经济社会发展的工具，教育要达到的预期结果，就是根据当前社会发展和受教育者自身发展的需要及规律去培养人才。教育的直接对象是学生、是个人，通过促进无数个个体的发展，提高国家和社会的人力资本，进而创造更多的社会价值，促进国家整体的发展，其最终目标是促进国家发展和个人发展的有机统一。可以说，教育对国家发展的贡献是间接的，而

① 赵中建主译．全球教育发展的历史轨迹［M］，北京：教育科学出版社，1999：422.

对个人发展的贡献是直接的，因此，学生从个体到总体的发展状况和水平可以作为衡量教育效率的直接尺度。学生的发展应该是综合的发展，是身体、知识、能力、态度、价值观等素质的全面发展，而非仅仅表现为学业成绩的提高。对于教育效率，目前我们可以这样认识，在同等的资源投入条件下，能够培养出更多的、具备更高综合素质的公民，这样的教育就是更有效率的。

二、教育公平与教育效率的系统辨析

认识教育公平与教育效率的基本概念之后，下面将基于系统观去探究两者之间的关系，并着眼于效率和公平的问题，简要回顾我国教育政策的变迁历程。

（一）教育公平与教育效率的辩证统一

关于公平与效率的关系问题，西方经济学界有过很多争论，学者们也提出过不同的观点，可以大致分为效率优先论、公平优先论和公平效率并重论。一部分学者主张公平优先，比如美国政治哲学家罗尔斯秉持“正义第一原则”，称自己的理论是作为公平的正义，认为“正义即公平”，公平无疑占据优先权。一部分新自由主义学派经济学家则主张效率优先，如诺贝尔奖得主弗里德曼（Milton Friedman）认为市场要有效利用资源应按产品分配，反对利用国家手段促使达到结果的均等。相当一部分学者则主张效率与公平两者应该兼顾，如美国经济学家奥肯（Arthur M. Okun）认为公平与效率存在替换关系，在其著作《平等与效率——重大的抉择》中提到，为了效率就要牺牲某些平等，为了平等就要牺牲某些效率，并认为公平和效率应该达成某种妥协。

那么，在教育公平与教育效率的关系中，是否像经济学领域那样存在多种观点、莫衷一是呢？这里涉及两个基本问题：第一，教育公平和教育效率是对立的吗？第二，教育公平和教育效率两者是否应该区分主次轻重，是应该“效率优先，兼顾公平”，还是“公平优先，兼顾效率”？

首先，教育效率与经济上的收入分配效率不同，收入按劳分配的原则是对劳动的尊重，是实质上的公平，对此大家都无疑义。如前所述，教育效率与经济效率的衡量标准不同，教育有其独特的效率原则，除了投入产出等量化指标的衡量，关键是要服务于教育目标的实现，即对个人发展和国家发展的贡献度，因此，教育效率更本质的方面是教育质量。只有高质量的教育，才能对个人发展和国家发展产生更大的贡献。而教育公平不仅包含了教育机会的平等，还包含尊重个体差异、补偿弱势群体等内涵，其实质是教育资源分配的合理性原则。教育公平与教育效率之间显然不是相互对立或替代关系，相反，二者有着密切的内在联系，是辩证统一的。教育效率更高，能够培养更多数量、更高素质的公民，能够促进全体学生的自由全面发展，其中已暗含了教育公平的目标，即高质量的教育能够惠及更多的人。同时，更高水平的教育公平意味着教育资源的配置更加均衡、合理，资源配置的优化会带来更高的教育效率和教育质量，即人力资源开发的高效率和教育对于个人发展和国家发展的高贡献率。由此可见，教育公平和教育效率，不是两个截然对立的价值体系，从长远和根本上看，是互补互促的统一关系。

那么，教育公平与教育效率是否应该有优先次序呢？现代社会所追求的是有效率的教育公平和有公平的教育效率，即教育公平与教育效率的内在统一，两者都服务于个人发展和国家发展的教育目标，两者具有同等重要的、各有侧重的内在价值，在理论逻辑上教育公平和教育效率不应作主次之分。不过在不同的时代背景下，面临现实环境和具体的教育实践，教育公平和教育效率的关系可能有所变化。社会系统是动态的、不断演化的开放系统，相应地，教育公平和教育效率之间的关系，应该动态调整以适应社会发展的需要。“研究公平和效率问题，必须十分重视不同时代、不同范畴、不同领域、不同层面、不同学科的界限，不能以此时代、此范畴、此层面、此学科的概念去解读彼时代、彼范畴、彼层面、彼学科的同类概念，更不能将此时代、此范畴、此层面、此学科的公平概念，与彼时代、彼范畴、彼层面、彼学科的效率概念相配对，否则，只能是南辕北辙，缘木求鱼”①。这一论见表明，公平与效率的关系不应是一成不变的，应该用系统的、演化的思想去分析和理解不同时域、场域中的公平与效率，在具体的时代和环境中去具体分析教育公平与教育效率之间的关系。

以美国教育政策的演变为例。二战后，美国经济迅速腾飞，在美苏争霸的背景下，美国高度重视科技和教育，增加了对教育的财政投入，突出教育发展所带来的绩效，尤其强调高等教育和“天才教育”，培养了大量杰出的科技人才。20世纪60至70年代，受民权运动的影响，美国教育政策为了回应公众诉求，更多关注公平和平等问题，主要是消除教育的种族隔离、解决教育机会不平等的问题。进入80年代，鉴于之前教育改革造成普通教育质量下滑，美国重新开始关注教育效率问题，并启动了新一轮针对提高学校教育质量的教育改革。到了90年代，美国的教育券计划兴起，将国家资助的教育经费以教育券形式交由孩子的家长掌握，帮助贫困家庭的孩子自由选择理想学校，促进学校之间发展的均衡化，同时彰显了教育对弱势群体的补偿性。2002年，《不让一个孩子落伍》(No Child Left Behind，NCLB) 法案生效，其核心是设定教育标准、提高教育质量来缩小不同群体的教育差异，该法案所追求的就是高质量的、与效率相统一的教育公平。2010年，奥巴马(Barack H. Obama)政府推行的《改革蓝图》(A Blueprint for Reform)，进一步强调了美国教育所追求的平等目标和卓越目标，支持弱势群体实现其教育和就业理想。可以说，二战后的美国教育政策针对当时的社会发展需要以及公众期待，反复调整了公平和效率之间的侧重点和偏向性，其演变轨迹反映了

① 李闽榕. 公平与效率真的是“鱼与熊掌不可兼得”吗？——对一个西方经济学界人为制造的伪命题的剖析 [J]. 福建论坛（人文社会科学版），2005 (07)：63-69.

政策对于社会变革的适应性。教育公平和教育效率在不同时期被不同程度地予以强调，两者并行不悖，又在不同的历史条件下面向了时代和社会发展之需，存在一定的政策倾向，而这种倾向背后实际上有着对于不同群体间利益冲突的协调，体现了美国教育政策对于其社会需求的回应，以及其所代表的国家文化标准和教育价值倡导。

（二）我国教育政策中效率与公平的演变

国家和社会的发展，依赖于人的发展，教育在其中有着巨大的推动作用，教育总体水平的提高对国家和社会建设尤为有利。因而，政府应该对提升教育效率、促进教育公平肩负起义不容辞的责任。

中华人民共和国成立初期，百废待兴，此时我国的国民经济落后，物资匮乏，社会发展水平低下，教育也呈现出零散无序的态势。为了在薄弱的经济基础上迅速建立起国民教育体系，国家选择了“效率优先”的教育发展道路，教育在城市得到优先发展并向重点学校倾斜，同时实施了公立办学和社会办学共同发展的“两条腿走路”方针，教育政策对于效率的强调，确实推动了我国教育的迅速发展和受教育人口数量的快速增长，但也造成了城乡之间、学校之间发展的巨大差距。

改革开放伊始，国家经历动荡不久，社会生产力水平相对低下，为了尽快恢复经济增长，我国按照“效率优先、兼顾公平”的指导方针来发展经济，第一要务是发展生产，提高生产效率，释放市场活力，允许一部分人先富起来，努力“把蛋糕做大”，创造更多的社会财富，再考虑缩小贫富差距，“把蛋糕分匀”，逐步走向共同富裕。此时的教育政策也受到经济发展思路及分配制度的影响，采取了“效率优先”的发展战略，在优先发展城市、鼓励一部分地区和学校优先发展、鼓励社会力量办学的逻辑之下，教育规模加速扩张，教育呈现出粗放式发展及市场化的特征，不仅总体教育质量有所下降，而且地区之间、城乡之间、学校之间的教育分化更加明显，教育的公益性和公平性受到损害。

在这样的教育政策引导下，我国东、中、西部的教育水平差距一度扩大，教育发展不均衡的问题突出。东部发达地区的教育得益于其经济、资源和人才优势，得到优先发展，目前在某些教育评价指标上已经能够达到发达国家水平，与此相对，在某些经济欠发达地区，教育投入、基础设施、师资队伍等办学条件得不到根本保障，教育发展水平滞后。而教育发展水平的不均衡不仅体现在区域之间，也表现在城乡之间以及城市内部的学校之间。2020年起，我国常住人口城镇化率已超过60%，但城乡二元结构尚未根本改变，城市与农村的教育发展仍然存在较大落差。截至2022年9月，我国劳动年龄人口平均受教育年限已达10.9年，而我国农村人口的平均受教育年限比城市劳动力低将近3年，农村教育还有很大发展空间。同时，农村学校的师资力量和教学设施普遍比较薄弱，教师教学能力往往低于城市教师，教学设备配置、生均拥有图书数量等明显低于城市水平，进一步拉大了城乡之间教育发展水平的差距。城市内部则存在着新的二元结构问题，主要表现在发达城市不同城区（中心城区与城市边缘区）和不同群体（城市居民与外地进城务工人员及其随迁子女）之间存在明显的发展差距，这种差距引发了城市内部教育资源分配的二元结构，出现了教育在群体之间及校际的不公平现象。

进入21世纪以来，国家开始关注教育公平问题。从基础教育的改革开始，“均衡发展”的概念逐渐得到广泛认同，教育公平也逐步取代“效率优先”成为我国教育发展的重要价值诉求。《国家中长期教育改革和发展规划纲要（2010—2020年）》中把促进教育公平作为国家基本教育政策，出台了改善教育公平状况的一系列举措，包括建立农村义务教育经费保障新机制、建立健全家庭经济困难学生资助体系、深入实施素质教育等。经过多年的努力，当前我国的义务教育已全面普及，高中教育基本普及，高等教育也已先后进入大众化和普及化阶段，这些都代表了我国在推进教育公平方面取得的成就。但是总体而言，我国教育大而不强的格局尚未根本改变，仍同时面临着提高教育效率与推进教育公平的双重任务。与发达国家相比，我国现阶段的教育发展尚不充分，教育质量不高、教育实践严重偏离素质教育和全面发展目标的情况依然普遍，而且如前所述，教育发展水平不均衡的状况依旧突出，区域之间、城乡之间、不同群体之间差异性明显。因此，我国的教育政策应坚持“效率与公平兼顾”的基本原则，既要重视教育对于个人发展和国家发展的贡献率，进一步提高教育经费投入及其使用效益，促进教育的创新发展和高质量发展，实现有公平的效率；也要注重教育资源配置和布局的合理性，提高基本公共教育服务的水平，促进均衡、协调和共享式发展，实现高质量的公平。

三、关于促进教育公平的对策建议

现代社会的社会结构和体制改革的动力源于机会均等的原则，即抵制出身优先、裙带关系优先、背后靠山以及其他授职标准的优先，要求每个人依据其天资、志向平等、公开地参与竞争。美国经济学家萨缪尔森（Paul A. Samuelson）曾说过，在走向平等的道路上，没有比免费提供公共教育更为伟大的步骤了。这句话提示我们，社会的平等来源于教育的平等，教育的平等能够促成社会的平等，而教育的平等首先是教育机会的平等，免费的公共教育能够让所有孩子公平地享有受教育的机会，为其后来公平地参与社会竞争奠定基础。

（一）现实中的一个案例

下面从一个例子出发，尝试运用一些理论和常识，去分析和理解教育公平在社会公平中的作用以及现实中的复杂情形。

教育公平与社会公平之论争——寒门再难出贵子？

2021年，一位博士生的论文致谢走红网络，生动地演绎了一个新“寒门贵子”的故事。他是中国科学院学生黄国平，其求学之路充满坎坷。黄国平出生于山沟沟，家庭境况一直十分窘迫，十二岁时母亲离家出走，父亲在外打工，他与奶奶生活；十七岁时，父亲、奶奶接连亡故，他举目无亲，靠着社会的一些帮助、靠着奖学金继续他的求学之路。他坚持“知识改变命运”的信念，从山旮旯的小学到乡镇中学，再到县级、市级中学求学，再奔赴重庆就读西南大学，最后到中国科学院自动化研究所读博深造。在他的博士论文致谢中回顾了一路走来的艰辛，他说道，“记不清有多少次因为现实的压力而觉得自己快扛不下去了。这一路，信念很简单，把书读下去，然后走出去，不枉活一世。”虽然命运多舛，一路艰难，黄国平最终博士毕业，就职于一家知名互联网公司的人工智能实验室。

这是一个成功的励志故事。从古至今，教育都是打破社会阶层壁垒，实现社会阶层流动的通道。古代的科举制度，某种程度上突破了阶级的桎梏，能使贫寒人家的孩子“十年窗下无人问，一举成名天下知”。现代的教育制度，能使家境不好的孩子通过苦读，考上大学之后在城市就业，从而改变人生的境遇。

2012年，吴锡平在《深圳特区报》刊发《教育公平才能打破社会阶层固化》一文，提及一项针对全国性高校的抽样调查结果：在“985工程”高校，非农户口的子弟人数是农业户口子弟的2.7倍，在“211工程”高校里这一比例则是1.3倍；在大学保送机会上，私人企业主子弟、管理阶层子弟、专业技术阶层子弟的占比分别是农民子弟的7.6倍、8.5倍和10倍；自主招生的名额分配上，其他阶层的子弟获得的机会仍然是农民子弟的10倍左右。这项调查显示，农民子弟学生在一流大学中的占比较之其他家庭背景的学生要低得多。吴锡平感叹道，寒门子弟在升学竞争中往往处于明显的劣势，社会优势阶层占有的资源和机会要比弱势阶层多很多。

西方同样如此，教育资源分配的不均衡也在不同群体学生中有所体现。世界经济合作与发展组织，简称经合组织（Organization for Economic Co－operation and Development，OECD）发布的报告《教育公平：打破社会流动壁垒》（2018）显示，截至2015年，经合组织国家约48％的弱势学生在弱势学校上学，10年来这种状况并没有明显改善，而学校质量与学生当前及未来的成绩紧密相关。

这些统计结果提示我们，不同学生群体的受教育状况受到其先天/背景因素的很大影响。教育不公平从根本上源于社会的不公平，社会优势阶层占有了更多包括经济、文化和社会关系在内的社会资源，且将这样的资源优势经由教育进行代际传承，造成了教育资源和机会的不公平。在教育不公平的影响下，弱势阶层的后代通过学术成功、个人奋斗获取人生成功的难度更大，因而，教育的不公平无疑加剧了社会的不平等，形成了社会学上的“马太效应”，即富人更富，穷人更穷。在这样的体制下，弱势阶层的子女向上流动越来越难，于是有人感叹：“寒门再难出贵子”。

尽管教育不公平的根源在于经济和社会的不公平，然而，仍然可以通过努力，尤其是教育行政部门和各级各类学校的努力去改善这一状况。教育公平作为社会公平的起点和基础，其推进对于社会公平的实现具有重要价值。与刚才所述社会不公平导致教育不公平、继而加剧社会不公平的恶性循环局面相反，如果教育公平得以推进，弱势阶层的人们能够获得更加平等的教育机会和与其他阶层同质的教育资源，也就能够经由教育改变生存状况，进而实现社会阶层的跃升，因而，公平的教育能够保持社会流动渠道的畅通，促进阶层之间在经济、文化上的交融，社会也将更加的平等、和谐、稳定。

在我国，“有学上”的矛盾已经基本解决，“上好学”逐渐成为社会关切。也就是说，优质的教育资源仍然是相对稀缺的，而这样的优质资源往往掌握在优势群体或少数特权群体手中。无论在教育机会、还是优质教育资源的配置方面，教育相关主体如果运用教育公平的原则去合理地推进教育公平，再配合经济杠杆调节和分配制度改革，那么教育中的不公平状况定可以改善。教育公平的改善，也会带来社会公平和正义的改善。

再看例子中的贫困学子黄国平，在其成长过程中，虽然一直处境艰难，但好在从小能够拥有受教育机会，并且他获得的奖学金勉强支持他继续求学，这就体现了基本的公共教育服务和教育补偿机制的重要性。然而，这种基于个体优异成绩的有条件的经济补偿，现在看来是远远不够的。在其成长过程中获得的教育补偿单一，而且标准不高，教育资助不持续也不到位，让黄国平在行使其受教育权利方面比其他学生困难了太多，幸而其个性坚强、没有放弃，在求学的道路上不懈奋斗，才获得了较好的教育结果，成了闪光的“个例”。

我们当然希望社会上有更多的“黄国平”出现，让寒门学子看到更多希望，让放牛娃们也能拥有“春天”。但是，这种希望不能仅仅寄托于个人自身与命运斗争的努力和坚持，而是应该寄希望于经济制度、法律、政策和社会环境的总体改善，至少从教育公平状况的改善开始，借助于更加公平、更有效率的教育政策和制度安排，能够给初始家庭和社会地位处于弱势的孩子们造就与其他人一样获得学业成功的机会，让“那些拥有同等水平的才能和能力并具有相同的意愿来使用它们的人，无论在社会制度中的初始地位如何，都应当拥有同样的成功前景”①，都可以通过教育改善工作和生活，拥有人生出彩的机会。

（二）推进我国教育公平的对策

教育公平与教育质量从来都是一个硬币的两面，两者息息相关，我国教育的公平问题，已经制约了教育发展的速度、效率和质量。研究解决教育公平问题，能够推进教育的均衡发展和高质量发展，也是实现社会公平的重要路径，对建设

① 托马斯·斯坎伦著.为什么不平等至关重要［M］.陆鹏杰译.北京：中信出版社，2019：63.

社会主义现代化国家和提升国家软实力、促进社会进步和个人发展具有重大意义。影响教育公平发展的因素，既有教育系统的外部因素，如经济基础、法律、政策、管理等，又有教育系统的内部因素，如教育系统自身的结构、办学机构的观念、质量等。下面从立法、政策和机构等三个层面，尝试提出推进我国教育公平发展的策略建议。

1.健全教育法律法规体系

维护社会公平正义需要法律的保障，教育公平也不例外。从1954年颁布的《中华人民共和国宪法》开始，我国历次修订的宪法都对教育权进行了明确规定："公民有受教育的权利"。1995年，我国颁布了《中华人民共和国教育法》，成为我国教育领域的基本法。同时，我国先后颁布了《中华人民共和国义务教育法》（1986）、《中华人民共和国职业教育法》（1996）、《中华人民共和国高等教育法》（1998）等，逐步形成了以教育基本法为核心，以教育专门法为骨干的结构较为合理的中国特色社会主义教育法律法规体系，在这些法律法规中，对不同领域的教育权利保障和资源配置予以不同角度的描述。

其后，我国的教育法律法规体系不断健全，法规的具体内容也根据实际需要不断修订、完善。2021年颁布了教育单行法《中华人民共和国家庭教育促进法》，《中华人民共和国学前教育法》也已纳入全国人大常委会的立法计划。在法律法规的内容方面，教育公平的主题被愈发凸显和强调。《中华人民共和国义务教育法》（2006年修订、2015年、2018年修正）在第六条中规定："国务院和县级以上地方人民政府应当合理配置教育资源，促进义务教育均衡发展，改善薄弱学校的办学条件，并采取措施，保障农村地区、民族地区实施义务教育，保障家庭经济困难的和残疾的适龄儿童、少年接受义务教育。"并在第二十二条中规定："县级以上人民政府及其教育行政部门应当促进学校均衡发展，缩小学校之间办学条件的差距，不得将学校分为重点学校和非重点学校。学校不得分设重点班和非重点班，"突出了义务教育在地区间、群体间、校际均衡发展的要求。《中华人民共和国教育法》（2015年、2021年修正）在第十一条增加一款："国家采取措施促进教育公平，推动教育均衡发展"，表明了国家对于教育公平的重视和推进教育公平的决心。

然而，在我国教育法律法规体系中，面向成人的继续教育领域虽然出台了一些地方性的法律法规，但一直缺少国家层面的专门法律，以至于继续教育的法律地位、性质、功能等不够明确，实施继续教育的目标和政策原则也无法界定和规范，不利于其健康有序发展。学界一直呼吁国家相关法律的出台，以保障广大成人的终身学习权利，确保继续教育机构办学有法可依、有章可循，也为推进全方位的教育公平提供有力支持。

2.改善教育公平政策

除了立法保障而外，政府对于公平的维护可以通过制度安排和政策调整来实现，对于教育公平也是如此。一般而言，政府可以从以下几个方面入手，推进教育公平政策的研制和落地。

第一，优化教育资源配置。资源配置是政府对经济、社会进行宏观调节的有效手段。教育领域的一些公平性问题，比如城乡及区域发展的不均衡、弱势群体教育被边缘化等，其中的重要原因就是资源配置的失衡。政府应该坚持“教育公平与教育效率并重”的原则，对教育资源进行合理配置，尽量在城乡之间、区域之间、各类教育群体之间取得相对的均衡。按照补偿性公平原则，政府在确保教育质量（效率）和未来可持续发展的基础上，应对农村、中西部和弱势群体的教育资源投入予以适当倾斜，以缩小差距、补齐短板。当然，资源配置也是一个动态的、不断优化的过程，不能一蹴而就，也不能矫枉过正。

第二，保障教育基本经费投入。必要的教育经费投入是发展教育事业的物质基础，教育的准公共产品属性，决定了政府是教育经费投入的主体，应承担教育经费投入的主要职责。政府应提供足额有效的教育经费，适应各类教育的发展需求，保障教育的公益性、公平性，避免教育机构的趋利化办学行为。当前，我国对于趋向纯公共产品一端的义务教育，已落实“全面纳入财政保障范围”的要求，其经费由国务院和地方各级人民政府依法予以保障。对于高等教育，实行以举办者投入为主、受教育者合理分担培养成本、高等学校多种渠道筹措经费的机制。对于职业教育，政府应按照事权和支出责任相适应的原则，根据职业教育办学规模、培养成本和办学质量等落实职业教育经费。对于继续教育，政府同样明确了“举办者投入和学习者合理分担培养成本相结合的”的经费筹措机制。但是，在鼓励社会力量办学、多方投资及多元化发展教育等方面，还缺乏有力的政策举措和激励措施。

第三，综合应用多种政策工具。教育系统是一个复杂系统，教育公平问题所涉及的因素也是多维度、多层次的，其根源往往是经济、社会方面的问题，难以通过单一的政策手段加以解决。因此，除了通常的行政性工具（包括行政命令、行政检查、督导评估、问责与奖惩等）的合理使用外，有效的政策工具必然是经济性工具、社会性工具的有机组合。经济性工具能够利用市场的供需调节和资源配置机制提高教育活动的效率、增进社会生机活力、促进教育公平。如“民营化”，鼓励民间力量兴办教育、细分教育培训市场并提供多样化服务，对于丰富教育资源、促进教育领域的差异性公平、体现个性化的“因材施教”非常有效。社会性工具则以“多元治理理论”为基础，鼓励社会多元主体参与教育决策和管理，能够弥补政府失灵和市场失灵问题。在我国，随着政府职能转变和简政放权的推进，社会学工具的应用日益广泛，这是我国吸纳社会力量和基层力量参与社会治理的具体体现。如教育规划的制定，在反复征求专家意见和群众意见建议的过程中，为弱势群体的利益诉求提供表达渠道。再如建立高等学校理事会，将办学利益相关者（主管部门、合作单位、教师、学生等）代表纳入理事会，参与学校办学的重要决策，将充分调动各方主体的积极性，也能够更多地保障教育教学过程中的公平。而且，利益相关者参与教育决策（政策）的制定，有利于增进各方的沟通理解，也有利于教育政策的执行和教育决策的落实。

3.推动教育机构改革

唯物辩证法指出：外因是变化的条件，内因是变化的根据，外因通过内因而起作用。在教育公平问题的对策中，立法是基础，政策是保障，教育机构自身的改革是关键。我国教育机构应主动推动自身的改革，努力解决影响其公平性缺失的种种问题，从根本上促进教育公平发展和质量提升。

第一，优化教育结构。在基础教育、高等教育、职业教育、继续教育构成的现代教育体系基础上，优化各级各类教育机构的层次与类型比例，明确各类人才培养的定位和目标，促进职业教育与继续教育、高等教育的融通，寻求不同层次、不同类型办学机构的协调发展与特色发展。逐步推行终身教育学分累积和职业资格等学习成果认证制度，循序渐进推进国家统一的各级各类教育质量标准和资历框架建设，开展各类学历教育之间的学分互认，进一步建立学历教育和非学历教育、正规教育和非正规、非正式教育之间的相互衔接与沟通机制，搭建终身学习的“立交桥”。值得一提的是，借助互联网平台开展的在线学习、移动学习方便快捷，在信息化基础设施和现代信息技术的支持下，易于进一步扩大教育资源的覆盖面，实现更加平等的教育。当前，我国正在加快建设国家数字教育资源公共服务体系和国家教育管理公共服务平台，致力于让优质教育资源向老少边穷地区延伸，缩小数字鸿沟，实现更大范围的教育覆盖面，促进基于信息化的各类教育的融合。2022年，国家智慧教育公共服务平台上线，作为我国教育部实施的教育数字化战略行动阶段性成果之一，是我国构建网络化、数字化、个性化、终身化教育体系所迈出的重要一步。

第二，提高办学质量。离开教育质量只谈教育公平是没有实质意义的，教育公平的实现需要教育质量的保证。各级各类教育机构不能无视教育的公益性和自身的社会责任，以短期利益和经济效益为追求，盲目采取短视、趋利、粗放的办学模式和管理方式。教育机构应加强自我约束，严格规范自身办学行为，坚持依法治教、依规办学，坚持质量标准和公平原则，从学校层面建立人才培养的内部质量保证体系，加强第三方检查与评估，保障教育教学过程和结果的公平性。同时，要加强教师队伍建设，提升教师的社会地位和职业地位，完善教师工资待遇保障机制，不断提高教师的职业道德、执教能力和专业水平，这是教育公平和质量的根本。

第三，加强多元合作与跨域合作。教育系统处于社会大系统之中，需要与社会各领域密切联系，教育机构也需要开展与政府、企业、行业的多元合作，尤其是职业教育和继续教育，要整合好行业企业的资源，通过共建产学研融合基地、提供订单式培训等方式，增强人才培养的针对性和实效性，满足社会成员更新知识技能、提高职业素养的需求。在学习成果认证体系的建设中，应该依靠学术专家和行业专家的合作，根据行业人力资源需求和发展目标制定能力认证标准和资历框架，推进各行各业的认证培训。

除了不同社会主体、不同领域的合作之外，应鼓励各地区教育的跨地域合作，缩小我国城乡、地区教育发展的差距。比如建立东部与中西部地区、城市与农村地区的对口支援关系，促进各地区教育要素的流动等。对教育发展较快的地区，可以借鉴国际先进经验，率先开展各项改革试点，并向欠发达地区输出师资、技术等资源；对教育欠发达地区，则应建设好信息技术基础设施，借助教育公共服务平台和资源共享平台，改善现有办学条件和水平，同时可以向发达地区输出其生源。跨域合作需要打破行业、地域的一些制度壁垒，将促进教育资源的平衡和互补，促进教育供给和需求的动态平衡，从而有助于实现教育的公平发展。

联合国开发计划署（United Nations Development Programme，UNDP）发布的《2019年人类发展报告》（Human Development Report 2019）认为，随着人们基本生活水平差距不断缩小，世界范围内脱离贫困、饥饿和疾病的人数空前增长，而新一代不平等问题正围绕教育、科技和气候变化等领域涌现。教育的不平等依然是我们未来相当长一段时期所面临的问题，我国在提高义务教育普及率、中高等教育入学率的同时，应加快发展现代职业教育，提供面向全体公民的高质量的继续教育，努力提高国民受教育年限和综合文化素质，最终朝着构建优质、均衡的终身教育体系目标迈进。

法国思想家托克维尔在《论美国的民主》里曾有这样一段描述："翻阅一下我们的历史，可以说我们在过去的700年里没有一件大事不曾推动平等的发展。几次对英战争，消灭了十分之一的贵族，并有效地分散了他们的土地。地方自治制度的兴起把民主和自由带进了封建国家的君主政体。枪炮的发明使贵族和平民在战场上处于平等的地位。印刷术向人们平等地提供精神食粮。邮政不分贵贱地把知识送到穷人茅舍的柴扉和王宫的大门。"①

平等是人类社会的不懈追求，当然我们理解，这种平等是符合社会正义原则的相对的平等，也就是公平。20世纪无疑是人类历史上科学技术发展最为迅猛的百年，也把人类带入了一个全新的时代，即信息时代或称智能时代。进入21世纪，现代科技创造了信息传播和沟通的多种媒介，为人们打开了同样的知识信息之门，开放的教育资源如今已能经由互联网快速达至每一个普通人身边，让我们乐观地估计，随着思想观念的解放、信息技术应用日益普及，以及体制和制度壁垒被不断打破，每一个孩子都能充分自主地、更加公平地享有优质教育的时代不再遥远。

① ［法］托克维尔著．高牧译．论美国的民主［M］．海口：南海出版公司，2007：25-26.

第二节 教育治理的系统观点与方法

《中国教育现代化2035》提出了“推进教育治理体系和治理能力现代化”的战略任务，表明教育治理问题开始在国家公共政策层面加以强调，引发了教育界的持续关注。教育治理体系和治理能力的现代化建设，既是我国加快推进教育现代化的路径选择，也是解决目前存在的现实问题、推动新时期教育高质量发展的有效手段。本节先从治理和教育治理的概念说起，基于系统观点，重点阐述教育治理体系中多元主体的相互关系和作用，以及如何运用好政策性和技术性这两类治理工具，以不断提高教育治理能力和治理水平。

一、治理和教育治理

在阐释教育治理的概念和功能之前，我们先初步了解治理理论兴起的背景，以及治理的含义及其内涵，这是分析教育治理问题的基础。

（一）治理的缘起和界定

“治理”一词源自古拉丁文或古希腊语，原意是控制、引导和操纵，它是相对于传统的“统治”或“管理”而言的，主要用于与公共事务相关的管理活动和政治活动。治理理论自20世纪末在学术界逐渐形成，成为理解当代社会现实的一种重要的方法工具与分析框架，用于研究与解决日益复杂的社会、政治、经济、文化等领域的问题。

从研究的视角看，20世纪70—80年代，随着人们对自然界与人类社会复杂性认识的深入，在社会科学领域，人们发现了原有的二元对立思维范式的局限性，开始引入治理观念，用以解释跨越不同层级和功能领域的复杂而相互依存的协调形式。

从现实需要来看，当代世界发生了深刻变化，一系列新情况、新问题无法借助于国家计划或市场调节的方式加以解决，无论是自上而下的政府宏观调控，还是“看不见的手”的市场资源配置与调节机制，都有其适用的环境和条件，在管理和协调解决一些社会问题时有其局限性。人们认识到也许存在一种包括政府、市场、社会组织等群体在内的多主体协同参与的动态调节机制——治理，能够将不同的决策方式有机结合起来，并根据不同的外部环境变化各有侧重。“单纯的市场手段和单纯的积极干预都不能实现对社会资源配置的高效率，治理，就被认为是对付市场失灵和政府失灵的重要机制”①。而且，随着全球化进程和国际政治经济新秩序的建立，治理作为一种既重视发挥国家的政府职能，又能够引入市场和

① 陈明明. 治理现代化的中国意蕴［J］. 人民论坛，2014（10）：32-33.

社会组织力量的体现民主、协作、分权等现代管理理念的方式，在创建新的公共权威与公共秩序中的作用更为突出，愈发得到社会各领域管理者的重视。近年来，治理理论不仅被西方发达国家所推崇，且因其倡导的人权、平等、合作等价值观，被世界银行、经合组织、联合国开发计划署等国际组织广泛运用，并向发展中国家推广。

对于“治理”，不同领域的学者从自身学术背景出发给出了差异性的解释。联合国全球治理委员会（The Commission on Global Governance）对治理的定义较具有权威性，其界定比较宽泛，囊括各种公私机构的管理方式，即治理是“各种公共的或私人的机构管理其共同事务的诸多方式的总和”①。我国学者俞可平在此定义的基础上，将个人管理共同事物的行为也纳入治理的范畴，提出治理是“各种公共的或私人的个人和机构管理其共同事务的诸多方式的总和”②，该解释目前被引用得较多，具有一定的代表性。

治理和管理虽意义相近，但在观念、方法、目标、影响等方面均有不同，正如习近平总书记指出的，治理和管理一字之差，体现的是系统治理、依法治理、源头治理、综合施策。治理之于管理，内涵更丰富，外延更广阔，它不是一种正式的制度，而是一个持续的利益相关者的合作互动过程，它使相互冲突或不同的利益得以调和，并且采取联合行动。所以，治理的目标不是既定的，而是多元的，在相关主体合作的基础上求同存异，尽量实现各方共同利益和公共利益的最大化；其依据不是个人意志，而是国家法律法规，当然也包括相关主体都自愿遵守的非正式的约束性条款；其手段不是单一方向的调节控制或发号施令，而是综合协调，在民主协商或谈判的基础上取得某种共识。总的来说，治理的典型特征是“共治”，强调多元主体的参与，是更加民主的合作式、互动式管理。

（二）对教育治理的基本认识

以治理的涵义为基础，在教育领域借鉴治理理论形成了教育治理的相关理论。一个为国内学界所共识的教育治理的定义是，“国家机关、社会组织、利益群体和公民个体，通过一定的制度安排进行合作互动，共同管理教育公共事务的过程”③。其中突出了教育治理涉及的几个核心概念，治理对象——教育公共事务；治理方式——合作互动、共同管理，即共治；治理环境——一定的制度安排；特别突出了对多元治理主体的描述，即：国家机关是指教育行政主管部门，社会组织主要包括学校、其他非政府组织和社会团体，利益群体主要是师生群体，公民个体主要是与教育利益相关的家长、雇主等。可见，教育治理超越了传统的教育

① 皮埃尔·塞纳克伦斯，冯炳昆．治理与国际调节机制的危机［J］．国际社会科学杂志（中文版），1999（1）：93.

② 俞可平．治理与善治［M］．北京：社会科学文献出版社，2000：4.

③ 褚宏启．教育治理：以共治求善治［J］．教育研究，2014（10）：4-11.

管理方式，即政府集权的单一管理方式，突出了学校办学主体和社会广泛参与的作用，是更具现代性的教育管理形态，是教育管理现代化（民主化、法治化、科学化）的集中体现。

在我国，中华人民共和国成立之后的教育发展政策一度受到计划经济的显著影响，教育权和教育审批权高度集中，呈现了以行政控制为主、一元化办学的管理模式。改革开放后，办学权得到一定程度的下放，办学主体也呈现出多元化发展趋势，但公办学校的行政化色彩依然浓厚。随着国家治理体系和治理能力现代化进程的推进，教育治理理论也引起我国理论学者和政策专家的重视，结合我国国情形成了一系列教育治理研究成果，并在教育政策中得到采用，在教育改革中加以实践。

从教育治理的定义出发，我国的教育治理研究形成了以构建政府、学校、社会新型关系为核心的内容分析框架，探讨如何改变传统的自上而下的教育决策机制，转而构建多方利益主体共同参与的利益表达渠道，形成上下联动、内外结合的立体决策机制。教育治理体系是国家治理体系的子系统，国家治理变革给教育治理变革提供了外部环境。在推进政府职能转变、简政放权的趋势下，政府也将深化教育领域综合改革的目标之一确立为：以推进管办评分离为基本要求，以转变政府职能为突破口，建立系统完备、科学规范、运行有效的制度体系，形成政府宏观管理、学校自主办学、社会广泛参与的治理格局。

这样的治理格局彰显了教育管理参与广度上的变化，但是略去了对于参与深度、参与层次的结构性变化描述，而这实际上是教育民主化推进中的突出问题。我们要考察利益群体和公民个体，尤其是教师、学生、家长这些与教育有着直接密切关系的个体，他们如何实质性地参与教育决策，如何有效地参与教育治理？利益相关者如果只是局部性或表面化地参与教育决策和管理过程，其利益诉求是难以得到充分表达的，那么自下而上汇集民意、聚拢民智的治理的精髓就难以体现。在信息不对称的情况下，公民特别是弱势群体，有时候既缺乏利益表达的渠道，也缺少参政议政的能力，他们可能并不清楚如何去表达相关诉求，以及自己如何与其他利益相关者协商，并努力争取相关的利益。

针对这样的问题，笔者以为，一方面要以制度化的方式，建立相对稳定的特定群体的自治性组织，如教师代表大会、学生代表大会、家长委员会等，充分发挥组织作为联合互助平台、信息传导中枢、事务统筹中心等方面的作用，促进教育管理中各种利益的协调和综合；另一方面，要打造更公开、更便捷的多元化信息互动渠道，通过政府的政务公开和学校的校务公开，让相关群体及时获取全面完整的背景信息，便于在信息对称的条件下更有效地沟通民意、集中民智。与此同时，还要通过面向现代化的国民教育的实施，不断提高公众的认知能力、主体意识和参政议政能力，有效发挥社会监督的作用，真正从个体层面推进教育治理和基层民主的落实。可见，教育治理能够关照到弱势群体的利益，有利于推进教育公平，而且比之传统的管理方式，教育治理让政府和民众在教育这件最重要的民生问题上尽可能地达成共识，有利于保持教育政策的连续性和与其他政策的协调性，进而能够促进社会的安定团结，让教育系统更好地回应人民群众的期待和社会环境的变化。

治理的首要功能是应对现实中的政府失灵与市场失灵状况，教育治理同样有弥补政府失灵、抑制公权力膨胀或异化的作用。但是，对于市场失灵的作用另当别论。市场经济中，如发生垄断、外部性、信息不对称等问题使得市场机制不能充分地发挥作用，而导致资源配置缺乏效率或资源配置失当的情况，属于市场失灵。而教育有其特殊性，它不是经济活动，也不是一般意义上的社会活动，教育发展有其自身规律，不能简单移植市场机制或经济规则。市场机制是现代经济运行和资源配置的基本调节机制，却不是教育资源配置的基本机制，也就是说，教育原本就不应依靠市场机制来运行，也就不存在通过教育治理弥补市场缺陷之说，因此更为恰当的表述是，教育治理不是弥补市场失灵，而是要通过教育治理，合理划定市场在教育中的作用边界，让市场从人力资源需求、教育选择多样性等角度参与教育决策和管理过程之中，发挥其应有的作用。

20世纪90年代以来，国内曾经有过关于教育产业化或市场化的学术论辩，也有过一些教育实践，证明了由市场去引导教育发展的道路是行不通的，会带来诸多社会问题。受教育是公民的基本权利，教育资源作为具有公益属性和准公共属性的社会资源，其配置手段原本不应依赖于市场（当然也不能完全依赖于政府），因而论及教育治理，市场主体如企事业单位要作为利益相关者参与进来，发挥其应有的辅助教育决策、协同教育实施和管理、提升教育效果与效率等作用，下面将对多元主体在教育治理中的作用进行专门论述。

二、多元主体在教育治理中的作用

从系统结构的角度出发，要研究系统要素及其相互作用，因而在构建教育治理体系时，我们关心两个基本问题：教育治理涉及哪些主体，教育治理主体之间的关系是什么。如前所述，教育治理的主体是多元的，主要包括政府、学校、社会组织，当然，我们认为市场主体也不应被忽略。而教育治理主体间的相互关系主要体现为，他们在教育活动中的权利义务和责任关系。教育治理体系的建构，也就是要通过恰当的制度安排和规则变化，让治理主体之间各安其位、各负其责，产生结构互补、功能互促的良性互动关系，让教育系统的功能得到充分发挥，形成更加优质、公平、高效、有序的教育新格局。下面我们以系统分析的思路，一一论述政府、学校、社会组织和市场各主体在教育治理中的作用，总结如图3－1所示。

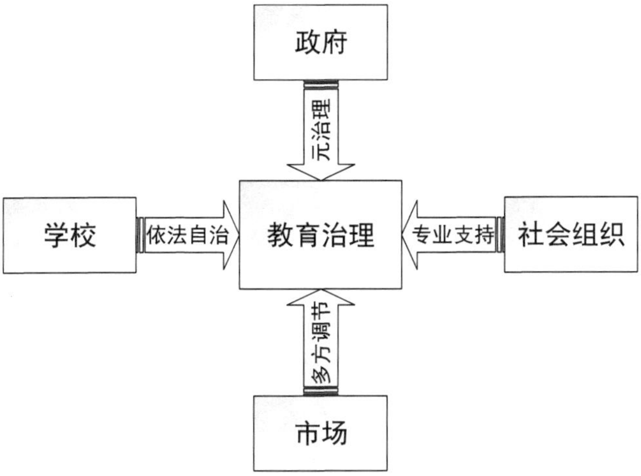

图 3-1 教育治理的多元共治框架

（一）政府在教育治理中发挥元治理的作用

在多方参与的教育治理过程中，政府依然发挥着不可替代的决定性作用。教育是民族振兴、社会进步的基石，教育活动必须符合国家和社会的公共利益，作为公共利益的代言人，政府应该率先地承担起教育治理中的主体责任，在构建教育治理的模式，推动教育治理方式的科学化、现代化，以及检验教育治理的成效等方面，政府应起到主导作用。政府在教育治理中的主导作用，不同于过去单一主体对教育系统的直接管理和控制，而在管理的内容、范围、方式等方面发生了变化。在内容上要紧扣教育活动中的主要矛盾，合理配置教育资源，提供教育条件和基本公共服务保障；在范围上要建章立制，确立基本标准和规则意识，明确各方责任边界和权利义务；在方式上要转为政府对其他利益相关者的分权、授权与监督、问责相结合，统筹推进与自主实践相结合，系统他组织与自组织相结合。简言之，可以总结为政府要发挥教育“元治理”的作用，确保多元共治的有效性。

“元治理”这一概念最早由英国学者杰索普（Bob Jessop）于1997年提出。他认为元治理是“治理条件的组织准备”，目的是协调科层治理、网络治理、市场治理等三种治理方式，以确保它们明智地组合为最好的结果。之后学者们的观点，也基本认同元治理是一种消除各类治理主体、各种治理模式之间对立冲突的协同互补的方式，可以简单理解为元治理是对于治理的治理。而鉴于政府在社会中独有的影响力、组织力和控制力，一般认为应该由政府充当元治理的主体。在元治理中，政府的作用主要表现为主导和制定规则、促进对话协作、促成信息交换、平衡各方利益和协调各方行动等。元治理不同于政府单一主导、控制一切而其他主体服从的制度安排，而是要在公共治理体系中联合多方治理主体、调和多种治理模式，既强调多元主体的合作参与，又突出政府在其中关键的引导和调和角色，促使公共治理体系在良好的制度安排下不断完善。正如非平衡演化系统中“序参量”的作用，通过把握各治理模式之间的关联（相互作用），对其他治理主体（参量）产生影响，让系统从部分到整体形成“1+1>2”的协同机制，进而演化到特定的目标方向。

政府在教育治理中的“元治理”角色可以具体化为以下几个方面。第一，顶层设计中的掌舵者角色，政府进行宏观规划、统筹和调控，确定教育发展的总体方向、宏观目标、基本标准，解决多元主体带来的目标分化、行动分化问题。第二，权力配置和行业监管中的主导者角色，政府既要给学校、社会组织等治理主体适当进行分权和赋权，也要对教育治理的效果进行监管和问责，确保包括自身在内的治理主体依法用权、合理用权。第三，依法办学和市场培育中的服务者角色，由政府制定教育法律法规，产出公共政策和制度，为多方主体参与教育管理提供法律依据和现实条件。第四，关系调整和协同互动中的协调者角色，政府应整合多元主体的利益分歧，形成共同的行动目标和行为准则，促进内外部的协同联动，维护教育系统的有序运转，保障教育公共利益的最大化。

当前我国教育管理体制改革的方向之一，就是政府简政放权，改变计划经济时代政府对教育包揽过多、管得过细（某些方面却又缺乏引导和监管）的情况，促使政府更好地发挥元治理的作用。近年来政府相继出台文件，如教育部于2015年发布《关于深入推进教育管办评分离 促进政府职能转变的若干意见》，中共中央办公厅、国务院办公厅于2019年发布《加快推进教育现代化实施方案（2018—2022年）》，均提出加快政府职能转变和简政放权，重塑政府与其他多元主体的关系。改革思路上，政府对教育转为“宏观调控”与“间接管理”角色，扩大学校办学自主权，主张社会各界依法参与和监督办学。在实践层面，各地重新定位与调整政校关系，政府面向有限政府、法治政府、服务型政府转变，通过取消或下放行政审批权、赋予学校教育教学、用人管人、资源分配和成果处置自主权等方式，鼓励各类学校精准定位、自主办学，在各自领域办出特色。同时，政府积极培育民间机构和社会组织，以对政府及学校提供决策咨询、人员培训、第三方评价等专业化的智力支持。

（二）学校在教育治理中发挥依法自治的作用

从工业社会开始，学校成为办学的主体力量，而今，不管是教育现代化建设，还是教育治理体系构建，学校都是教育改革的直接对象之一，教育现代化要求我们的学校教育、班级和课堂教学是现代化的，教育治理要落实在学校的管理体制改革上，治理的成效最终要从学校教育的成效、学生发展的成效上体现。

在教育治理体系的构建过程中，政府和教育行政部门要分权给学校，赋予不同学校相关的办学自主权，从而调动学校主体的积极性和创造性，增强学校发展的内生动力以及与经济社会发展的适切性，提高教育资源的配置和使用效率，实现因地制宜的差异化发展。我国政府在积极简政放权、落实学校办学自主权方面有不少具体举措，彰显了政府推进教育领域放管服改革的决心。按照《中华人民共和国高等教育法》规定，我国高等学校享有民事权、招生权、学科专业设置权、教学权、科研开发和社会服务权、国际交流合作权、机构设置和人事权、财产管理和使用权等8个方面的办学自主权，教育部等八部门于2020年联合印发的《关于进一步激发中小学办学活力的若干意见》，则对中小学的办学自主权进行了规定，提出要保障中小学的教育教学自主权、人事工作自主权和经费使用自主权。

政府的放权实际上对各级各类学校的自主管理能力提出了更高的要求。学校应在教育治理中发挥好依法自治的作用，这个“法”，实际上不仅有法律、法规之意，还有规则、方法之意，要通过建立一套合理的制度机制，规范相关主体的用权，让学校自己管理好自己，维护好办学的独立性和学校的自主性，落实好各项办学自主权。就我国学校（虽为针对大学的研究，实际上中小学也如此）的管理现状而言，普遍存在着计划经济体制下的路径依赖，“等靠要”的依赖心理与合法性机制下的机会主义心理依然存在，自主办学的内生动力和治理水平普遍不足，适应新时期新环境的改革意识和创新能力有待提高。为此，要积极探索现代学校制度，实施科学化、民主化和法治化的内部管理，这是教育治理体系建设取得实效的关键路径。

现代学校制度是与市场经济和学习型社会建设相适应的教育制度，以学生的全面发展、可持续发展为宗旨，通过一套科学、民主的协调校内外关系的制度安排，建立并完善有利于学校组织发展的外部环境和内部机制。《国家中长期教育改革和发展规划纲要（2010—2020年）》对建设现代学校制度提出了明确要求，突出了现代学校制度的基本特征，即“依法办学、自主管理、民主监督、社会参与”。其中，依法办学是根本，自主管理是关键，民主监督是基础，社会参与是突破。

依法办学是法治原则对学校治理方式与手段的总体要求，要保证学校依法设置并依法独立自主行使办学权。具体来说，需要完善政府对学校进行宏观管理的法律法规，完善学校法人制度、产权制度等，产权与管理权相分离，为学校内部权力的规范运行提供法治框架约束与法律效力保障。

自主管理的起点之一是学校章程建设。章程是学校内部治理的纲领性文件，俗称学校“小宪法”，上承国家和地方法律法规，下接校内的各项具体管理制度，成为学校依法治校的直接依据。章程要明确学校办学定位和宗旨，凝练师生共同的理念与文化价值认同，体现学校的办学特色和发展目标，构建学校内部治理结构和权力运行规则，形成学校自主办学、自主发展和自我约束的基本秩序。我国各高等学校应依据教育部于2011年发布的《高等学校章程制定暂行办法》，制定或修改自身的大学章程，普通中小学、中等职业学校也应制定章程，对学校进行依法按章的全面管理。

民主监督作为现代学校制度中的组成部分，是我国推进学校决策科学化、民主化的重要内容，是保障师生的知情权、参与权、表达权和监督权的切实举措。针对以往学校行政化特征明显、官本位氛围浓厚的现象，实行民主监督，就要畅通师生自下而上参与治理、表达诉求的渠道，增加校务公开的主动性和信息透明度，让学术委员会、教职工代表大会、学生代表大会、中小学家长委员会等组织在实际办学中发挥相应的作用，这样不仅有利于调动教师、学生、家长等利益相关者参与办学的积极性，激发基层办学活力，还能对学校开展自治的行政权力起到一定的制衡和监督作用，避免学校自治走向校长在校园内独断专行的“独立王国”局面。

学校发展是置于社会发展之中的，教育活动必然会受到社会环境的影响，学校教育以服务学生发展为核心，最终要实现个人发展与社会发展的有机统一。因而，现代学校制度强调社会参与，其目的就是要协调和整合社会力量，为教育这项社会公共事业服务，也为学校的科学发展助力，这是学校层面“多元共治”的具体体现。通过动员家长、社区、社会组织、专家学者、用人单位等主体参与学校治理，加强议事协商，促进家校合作、社校合作、校企合作，形成全社会关心、支持教育发展的格局。关于社会组织和市场在教育治理中的作用，下面的部分将详细论述。

（三）社会组织在教育治理中发挥专业化的支持作用

社会组织是公共关系的主体，是人们为了达到特定目标按照一定的宗旨、制度、系统建立起来的从事共同活动的社会群体。广义上，社会组织包含了政治组织、经济组织、文化组织、军事组织、宗教组织等各种类型，当然也包括我们讨论的教育治理的利益相关者：政府、企业、学校等。狭义上，社会组织是指政府组织（代表公共力量）和经济组织（代表市场力量）之外的第三部门组织。在治理理论中，认为第三部门组织能够站在较为中立的立场，较好地弥补政府和市场缺陷，在可能存在的政府失灵和市场失灵过程中，起到灵活的调节作用。实际上，多元共治的本质包括了第一、二、三部门对于公共事务的共同治理，不同的部门构成了公共治理之间的一种协作方式，比之传统的单一部门决策及管理方式更能适应社会环境的变化。

在教育治理的语境中，社会组织选取了狭义上的含义，即主要指协会、学会、智库、基金会、社会团体等第三部门组织。正如《国家中长期教育改革和发展规划纲要（2010—2020年）》所要求的，要积极发挥行业协会、专业学会、基金会等各类社会组织在教育公共治理中的作用。

社会组织一般都是专业性的咨询和服务组织，长期深耕于某一领域，聚合了该领域的专家、学者，拥有人才优势和资源优势，能够针对治理中的具体问题开展研究与分析，提出更具学术性、专业性的意见和建议。社会组织可以说代表了以专业权力为依托的某种专业逻辑，这是与科层式管理的行政逻辑相对的，也不同于资本力量主导的市场逻辑，专业逻辑重视科学调研与论证，可以有效地解决专业事务方面的问题。在行政逻辑的主导下，我们的教育活动强调行政权力的管控和约束，从而忽视教育规律的内在要求，这样的现象之前就时有发生，因而应发挥社会组织在教育治理中的智力支持作用，加强专业逻辑的运用，提升教育决策、管理的科学化和专业化水平。

发达国家普遍重视社会组织在教育治理中的作用。例如美国就存在着数量众多、类型多样的民间教育组织，构成了政府和市场之外的“第三方”治理力量，尤其是美国的高等教育协会组织（如美国教育委员会、美国州立大学与学院协会、公立及赠地大学协会、美国大学协会、全美独立学院及大学协会、美国社区学院协会等），承担了促进跨州区域协作、影响政府政策制定、协助政府调控高等教育发展、评估高等教育质量、捍卫活动主体权益、参与院校决策和建设等多项重要的管理职能，在教育领域和社会领域有着不可小觑的影响力和话语权。与发达国家比较，我国的社会组织，尤其是与教育有关的社会民间组织的发育还比较稚弱，社会参与教育治理不仅渠道少、主体性弱，而且体系和机制不健全。我国的社会组织在相当长一段时期内处于教育治理的从属地位，在治理中的专业性、独立性不够凸显。

当前，政府和学校已经意识到社会参与之于教育治理的重要意义。政府文件不断提及要重塑政府、学校、社会三者关系，积极发挥行业协会、专业学会、基金会等各类社会组织在教育公共治理中的作用。学校则从成立社会人员参与的校务委员会、理事会等组织层面，引入社会第三方开展质量评估等评价层面，以及推行校务公开、家校社互动等工作层面，尝试建立起社会参与学校治理的有效制度与机制。下一步，或能通过法律形式保障社会组织对于教育治理的参与权，通过网络互连和信息共享建立社会组织参与教育治理的畅通渠道，推动政府、学校与社会组织之间的良性合作，达成多元利益群体之间的有效协同，以应对日益复杂的教育问题，使教育政策的制定更科学、教育问题的治理更有效。

（四）市场在教育治理中发挥多方面的调节作用

西方治理理论中，为了克服政府失灵与市场失灵引入了多元共治的理念，而政府和市场依然是两个对社会经济发展起着关键作用的因素，是治理的重要主体。以往我们在论述教育治理时，多讨论的是政府、学校和社会之间的关系，将市场的作用淡化或并入“社会”之中，这样的分析框架会忽视市场机制在治理中的重要作用。教育培养的人最终要进入劳动力市场，某些教育服务可以由市场主体来提供，不管是供给还是需求，教育与市场有着千丝万缕的联系，市场在治理中的作用不容忽视，应该把市场作为多元共治的重要主体。

在教育治理中，市场主体首先应起到引导和调整人才培养目标的作用。从教育的社会价值来说，必然要为所在国家或地区的经济社会发展服务，因而教育必须回应市场需求，从各级各类学校的人才培养目标开始，在教育教学中体现市场对劳动者素养和能力的要求。如前所述的各种人才培养核心素养清单，也源于教育对劳动力市场的回应。

同时，市场主体能够起到协调资源分配、补充教育供给的作用。在资源的供需方面，市场对于学生和家长的需求具有更强的敏锐性，也能够提供更充分、更多元的教育选择。一些发达国家通过市场方法为教育建立了选择机制，增加了教育供给。譬如美国自20世纪90年代开始，通过立法建立了由公共经费支持的“特许学校”，采取公校私营的形式，通常由民间机构或私营公司来运营，不仅为学生和家长提供了更多的学校选择权，也提升了公立教育系统的绩效水平。发放学券和教育券也是欧美国家采取的一种教育制度，政府把教育经费折算成有价证券发给家长，可用学券或教育券来支付不受学区限制的公立或私立学校的学费，这相当于一种政府购买服务，在宏观调控的同时给予家长更多的教育选择，也引入了某种竞争机制，为民办学校拓展了生存空间。

市场还可以为教育营造一个竞争性的发展环境，有利于激发教育主体的活力和创造性。市场主体具有更大的开放性和动态演化机制，在市场机制的激励和调节下，学校与学校之间、学校与机构之间会产生更多的竞争与合作行为，教育主体的互动有利于促进创新，提高系统的运转效率。而且，市场积极适应社会因素而变动，对人才培养不断提出新的需求，从而促成与之关联的教育系统的适应和演化，这种演变可以带来更具活力的教育。

可见，市场在教育治理中，可以起到提出人才培养需求、优化资源配置、打造教育多样性等多方面的调节作用，不能因为市场主体具有营利性或存在市场失灵的情况，就忽视其正面作用。当然，对市场化可能会造成的教育不公平现象也应持有适当的警惕。

综上所述，在多元治理的框架下，各方主体都有其自身独特的作用，政府应发挥元治理的主导作用，学校在法律框架下开展自治，更好地落实办学自主权，社会组织要提供专业化的支持，市场要进行多样化的调节，通过构建合理的制度机制，促进多元主体的有效协同，以形成更加科学有效的教育治理格局，产生推进教育发展的合力。

以上，我们系统论述了教育治理中政府、学校、社会组织和市场的作用，强调多元主体的参与，尊重了教育活动中不同层次利益相关者的合理主张，集中调和了各方的利益诉求，彰显了科学、民主、人道的现代精神。但治理并不是万能的，也存在着失效的可能。治理会受到各种复杂的深层次因素的影响和制约，多方参与的模式也可能造成互动过程本身对于社会资源的大量消耗，造成决策成本的增加和效率的降低。事实上，有效的治理应该建立在各方主体相互信任、取得某种共识和具备良好合作能力的基础之上，它是对于传统管理方式的必要补充。为此，提升教育治理能力的现代化水平，本身也包括何时何地选取并合理地应用治理方式和适当的治理工具，进行教育资源配置和教育决策的判断能力。

三、教育治理的政策性和技术性工具

在论述了教育治理体系中的治理主体及其相互关系之后，我们还需要考虑能够利用哪些治理工具，促进教育治理能力的现代化。传统上，政策性工具是政府实施各类宏观管理的抓手，对于开展教育治理也是有效工具之一。而利用现代信息技术推动数据治理，可以提高各类治理主体的治理能力，成为信息时代推进教育治理的有利条件。

（一）政策性工具的有效使用

关于教育政策，学者们给出了几种观点，比较全面的一种表述是：“教育政策是政党、政府等政治实体在一定历史时期，为了实现一定的教育目标和任务而协调教育的内外关系所规定的行动依据和准则。”①它是社会公共政策的一个分支，是政府对教育的权、责、利进行分配的有组织、有目的的动态过程。

我们从系统的角度关注教育政策的有效性，一看政策的内容和目标是否符合事物发展的基本规律，即是否体现了教育规律与政治需要的统一；二看政策的目标及其手段是否综合了相关主体的利益关系，考虑了系统各层次的协调互动和功能互补；三看政策的要求是否具有适应性和针对性，能够因地制宜地解决教育系统所面临的现实问题；四看政策的内容是否符合当前实际且具有一定的持续性，能够因时制宜地根据内外部条件和情况变化而进行动态调整、迭代改进。所以，教育治理中的政策性工具，不是以一系列教育政策文本总和为表征的管理规定或单一的静态的教育管理结构，而是一个符合教育内在规律和现实情况的制度性安排，是一个协调教育事务中各方利益关系平衡，保证各主体间持续互动和作用发挥的动态过程。在教育政策研制的过程中，也要强调多元治理主体的参与，以制度化的方式征询民意、集中民智，这样有利于教育政策对多种利益的整合，维护共识性利益和社会公共利益。

教育系统是一个复杂系统，教育问题涉及的因素也是多维度、多层次的，不仅是教育自身的问题，其根源往往是经济、社会方面的问题，难以通过单一的政策手段加以解决。因此，除了通常的行政性工具（包括行政命令、行政检查、督导评估、问责与奖惩等）的合理使用外，有效的教育政策工具必然是经济性工具、社会性工具的有机组合。经济性工具利用市场的供需调节和资源配置机制，能够提高教育活动的效率、增进社会生机活力。社会性工具吸纳社会力量和基层力量参与教育治理，将“顶层设计”与“问计于民”相结合，能够改善教育民主、促进教育公平。教育治理中政策性工具的使用，要注重包括行政性政策、经济性政策和社会性政策在内的各类政策性工具的相互匹配和有机结合。

① 孙绵涛.教育政策学［M］.北京：中国人民大学出版社，2010：17.

下面我们举一个例子，增进读者对于教育治理中使用政策性工具的认识和理解。

“双减”政策——对教育市场化的治理

2021年7月，中共中央办公厅、国务院办公厅印发了《关于进一步减轻义务教育阶段学生作业负担和校外培训负担的意见》(称为“双减”政策)，引起了家长的普遍关注，更是引起了教育培训行业的大地震。

此次政策的主题词依旧是“减负”，减轻义务教育阶段学生的学业负担，致力于强化学校教育主阵地作用，深化校外培训机构治理，构建教育良好生态，促进学生全面发展、健康成长。具体指向了学校和校外培训机构两大主体，对学校方面，要求减轻学生过重作业负担、明确教师职责、提升学校教育质量，并对学校课后服务时间、服务质量、服务渠道等提出明确要求。对校外培训机构，提出从严审批机构、严禁资本化运作、建立培训内容备案与监督制度、严控学科类培训机构开班时间、学科类收费纳入政府指导价等方面要求，对校外教育培训行为进行全面约束和规范。

此次“双减”政策，对学校和校外培训机构同时采取各有侧重的治理措施，实际上是兼顾校内校外、双管齐下、齐头并进的思路。一方面，对学校的教育教学服务提出了更高的要求，督促学生学习和教师教学回归校园主阵地；另一方面，对市场培训机构的培训资质、内容、方式、价格等各方面提出严格限制，致使其发展空间受限，遭遇“生存危机”。

政策的“减负”效果几乎是立竿见影，处于义务教育阶段的孩子们的课业负担显著变少，不仅学校老师布置的作业少了，而且不用参加课外学科培训了，自由支配的时间比之过去多了不少，下一步就是努力实现让孩子学会自主规划学习的目标，将获得的自主时间用来培养自身的兴趣爱好，发展自己的特长，培养全方位的素养和能力。这项政策除了政府、学校、校外培训机构外，还涉及一个重要的利益相关者——家长。政策的原意是缓解家长的经济负担，助力国家发布的“三孩政策”。但是，据笔者观察，对家长减负的作用还有待论证。表面上，家长因减少购买校外学科培训服务，可以节省一部分相关费用支出，实则让子女获得额外的优质教育资源的需求仍然存在，故市场上可能产生其他形式的“影子教育”，各种校外培训还会因市场供给的稀缺而导致价格上涨，且形式更加隐蔽，所以，某些家长的经济负担可能不减反增，培训的不确定性和风险也会增加。再则，“双减”后孩子的自主时间大大增多，子女的闲暇时光该如何陪伴？学校作业变少会不会影响学习效果？孩子能否适应义务教育阶段后陡增的学业压力和竞争……这一系列问题对当今普遍快节奏工作和生活的家长们造成了新的焦虑。

不过，当我们以系统观念从教育发展的背景和全局去审视这次“双减”政策出台的动因时，就会获得更深刻的认识。此次治理，实际上是对实行多年的“教育市场化”或称“单纯财政视角的教育改革”路线的矫治，代表了教育领域一度盛行的“效率优先、兼顾公平”发展观的转变，旨在帮助地方政府树立正确的教育政绩观，帮助学校树立正确的质量观，让教育恢复其应有的公共性、公平性和公益性，回归树人育人的本质。

自20世纪70年代，西方国家开始推行教育市场化或者准市场化改革，也影响了中国的教育改革进程。20世纪90年代，随着改革开放在社会各领域的深化，在全民经商的氛围中，我国的教育被市场迅速激活了。之后，校外培训机构开始快速生长，到2021年，全国面向中小学生的校外培训机构数量已基本与学校数量持平，几乎形成了国家教育体系之外的另一个教育体系。在资本力量的加持下，校外培训机构对学校教育造成的影响，已经超越了市场之于教育合理范围的补充和调节作用，也违背了教育的公益属性，给社会伦理和教育公平产生了负面效应。实际上，我国的教育市场化改革并没有给教育带来所期待的效率和公平，反而助长了某些企业和个人的逐利行为，引发了诸多社会矛盾和法律道德问题。

可以说，此次“双减”政策，是政府在当前的多元利益格局下，基于对教育市场化问题、教育公平问题系统思考后实施的一项关键的教育治理举措，政府在其中担当了最重要的元治理角色，推动政府、学校与市场关系的重构和教育生态的重塑。其中，提高地方政府和相关主体的政策执行能力，让政策得以落地并在实践中不断发展和完善，是眼下的当务之急。当然，还需要配套政策的系统设计，去解决可能产生的一系列后续问题，比如，预定的教学计划如何在有限的课时之内不打折扣地完成，中学后教育如何与义务阶段教育在教学安排和要求方面有效衔接，高质量要求之下如何吸引人才从事教师行业，如何帮助教育培训机构相关人员再就业，等等。

（二）技术性工具的合理运用

在信息时代的数字技术驱动下，数据成为新的生产和流通要素，数据驱动取代流程驱动，逐渐成为社会治理和商业创新的新动能。在教育领域，数据规模同样呈现快速增长趋势，海量的教育数据中蕴含了富有价值的信息，不仅是教育治理的对象，更成为创新治理理念、手段和模式的有效手段。除了政策性工具的使用外，教育治理的多元主体应重视数据在支持教育决策、改善教育管理、提高组织效能等方面的重要作用。在信息技术手段和教育大数据支撑下，合理运用数据治理这一技术性工具，成为相关主体开展教育治理的关键能力之一。

所谓数据治理，是指在数据管理策略指导下对业务流程和风险管理两方面数据的采集、存储、使用和控制的过程①。通过对数据进行有效的规划、使用和控制，既可以实现对数据这种无形资产的全生命周期管理，也能够成为提高机构决策水平和业务效率、降低内外部风险、赋能业务增长的积极手段。

---

① 张世明，彭雪峰，黄河笑．开放大学数据治理框架研究［J］．中国电化教育，2018（8）：116-126.

我国教育系统涉及的办学机构和师生人数众多，办学体量巨大，由此产生的海量教育教学数据和信息资源，对引入并推动数据治理提出了要求。数据治理拓展了治理的内容和手段，能够为政府、学校、社会组织和市场等多元主体提供更加透明化、更具参与性的信息交流平台与渠道，破除传统管理过程中信息不对称的问题，确保教育系统的相关治理主体及时知晓办学事务，并及时行使自身的治理权力，降低教育治理在观念、方法或既得利益上的“垄断”风险。各类主体在行使治理权力时，某些业务流可以提炼为数据流，而相应的事务处理过程可以转化为数字化的协同工作，让管理决策流程得以简化、优化，进而提升教育管理的效率和水平。

在数据治理的推进中，各教育主体应基于其在教育系统中的基本职能，发挥相互补充、各有侧重的作用，形成数据驱动的治理机制和“共建、共治、共享”的多元治理格局。教育行政主管部门要加强对于教育大数据，尤其是学校办学的基础性数据的宏观统筹管理，打造数据交流和信息共享的平台及机制，帮助各类治理主体之间建立起密切的联系，寻求相关主体间利益的最大公约数，提高其制定教育政策的科学性和民主性。学校应在观念、制度、业务流程及教学评价等层面构建并用好校园的数据信息平台，提高教师、学生、家长等人员借助数据参与学校治理的能力，从而增进学校教育服务的精准性。社会组织要培育其专业化的教育数据采集和分析能力，利用数字技术对教育数据进行深度整合、分析应用和价值挖掘，助力教育战略决策更科学、办学业务流转更高效。市场主体则要发挥其融入社会、信息获取及时且来源广泛的优势，加强教育数据与市场数据之间的流通与反馈，对人才培养方向和教育服务供需起到应有的辅助调节作用，助力教育的创新发展和适应性发展。

总之，数据治理工具的合理运用，能够促进教育治理中不同主体的目标协同和行动协同，让教育教学管理与决策逐渐向以数据为中心的扁平化、平台化、网格化转变，有助于建立因时、因地制宜的动态的多元共治模式，推动教育系统数据互通、全面协调与流程再造，进而实现全要素、各环节的数字化转型。

值得注意的是，在相关数据的测量、采集和使用过程中，要防范数据安全的问题以及对数据的误用误读，包括个人隐私与安全被侵犯、数据失真失效、数据分析时以偏概全、个体主观性的代入等等。因此，数据治理的合理运用，既需要现代信息技术和数理统计方法的支撑，更需要数据安全、监管等相关法律法规的完善，而其背后是唯物主义哲学、科技哲学、教育技术哲学层面的上位指引。

第三节　教育评价及其改革路向

教育评价是教育实践中的关键一环，是推进教育现代化、提高教育治理能力和水平的重要内容之一，在教育发展中具有全局性的导向作用。本节从教育评价与质量标准的基本概念出发，以系统观深化对教育评价复杂性和质量标准制定原则的认识。进而，关注我国当前教育评价所面临的“功利化”倾向等主要问题，通过系统分析厘清新时代教育评价改革的理论逻辑与现实逻辑。

一、教育评价与质量标准

在前文系统科学之于教育研究的价值一节中，我们已经提及教育评价的复杂性问题，这里，我们将对教育评价及其复杂性进行更为详细的阐述，并从系统观出发归纳教育质量标准的含义和研究要点。

（一）教育评价的复杂性

理解教育评价活动的复杂性，需要科学地认识教育评价这一概念。

1.教育评价的基本概念及发展历程

评价即评定价值，是一种特殊的人类活动，评价主体基于对客体属性、本质、规律等知识性认识，对客体能否满足并在何种程度上满足主体需要作出价值判断，通过价值判断从而表达人们对某事物的态度和情感。其本质是价值建构的认识过程和活动。

教育评价是评价主体根据一定的教育价值观或教育目标，运用可行的科学手段，通过系统地搜集信息资料和分析整理，对教育活动、教育过程和教育结果是否满足社会与个体需要而进行价值判断的过程。教育评价有以下特点：首先，教育评价是一个有一定程序和系统活动的过程；第二，教育评价以对评价对象的某些状态、特征、功能和效果进行价值判断为核心；第三，教育评价以科学的评价方法、技术为手段，以事实（客观性）描述或测量为基础；第四，教育评价以一定的教育目标或教育价值观为依据，受到评价主体观念和价值倾向的制约，是具有一定主观性的评判；第五，教育评价的最终目的在于不断完善评价对象的行为，提高教育质量，服务教育决策。

教育评价活动古来有之，最具代表性的就是我国古代自隋唐开始延续至清朝末年的科举制度。科举制度通过考试（论文式测验）为主、荐举为辅的方式为国家选拔人才，一般认为，人类历史上的考试制度和学校教育评价的思想即起源于我国。

科学化的教育评价活动则经历了漫长的发展过程。现代教育评价理论是在20世纪30年代发展起来的，在此之前，西方国家基于实验心理学和数理统计学建立了教育测量理论，20世纪初，在美国心理学家桑代克（Edward Lee Thorndike）等人的推动下，崇尚客观性、标准化量表测验的教育测量运动（或称教育测验运动）在欧美国家乃至世界范围内兴起。到了20世纪30年代，教育测量运动因其对于测量工作复杂性以及测量对象主体性考虑方面的缺失而受到批判。1933—1940年，美国教育学家泰勒（Ralph W. Tyler）开展了对教育评价影响深远的“八年研究”，初步形成了现代教育评价的思想体系。泰勒及其团队在研究过程中提出了一套考查教育成绩的指导思想和方法，将教育评价同教育目标紧密联系起来，设计了考查学生创造性与逻辑思维及问题解决能力的“问题情境测验”方法，强化了学生的自评、互评及对学生成绩的分析和针对性指导。此后，教育评价理论得到进一步发展。二战后，在系统论、控制论和信息论等系统科学理论和方法的影响下，教育评价基础理论不断深化和扩展，评价实践也日趋专业化、多样化。现在，教育评价已经发展为教育科学研究的重要领域，有的学者将其作为一门相对独立的学科——教育评价学加以研究。

按照不同的划分方式，教育评价可以分为多种类型。如按照评价的内容划分，教育评价可分为条件评价、过程评价、成果/产品评价等；按照评价的时间阶段划分，可分为替代性/可行性评价、形成性评价、总结性/终结性评价；按照评价主体划分，可分为自我评价、外部评价；按照评价的方法划分，可分为定量评价、定性评价；按照评价的功能划分，可分为认证性评价、选拔性评价和监测性/诊断性评价等。

在具体的应用场景中，对于不同评价对象，教育评价一般可表述为相关的同义词：“评定”——对学生个体的评价，如学业评定；“考评”——对教师或教育管理人员等的评价，如绩效考评、年度考评；“评估”——对教育机构或教育水平、方案等的评价，如办学评估、学位项目评估。教育评价则更具综合性和抽象意义，一般适用于对教育系统总体发展情况的衡量。

2.教育评价活动的复杂性

教育系统是具有多要素、多层次的复杂系统。教育评价本身也是一种教育实践活动，过去将其当作教学过程终结之后的一个环节，或独立于教学过程之上的活动；而今，教育评价开始成为教与学过程之中的一部分，与教学、学习一起构成了三位一体的教育实践活动。

教育评价的主体和对象是多元的，关涉不同群体、机构和个人，学科、专业、课程和教学过程，受多重主客观因素的影响；教育评价的方法和手段也是多样的，一般强调定性与定量相结合、主观与客观相统一，教育评价体系内部各要素之间具有多重相互作用，评价活动也受到外部环境变化的影响，使得评价主体的价值观和评价目的变得多元化、复杂化，这些都构成了教育评价体系的复杂性。因而，从系统观的角度，主张采取开放、多元、动态、发展的价值观来进行教育评价，构建多要素组成的教育系统评价模型，强调在把握各组成要素特性的基础上，借助模糊数学、演化方程等分析工具，形成对系统的整体性评价，使之更契合教育系统及其评价活动的复杂性本质。

以学生的学业成就评价为例。随着20世纪以来教育测量理论及方法的成熟，基于心理测量学的“标准化测试”逐步成为学生学业成就评价的主流。标准化测试以其公正无偏的评价标准和评价过程、可供大规模横向比较的评价结果，成为高等院校或教育机构选拔学生、对学生学业水平进行检验和认定的有效工具，其对于教育评价发展史和国家各级各类人才选拔的积极意义毋庸置疑。然而，在以系统观审视这种评价方式时，可以发现在其采用量化的技术标准而彰显的科学性背后，有着与“促进人的全面发展”教育根本目的相背离的消极因素，包括评价的单一导向性（应试能力）、确定性（明确的分值）、静态性（某一时间节点的成绩）等方面。

实际上，教育过程是动态的、非线性的，教育评价具有不确定性，尤其是对于学生学业成就的评价，难以通过某项特定标准或测量手段来精确地评估。一张试卷只代表学生测试之时对于试题相关知识的掌握程度，一次考试成绩只能反映出受试群体的小部分特质或特征。标准化测试在统计学上能够将学生群体加以区分，起到了社会分流的作用。但正如气象学预测中可能发生的蝴蝶效应，对个体而言，某次考试成绩会受到多种随机因素的影响，往往难以检验出学生的真实水平，更无法代表学生全面发展或个性化发展的实际程度以及未来发展的潜质。因此，我们提倡在教育评价中引入非线性、发展性的测量要素，在标准化测试的传统手段之外，采取多元主体参与的过程性、增值性等评价方式，更好地体现评价主体与客体间的相互作用，降低“一次性”学业评价中随机因素的影响，实现学生自我成长与发展的纵向比较，从而提升教育评价的全面性、系统性和人本性。

（二）教育质量标准及其系统观点

评价是一种价值判断，这种判断结果要保持一定时间和空间上的一致性，也就是说能够在特定范围内普遍应用且可以在一段时间内重复使用，需要依据明确的衡量准则，即各类评价体系中的核心要素——评价标准。评价标准可定义为人们在评价活动中应用于对象的价值尺度和界限[①]，往往以规范性文件的方式加以体现。在教育评价体系中，评价标准是教育测量的量表和尺度[②]，可以说代表了具化的教育目标，是教育评价中的主要内容，对教育评价活动起着关键的引领作用。所谓“质量为王，标准先行”，教育质量标准是对于教育质量，即教育水平高低和效果优劣程度的衡量，成为教育评价工作中的核心概念。

1.教育质量标准的概念与分类

教育质量标准是对于教育质量，即教育水平高低和效果优劣程度的衡量。质量标准概念来源于生产领域，指特定机构制定以保证产品生产、检验和评定质量的一系列依据，不仅包括与生产相关的技术事项所参照的各项技术标准，还包括需要协调统一的管理和工作事项所依据的管理标准与工作标准。同样地，教育质量标准是为实现既定的教育方针和人才培养目标而构建的，评定教学、科研、管理、服务等办学活动质量的一系列依据。

① 刘新建.系统评价学［M］.北京：中国科学技术出版社，2006：49.

② 陈玉琨.教学评价学［M］.北京：人民教育出版社，1999：43.

教育质量标准的选取与评价主体所持有的质量观密切相关。目前，比较主流的教育质量观有：发展性质量观、适应性质量观、多元质量观、特色质量观等，这些质量观并非相互排斥或独立，而是对质量的侧重点有所不同。多元质量观归因于社会需求、服务对象、办学条件和人才培养模式的多元，是各国专家、学者对教育质量概念的共识。特色质量观体现了社会多元需求下特色化办学的需要，考虑了多样化人才培养的需要，强调避免用统一的尺度来衡量教育质量。对于发展性质量观和适应性质量观，一个涉及时间上的动态概念，一个涉及空间中个体与环境的关系，两者在陈玉琨的观点中得到了统一。他将适应性质量观归纳为“内适质量、外适质量及个适质量”三种类型，提出包含“政府满意与人民满意、当前发展与长远发展、绝对水平与相对提高”等三项内涵的发展性教育质量观。可见，发展和适应都以选择的参照系为基础，在一定的时空范畴和参照系之下，发展性质量观与适应性质量观互为质量保障的目标与手段。教育评价中的质量标准就是以特定的质量观为基础的、衡量教育教学水平及其功效实现程度的准则，一般体现为一系列的定量和（或）定性指标。

按照实施范围，质量标准可分为国际标准、区域标准、国家标准、地方标准和机构（院校）标准。

就一所学校来说，质量标准可以根据办学要素，分为校园基础设施、教学设备配置、教学经费投入等“硬件”标准和教师专业水平、学生品德和学业水平等“软件”标准；按照标准作用对象的性质和范围，可以分为办学基本条件、学科/专业设置要求等通用类标准和课程开发与建设、教学资源建设等专用类标准。国际标准化组织（International Organization for Standardization，ISO）是目前全球最具影响的国际标准制定者，组织协调世界范围内绝大部分领域（行业）的标准化活动。ISO形成的国际协议作为国际标准出版，为国与国之间开展相关合作交流提供了平台。ISO在教育领域发布的ISO 21001国际教育组织管理体系、ISO 29990职业教育质量管理标准等，都是我国教育参与国际竞争的有益参照系。除此之外，经合组织、世界银行、联合国教科文组织等都是国际教育质量标准的研制者，如经合组织（OECD）教育发展指标体系，其采用的CIPP模式，即背景（Context）—投入（Input）—过程（Process）—产出（Product）评价模式，对于各国的教育质量评价产生了重要影响。在区域标准方面，欧盟发布的教育质量标准，如《终身学习核心素养：欧洲参考框架》，成为除欧盟以外很多国家学习者个体能力发展标准的重要参照。

英、美等发达国家在国家教育质量标准研制方面走在世界前列。英国先后发布的高等教育质量标准体系：《学术基本规范体系》（Academic Infrastructure）、高等教育质量准则（Quality Code for Higher Education），是其2000年以来高等教育内部质量保障和外部质量监管的直接依据。美国于2007年制定的在线教育质量全国标准（简称“iNACOL标准”），2019年发布包括在线教育项目、课程与教学三个维度的新的K—12阶段在线教育质量全国标准，均成为美国基础教育学段在线教育质量保证和系统评估的基准。

我国把提高教育质量作为教育发展的核心任务，在《国家中长期教育改革和发展规划纲要（2010—2020年）》中提出要制定教育质量国家标准，建立健全教育质量保障体系，表明了质量标准对于各级各类教育高质量发展的重要性。2018年，我国教育部发布《普通高等学校本科专业类教学质量国家标准》，这是我国向世界发布的第一个高等教育教学质量国家标准，对建设中国特色、世界水平的高等教育质量标准体系具有标志性意义。

2.教育质量标准的制定原则

由上可知，教育质量是一个多维度、多层次的概念，有着丰富的内涵。国际上，制定教育质量标准的基本原则可以归纳为：目标性原则、公平性原则、清晰性原则、灵活性原则和系统性原则，而系统性原则可以用来协调以上诸原则，对于引导教育质量标准的研制工作有着特殊意义。这里就教育质量标准研制中所涉及的系统观点予以进一步阐释。

在质量标准的研究中，系统性可以具体体现为适应性、层次性、发展性和协同性。首先，从系统与环境的关系看，教育系统是社会大系统中的一员，教育发展服务于国家及地方战略和经济社会发展，教育质量标准研制必须主动对接当地政治、经济、社会、文化发展需要，体现其目标指向性和环境适应度，即标准要因地制宜，符合国情、地情、校情。

其二，从系统内部结构看，教育系统包含了多个层级、不同类别的教育类型，对于具体的教育类型来说，其质量标准的研制不是孤立的，而要考虑各级各类教育之间的纵向衔接和横向沟通，即质量标准既要体现此种教育的独特定位与功能，又要具有人才培养阶段的前后一致性和培养内容的相互关联性，使得学习者在教育体系中能够获得持续的、累积的学业成就。

其三，从系统的演化特征看，教育质量标准的研制工作不是一劳永逸的，而是应根据时代发展之需要进行调整，彰显其时代性和前瞻性，要发挥标准的持续改进作用，通过评价—反馈—改进的循环，推动教育质量的不断提升。

最后，从系统的诸要素关系看，教育质量标准要突出协同性，这种协同包括多个评价主体的协同、不同评价方式的协同、总体评价与局部评价的协同、评价过程与评价结果的协同，以及标准研制公平性、清晰性、灵活性等各项要求的协同。

二、教育评价改革的理论与现实逻辑

2020年，中共中央、国务院印发《深化新时代教育评价改革总体方案》，这是中华人民共和国成立以来首次出台的关于教育评价领域改革的文件。该文件开篇明义，第一句就指出教育评价的重要意义：“教育评价事关教育发展方向，有什么样的评价指挥棒，就有什么样的办学导向。”文件特别强调要增强教育评价改革的系统性、整体性、协同性。下面从系统观出发，梳理教育评价理论的演进与我国教育实践的现实需求，以增进对此次教育评价改革核心要义的理解。

（一）教育评价改革的理论逻辑

开放系统总是处于动态演化之中，在理解当前教育评价改革的理论基础时，需要关注教育评价理论的缘起和发展过程。如前所述，现代教育评价理论源于19世纪，一般认为其发展至今经历了四个阶段。

第一阶段是19世纪中叶至20世纪30年代的“心理测验时期”，以教育测量学为基础，通过考试和测验，对学生的知识掌握情况予以定量化、标准化的评价。

第二阶段是20世纪30至50年代的“目标中心时期”，泰勒提出了以教育目标为核心的教育评价原理/模式（即行为目标模式），教育评价的重点是描述教育目标的达成情况，形成了教育评价区别于教育测量的专门研究领域。

第三阶段是20世纪50至70年代的“标准研制时期”，以布鲁姆为代表的教育家提出了对教育目标进行评价的问题，教育评价开始将价值判断作为基本活动，认为完整的评价模式由描述与判断构成。

20世纪80年代，教育评价发展到第四阶段，即“结果认同时期”。美国学者古巴（Egon G.Guba）和林肯（Yvonn S.Lincoln）对前三代教育评价的管理主义和实证科学主义倾向进行了反思与批判，提出了基于建构主义方法论、以价值协商和结果认同为特征的第四代教育评价理论。第四代教育评价理论关注评价过程中的多元价值诉求和教育评价的复杂性，重视评价对个体发展和群体心理的建构作用，强调教育评价的内容应调整为情境关联，教育评价的方式应采取质性与量化相统一；同时应建立教育评价的问责体系与申诉机制，增强评价各方的责任感与道德感。

教育评价理论的发展，本身即是教育评价实践不断适应于教育发展状况和系统外部社会文化环境的过程。第一代教育评价理论在教育心理学和教育测量学的影响下，采取统一、量化的评价观，在当时学生学业评价的科学量化水平较低的情况下，是教育评价开始具有客观性与可比性的一大进步。第二代教育评价理论产生于20世纪上半叶，与系统论、控制论的出现是同一时期，泰勒强调将教育目标贯穿于教学计划与实施的全过程，体现了关注演化过程、目标与程序控制的系统思想，泰勒原理至今仍是课程开发与研究的基础框架。随着二战后经济发展水平的快速提升，教育服务国家和社会的效能被强化，第三代教育评价理论不仅关注教育目标的多元性和层次性，而且强调教育服务于决策的价值理性思维。第四代教育评价理论倡导多元价值观，采用价值协商的评价范式，主张多元评价主体的参与，体现了普遍关联、相互协同的系统观，也体现了当代的人本主义思想。

在我国，现代教育评价始于引进和传播西方的教育评价理论，并尝试进行了本土化、专业化、创造性的探索研究。其中华人民共和国成立以来的发展大致可分为三个阶段：1949—1977年的间续发展阶段、1977—1985年的理论积累阶段和1985年之后的持续发展阶段。1977年之前，种种原因导致我国的教育评价理论研究时断时续，在中国高考制度恢复后，由于社会大局的稳定、教育发展方向的明晰，我国教育评价理论的研究得到持续的推进，起步晚却起点高、发展快，体现了“后发外启型”现代化模式的优势。20世纪90年代，第四代教育评价理论引入了我国，对我国教育理论与实践产生了深远影响，不仅推动了我国教育评价理论的本土化研究，也对我国高等院校教学评估、教师评价及学生评价等实践起到了积极的引领和推动作用。2003年，在以中国特色教育评价理论为核心构建学科体系的基础上，教育部启动了全国范围的教学工作水平周期性评估。2018年，全国教育大会的召开吹响了新时代教育评价系统改革的号角，我国教育评价进入全面推进与系统研究阶段。

在我国2020年开启的新时代教育评价改革中，充分汲取了第四代教育评价理论的建构主义理念和近年来我国教育评价理论研究的共识性成果，提出“针对不同主体和不同学段、不同类型教育特点”的教育评价分类设计原则，倡导评价主体的多元化——构建政府、学校、社会等多元参与的评价体系，评价方式的多样性与灵活性——改进结果评价，强化过程评价，探索增值评价，健全综合评价，强调教育评价的“导向、鉴定、诊断、调控和改进”综合功能，对党委和政府教育工作评价、学校评价、教师评价、学生评价、用人评价等各维度的评价改革提出具体要求，形成了一套契合时代特征和我国国情的教育评价改革总体思路与制度框架。

（二）教育评价改革的现实逻辑

受到实证主义范式的影响，在我国以往的教育评价实践中，一度突出客观性、确定性的评价方式，而忽略了教育评价的复杂性及其固有的价值介入属性，在其科学化表象的背后，往往呈现出迷信数字和指标的简单化倾向，沦为了“一种数据化或技术化实践”。比如学生评价主要看考试分数，学校评价主要看升学率、毕业率，教师评价主要看论文数、项目数、课题经费和人才称号，社会用人则看学位、文凭、毕业院校、国（境）外学习经历等，这样的导向致使教育评价实践中人的主体性缺失，数据和指标评价所定位的“名誉”和“利益”，也带来了教育的功利化和短视倾向。

在这样的评价导向下，不知不觉中，学校已经偏离了立德树人的根本任务，教师没有努力践行教书育人的使命，知识分子的科研活动也不再符合原本的规律和目标。现实中这样的现象屡见不鲜：学生们为了追求高分而大搞题海战术，消磨了与生俱来的好奇心、求知欲和创造力，甚至对身心健康造成负面影响；学校为了追求拿得出手的办学“成绩单”，注重的不是学生综合素质的培养，而是对其知识记忆和应试能力的强化；教师们为了追求职称和职务的晋升，工作重心不再是认真备课、上课、教导学生、钻研教材与教法，而是多发表科研论文、多争取获批科研项目和评选各种称号、奖励……这些现象表明，完全基于“数据和指标”的教育评价指挥棒可能导错了方向，既不符合教育的本质，也阻碍了国家教育事业的发展，教育评价改革迫在眉睫。

针对于此，《深化新时代教育评价改革总体方案》开篇即提出“扭转不科学的教育评价导向，坚决克服唯分数、唯升学、唯文凭、唯论文、唯帽子的顽瘴痼疾”，表明教育评价改革以问题为导向的现实逻辑，以突破“五唯”主要障碍为出发点，旨在引领教育评价回归育人本质。在对各类评价对象的改革任务中，不仅要破除和改变不合理的评价内容与观念，而是采取“破”“立”并举的思路，在否定单一量化标准的同时，引入多层次多维度的评价内容和发展性综合性的评价观，其背后则是“为党育人、为国育才”的教育发展观、“德智体美劳全面发展”的人才成长观以及“以品德和能力为导向”的选人用人观。

三、教育评价改革的行动策略

教育评价改革是一项系统工程，其中涉及的“破旧立新”任务绝不是一蹴而就、短时间内可以完成的，既要延续以往教育评价中的科学模式、有益经验和成熟做法，也要改变之前评价中阻碍学生和教师发展、不利于教育现代化和科技创新的不合理成分，其间还有评价标准和评价方式、规范性制度、共识性行动等关键问题需要统合研究、协调与解决。

（一）评价标准和方式的多元化导向

在教育评价的标准和方式上，破“五唯”并不意味着要抛弃以客观数据或技术指标为表征的量化评价手段，而是要改变“唯一”的同质化、片面性的衡量标准，在利益相关方的参与下确立定性与定量相结合、宏观与微观相统一的多元评价标准，注重科学性、发展性、增值性和综合性评价，在评价中突出特色、质量、实绩与贡献。

随着教育综合改革的推进，我国教育部已在2020年底组织专家对2015年发布的《中国教育监测与评价统计指标体系》进行了修订和完善，发布《中国教育监测与评价统计指标体系（2020年版）》，保留了36项原有指标，修订整合50项指标，新增34项指标，形成了一套既体现国际通用性和可持续发展要求、又反映我国教育事业发展实际状况的新版教育评价指标体系。

在新时代教育评价的系统性改革中，义务教育评价改革奋勇当先。2021年，教育部等六部门印发《义务教育质量评价指南》，旨在切实扭转不科学的“唯分数”“唯升学”教育评价导向，促进义务教育内涵发展和质量提升。义务教育质量评价内容包括县域、学校、学生三个层面，评价的核心标准则是学生品德发展、学业发展、身心发展、审美素养、劳动与社会实践发展的综合状况、质量水平及变化情况，呼应了学生德智体美劳五育并举、全面发展的要求；评价方式上强调主体多元、方式多样、因地制宜、科学有效，注重将结果评价与增值评价相结合、综合评价与特色评价相结合、自我评价与外部评价相结合、线上评价与线下评价相结合。

面向新趋势新要求的高等教育评价改革也在同步积极推进。2021年，教育部印发《普通高等学校本科教育教学审核评估实施方案（2021—2025年）》，以“立德树人”成效为根本标准，对不同层次不同类型高校实施分类评价，综合运用互联网、大数据、人工智能等信息技术手段实施精准监测，采取线上与入校结合、定性与定量结合、明察与暗访结合等方式，改进本科教育教学评估。同年，教育部、财政部、国家发展改革委印发《“双一流”建设成效评价办法（试行）》，以构建中国特色高等教育评价体系、促进高等教育内涵式发展为目标，对接国际先进理念，完善评价体系与方法，突出多主体、综合性评价及常态化监测、迭代式改进，将有力推进世界一流大学和一流学科建设。

实际上，教育评价改革所主张的多元化评价方案，对教育监测手段和相关主体的评价能力提出了更高要求。教育评价中需要涵盖的内容维度更多，不仅要相互衔接、内在统一，更要突出重点、有的放矢；对于某些比较抽象的“特色”“服务”“贡献”等评价重点，在不同的教育评价对象和评价活动中如何合理地确定其评价标准、评价方式以及各项评价指标所占的比重，使之不违背科学性、客观性、系统性、一致性等原则，获得相对公正、合理的评价结果，是需要深入考量的问题。

（二）评价制度的体系化设计

在教育评价的规范性制度建设方面，现行改革中存在多重制度化困境，包括政策抽象、规则缺位、“合法性”不足和路径依赖等。为此，需要树立系统性改革思维，充分考虑教育评价改革的复杂性特征，从制度的整体性、协同性和体系化设计入手，重构教育评价的制度结构与演化逻辑，才能取得改革效益的最大化。

首先，依据教育评价分类设计原则，针对不同主体和不同学段、不同类型的教育，建立分层分类的评价规范体系，既要突出评价对象的特点，又要围绕立德树人这一根本任务，体现评价功能和评价原则的有机统一，做到制度的上下衔接、左右配套，寻求教育评价政策在实操性、稳定性与灵活性上的平衡。

其二，加强正式和非正式的制度供给，以高质量发展目标为着眼点，将强约束和软约束相结合，在制度之间形成协同支撑、互动耦合的效应，既要在教育评价的关键要素和环节上落实一致性标准和原则，又要针对不同评价对象给予个性化发展空间，确保教育水平达到基准的同时，激励高水平成果的产出和卓越人才的培育。

其三，注重要素之间的统合性及对外部环境的适应性，通过整合强制性和诱致性变迁要素，及时调整制度体系的结构及其功能，促使制度变迁的方向与社会发展需求和文化意识形态的变化相适应，从政府到民众、从执行层到决策层，形成自上而下、自下而上的遵从新的教育评价制度规范的双向合力。其间，需要积极营造支持、促进教育评价改革的社会环境和舆论氛围，也需要尽量减少评价本身对于正常教育教学活动的干预，以形成有利于改革目标达成的群体性观念和自发性共识。

（三）评价行动的多主体协同

制度会以一定的组织运行机制作用于相关主体，制度的效用最终需要人的积极作为才能得以发挥，所以，要注重共同的价值目标引领下集体行动与个体行动之间的有效协同，形成基层或个体推动教育评价改革的同向合力和行为自觉。落实到具体行动层面应注意以下四点。

一要以权责划分为重点，厘清教育评价所涉多元主体的角色及其在评价中的权责边界，明确各主体发挥作用的范围与具体方式，促成主体间相互作用关系的动态平衡。尤其需要重点关注教师、学生、市场第三方机构等相对弱势的评价主体，培育其参与教育评价的专业性和主动性，以其专业化的承诺和行动，提升其在教育评价中的影响力和话语权。

二要以评价过程为抓手，通过制度规则去规范各主体在教育评价中的行为。一方面要建立利益协同与矛盾协调机制，细化利益分配原则及方式方法，促成主体间的相互合作与互利共赢；另一方面要培育相关主体的思想自觉和行动自觉，通过规则的他律和行为的自律，保障评价过程、程序的公平和透明，严防改革中的利益“寻租”“搭便车”等行为，如此才能确保改革方向的不偏离和评价成本收益结构的不断优化。

三要以评价结果为导向，形成一个良性的质量评价反馈的闭环系统。将制度发挥作用的生命周期和与之相关的多元主体效用加以有效地融合，通过评价结果的正反馈去强化科学的评价观和评价方案，通过评价结果的负反馈对不合理的评价内容和方法予以纠偏，从而不断地强化、修正和迭代基层或个体的教育理性行为，真正推动教育评价活动实现以学生成长为中心的价值取向。

四要用好信息技术工具。教育评价最基本、也最烦琐的工作是信息的收集、处理和分析，其中既包括反映教育教学质量的量化数据，也包括一些质性数据。大型数据库、网络和通信等现代信息技术的应用，使信息来源渠道越来越广泛，获得的信息量越来越大，而信息的分析却更加便捷高效。随着我国教育信息化的推进，各级各类教育逐步建立起搜集、汇总相关数据信息的数据库。比如基础教育方面，由中国人民大学中国调查与数据中心（NSRC）设计与实施的中国教育追踪调查（CEPS）项目，在全国范围内抽取约2万名学生作为调查样本，对包括学生、家长、教师及校领导在内的调查对象持续开展信息搜集，为相关研究和政策制定提供具有全国代表性的多层次基础数据支持。高等教育方面，则由教育部建立了全国高校本科教学基本状态数据库系统，在国家层面完善了监测评价体系，通过对各高校教学状态的宏观数据（包括学校、院系、专业、师资队伍、学生、教育教学、科研等统计数据）进行定期采集与发布，实现了政府对高校办学状况的信息化管理、常态监控和辅助教学评估，也有利于社会对高校办学质量进行监督。对于办学机构而言，这些已有项目和数据库可以为其提供自我诊断的技术框架，帮助其更为准确地了解自身的教学状态，建立健全内部教学质量保证体系，进一步推进智能化、信息化的质量管理与评价。

第四章　系统观念下教育现代化的理念、目标和路径

我国社会发展目标是到21世纪中叶建成“富强民主文明和谐美丽的社会主义现代化强国”，教育是最重要的民生，教育现代化是社会现代化的组成部分，社会主义现代化强国包含了教育强国和教育现代化的内涵。党的十九大报告指出：“建设教育强国是中华民族伟大复兴的基础工程，必须把教育事业放在优先位置，深化教育改革，加快教育现代化，办好人民满意的教育。”教育现代化是我国现阶段教育发展的本质性要求，也是新时代背景下对各类教育发展目标与思路的重要概括。本章聚焦教育现代化，从系统观念出发，对什么是教育现代化、为什么要强调教育现代化、如何加快实现教育现代化等问题进行论述。

第一节　对教育现代化的基本认识

在原始社会，教育尚未成为一种专门的社会活动，它与集体生产、劳动和生活实践同时进行，主要以口耳相传和观察模仿为手段。此时的教育是集体的、公共的，具有社会性、无阶级性、开放性和灵活性。到了奴隶社会，教育从社会生产生活中分化出来，脱离了原始的自然状态，学校教育开始出现并成为奴隶主贵族阶级的特权。其时的教育具有鲜明的阶级特征，从入学机会和教育内容上讲，几乎是全封闭的状态。在封建社会，学校教育体制趋于完备，随着社会分工的多元化，教育功能也有所拓展，在阶级性的基础上，突出了严格的等级性或浓厚的宗教性，虽然对社会生产和文化传播有促进作用，归根结底却是统治阶级维护自身统治的工具。这种状况一直持续到文艺复兴特别是工业革命之后，伴随着人类社会走向现代化的变迁过程，教育打破了奴隶社会和封建社会的封闭局面，重新走向社会大众，融入社会生产和生活之中，并逐渐回归服务个人发展的价值追求，继而开启了教育现代化的进程。

一、教育现代化的理论观点

教育现代化在教育发展理论中一直占据着主导地位，是社会现代化理论在教育领域中的运用。自邓小平同志1983年提出“教育要面向现代化，面向世界，面向未来”，40多年来关于教育现代化的研究一直在持续，学者们对“什么是教育现代化”提出了一系列理论观点。

顾明远认为教育现代化是“一个历史发展过程”，是传统教育转化为现代教育的过程，其内容包括教育思想、教育制度、教育内容、教育方法、教育体系等方面的现代化。张人杰提出，教育现代化是使教育从传统迈向现代，要以“三个面向”为指导思想，改变旧的思想、制度、内容、方法和管理等，使教育和受教育者适应社会主义现代化建设的需要，与现代社会的发展同步。冯增俊认为，教育现代化是一个推进教育从旧模式向新模式演变的长期的、循环递进的历史进程，以推进现代经济增长的工业化核心目标为其使命，致力于寻求教育与社会发展的最大适切性和最佳效益。邬志辉提出，教育现代化的方法论基础是类型学的二分法，其分析框架主要是“传统教育”与“现代教育”相对立的范型，在此框架下，教育现代化即由传统社会教育向现代社会教育转变的过程。褚宏启认为，教育现代化是与教育形态的不断变迁相适应的教育现代性不断增长的过程，其本质是“教育现代性的增长”，应以教育现代性为逻辑起点评价教育现代化，更多地关注培养人的目标和过程是否具备现代精神。从上述观点可见，教育现代化是一个动态的概念，不管是从传统向现代的转变，还是从旧模式到新模式的演变，抑或是教育现代性的增长，教育现代化都是一个变化的过程，代表了教育系统从此状态向彼状态的改变。

一度有学者将教育现代化等同于西方化，认为所谓的教育现代化就是西方教育模式在发展中国家的传播和扩张，是西方殖民主义文化霸权的体现。对于这样的论调笔者并不认同。正如市场经济可以在不同社会制度下存在，我国的经济部门与产业结构呈现的正是社会主义市场经济体系的现代化特征，包括积极应用科学技术、生产劳动力的高度专业化与非个人市场之间的相互依赖、大规模的财政活动和经济决策的集中化、物质生活水平的不断提高等。现代教育制度也并非西方社会制度下独有的产物。经济基础决定上层建筑。教育现代化之所以发生，其驱动力是时代变迁和社会进步，是社会生产力发展带来的生产关系的变化，引致了教育这种特殊的人类社会活动也发生变化，教育现代化的目的是适应生产关系的变化，促使教育向着更高效率、更加公平的状态转变，并反过来推动社会的发展和进步。

从系统演化的视角，我们认为，教育现代化是一种对于社会生产力驱动下教育系统发展方向的动态的、适应性的描述，如果社会系统朝着现代化的方向进化，那么教育作为子系统，也将在社会大环境的影响和系统内部要素的相互作用下，朝着现代性增长的方向发展，从量变到质变，达成一种新的稳定、有序的状态（系统的耗散结构），并对环境施加影响，形成推动经济基础发展的反作用力。但是，系统演化的具体路径不是一成不变的，我们既不否认教育现代化可能具有多元的教育现代性特征，也不主张这样的现代性同过去的教育传统存在截然不同的分水岭。也就是说，在教育现代化的进程中，各国应努力探索适合自身国情的教育现代化发展模式，以“拿来主义”精神学习和借鉴发达国家和地区的现代化建设经验，而非全盘照抄西方的某种教育模式；同时，理性看待本国教育的传统，现代教育和传统教育是对立统一的，要继承和发扬本国教育传统中先进的教育思想、内容与方法，放弃和改变那些落后的、不符合现代精神的教育观及旧模式。

简言之，教育现代化分析框架以社会进化论为其理论预设，教育现代化既是目标，也是手段，既是方法，也是过程，在社会生产力的驱动下，教育不仅需要满足现代社会发展对人力资源提出的要求，还需回应与社会现代化相适应的人的现代化之诉求，即教育需要不断变革以适应社会现代化的进程。在此过程中，教育系统通过调整其各方面的内容要素和结构要素，更好地适应并服务于时代变迁和社会发展的需要，使得教育的现代性不断增长，而教育现代化的最终落脚点是通过实施更加合理、适需的教育，培养更加现代化的国民，从而促进社会的现代化。

二、教育现代化的阶段性特征

教育系统是社会大系统的子系统，从之前的分析可知，教育现代化因应社会现代化而产生和发展，因而，适应于不同的社会发展阶段，以社会现代化的特征为依据，从工业社会到信息社会，教育现代化也呈现出不同的阶段性特征。

（一）工业社会和信息社会的教育现代化

现代化伴随现代社会而生，按照人类历史时期的划分，指的是于公元16世纪从农业社会向工业社会的转型，故现代社会始于通常所说的工业社会，以大工业、社会化生产以及市场经济为基础。工业革命之后，机器生产替代了个体性、简单性和体力性的人工劳动，人们依靠能源、技术和机器从事大规模的商品生产，在社会化分工和市场经济条件下，生产要素配置效率显著提高，生产力大为提升，经济上以商品化、市场化为特点；文艺复兴、宗教改革和欧洲的启蒙运动，促使社会意识形态和政治体制发生变化，政治上走向民主化和法治化，思想上越来越崇尚科学和理性，总之，社会开始呈现“工业化、市场化、城市化、民主化、科层化、法治化、科学化”等现代化特征。此时，教育的任务可以归结为增长各领域劳动者的专业知识、发展科学技术和生产力、培养适应社会管理秩序的现代公民，与此对应，教育现代化特征表现为理性化、生产性、民主性、法治性等。

从系统全局来看，工业社会的教育现代化崇尚科学理性、民主和法治精神，强调人才培养为提高社会生产力、推动社会现代化而服务，是较之以往的巨大进步。然而，教育系统的现代化转变，无论是在地区分布上、还是要素构成上，并没有实现全面的、全方位的现代化。到了20世纪中后期，人类开始步入信息社会，又称知识经济社会，理论知识和信息处于社会活动的中心地位，教育现代化的典型特征转变为信息化、国际化以及人道性。信息（包括知识）的生产和传播方式、速度等发生了革命性变化，教育信息化是应对这种变化的必然要求。值得一提的是，虽然信息化是当前教育现代化的重要特征之一，然而如果把教育现代化简单理解为现代信息技术在教育活动中的广泛应用，这种观点显然是对教育现代化概念的片面、窄化的理解，信息技术是提高教育效率、创新教育形式、改变教育生态的重要手段，然而信息技术应用不是教育现代化的直接目的，技术的使用必须服从于教育的宗旨，遵从培养人、解放人、发展人的根本目标，做到适需、适度、适量。教育国际化则是经济、政治、文化全球化和人类活动一体化的直接要求，为人类跨越国界和民族的文化交流提供了可能。而人道性，是以价值理性引领工具理性、以精神文明引领物质文明的信息时代最重要的特征，内含教育的优质、公平、包容、多样、终身等特性，意味着更道德、更全面、更均衡的现代化。《中国教育现代化2035》提出了推进教育现代化的八大基本理念：更加注重以德为先，更加注重全面发展，更加注重面向人人，更加注重终身学习，更加注重因材施教，更加注重知行合一，更加注重融合发展，更加注重共建共享，这些理念围绕人的发展，集中体现了人道性、国际化、信息化等特征。

（二）中国的教育现代化进程

人的现代化比起社会现代化来讲是更根本的命题。美国社会心理学家英格尔斯指出："人的现代化是国家现代化必不可少的因素。它并不是现代化过程结束后的副产品，而是现代化制度与经济赖以长期发展并取得成功的先决条件。"[①]我国思想家、政治家梁启超也曾说过："要拿旧心理运用新制度，决计不可能，渐渐要求全人格的觉悟。"国家和社会的现代化，最终依赖于这个国家的人的现代化，因而，培养和塑造具有现代性的现代人是教育现代化的根本目标。

在发达国家，工业化用了几百年的时间，社会现代化和教育现代化基本保持了同步，经济系统和教育系统在相互作用中协同推进。20世纪70至80年代，发达国家的城市化进程已经完结，进入社会现代化的新阶段，即把信息作为重要资源、强调知识与技术创新的信息社会。相应地，教育现代化、人的现代化的任务有所转变，聚焦于培养信息时代社会发展所需的人才。因此，应该培养什么样的人以适应信息社会发展的需要，这个问题引起不少学者乃至国际组织的关注。经合组织于1997至2005年间实施了大规模的跨国研究项目，建构了关于核心素养的总体概念框架，引领了有关现代人才所需具备的核心素养研究。之后，世界范围内已

① 英格尔斯著.人的现代化［M］.殷陆君编译.成都：四川人民出版社，1985：8.

经提出了多个核心素养版本，包括欧盟构建的“核心素养指标”、美日等国提出的“21世纪技能框架”等。

教育现代化既受制于所处时代，也受制于社会环境。从教育的发展阶段来讲，先有适应工业社会需要的社会现代化做根基，以培养具备科学理性精神、民主法治精神和独立自主精神的国民为基础，才有迈入信息社会，对应新的时代环境下社会发展和个人发展需要的教育现代化的推进。信息时代的教育现代化既是教育服务社会发展的一种自然的历史进程，也是市场和人才应对社会现代化的一种自觉呼应与主动建构。但是，在发展中国家，工业化各阶段叠加式发展，城镇化还在推进之中，社会现代化的任务还没有完成，教育现代化进程更是滞后于社会发展。很多发展中国家如今还面临着降低文盲率和儿童辍学率，提高初、中、高等教育的普及率，促进城乡教育均衡发展等一系列教育问题。

中国作为现代化的后发者和追赶者，仅用几十年的时间走完了发达国家几百年走过的工业化历程，但国民经济快速增长的同时，社会发展和人的发展不同步的现象开始凸显。我们的教育普及率和人口受教育水平虽然较之过去大幅提升，但国民素质距离现代社会所需的现代精神尚有差距。进入信息社会后，我们不仅要补课完成之前没有完成的工业社会教育现代化任务，持续增强教育的民主性、理性化、法治性、生产性；还要回应信息社会对人才培养的新要求，突出教育的人道性、信息化和国际化。服务社会现代化和人的现代化的双重任务，对当前我国教育现代化发展提出了具体要求。

马克思说过：“人们自己创造自己的历史，但是他们并不是随心所欲地创造，并不是在他们自己选定的条件下创造，而是在直接碰到的、既定的、从过去承继下来的条件下创造。”①因此，我国教育发展既要尊重客观规律，回应信息社会的教育现代化目标要求，又要充分结合自身现实，完成教育现代化“补齐短板”“比学赶超”的任务，其中也包括秉承优秀的文化传统和教育思想，并使其在新的历史条件下发扬光大。当前，我们正在进行的教育综合改革，包含教育供给侧结构性改革、教育治理体系改革、教育评价改革、教育数字化战略行动等等，体现了教育的理性化、民主化、法治化、国际化、信息化等发展思路，旨在实现教育现代化不同阶段的并越式发展。

第二节　面向现代化的教育系统演变

明确了教育现代化的概念和特征之后，下一步的问题是，如何加快实现教育现代化？20世纪70年代，美国国际政治理论家亨廷顿（Samuel P. Huntington）提出，现代化是一个革命的过程、复杂的过程、系统的过程、全球的过程、长期的

① 马克思恩格斯选集（第1卷）［M］. 北京：人民出版社，1995：603.

过程、有阶段的过程、趋同的过程、不可逆的过程、进步的过程。相应地，我国学者也提出，教育现代化是改革的进程、复杂的系统进程、全球化进程、整体演进的进程、长期的进程、进步的进程、不可逆的进程、适切化的进程、循环递进的进程。这其中蕴含了系统演化的思想及概念，有必要用系统分析方法去探讨实现教育现代化的基本条件和路径。

那么，教育系统如何向现代化的方向演变？这里主要讨论两个问题：一是分析系统演变得以发生的基本条件，如教育系统的性质和结构特征；二是分析系统演变中的关键要素及诸要素的相互作用。

一、教育现代化的基本条件

由自组织理论出发，教育系统要保持其生命力，首先应保证它是一个开放的系统，系统与外界有充分的物质、能量和信息交流，系统与系统之间、要素与要素之间要相互流通，尤其要及时吸收新的思想观念及科技进步的养分，恰如给系统输入“负熵流”，促使系统向有序、进化的方向发展。为此，我们的教育绝不能闭门造车、故步自封，而是应当以更加开放包容的姿态，参与国际教育的发展。要密切关注国际教育的新趋势新进展，关注其他国家的教育改革和教育实践，加强对外教育交流与合作共享，及时消化、吸收国际教育的先进经验，同时宣传、推广中国的优秀传统文化和教育成果，推动我国教育与国际教育的全面接轨，不断提升对外影响力，开拓教育发展空间，培养全球化视野的人才，这也是教育全球化、教育国际化发展所要求的。

教育指标有着描述、评价、监测乃至预测教育系统发展状况的功能，是以标准建设引领中国教育现代化发展必不可少的工具。一些颇具影响力的国际组织，如联合国教科文组织、经合组织、世界银行等，构建了反映教育发展水平的描述框架与指标体系，如联合国教科文组织出版的《全球教育监测报告》（Global Education Monitoring Report）、经合组织推出的年度《教育概览：OECD指标》（Education at a Glance：OECD Indicators）等，这些指标体系具有一定的通用性和国际可比性，为我们观察国际教育的现状和进展、与其他国家进行沟通交流提供了参照。近年来，国内也不乏关于教育现代化指标体系和围绕教育统计数据的研究，代表了侧重统计方法运用和实证分析的教育研究范式的转变。在教育现代化指标体系的建构中，应坚持定性描述与定量描述相结合、局部描述与整体描述相结合、确定性描述与不确定性描述相结合的系统方法论，关注教育内涵发展，聚焦系统关键特征及对应指标间的相互关系，加大指标的弹性，而非单一的、片面的度量标准。指标本身应具有现代性，既是科学的、理性的，也是民主的、可操作的，符合不断变化的实际情况。

同时，教育系统不可能孤立地存在，它与政治、经济、文化等系统有着非线性的相互作用，表现在制度、市场、文化等与教育系统的矛盾运动，如果政治、经济、文化等系统是现代的，其矛盾运动就能更快地增进教育系统的现代性，那么教育现代化的进程就能够加快，反过来也能够促进社会其他层面的现代化。从根本上看，教育现代化的全面展开与充分实现有赖于社会主体结构的现代化。教育实现较高水平的现代化与社会各主要方面达到较高水平的现代化是息息相关的。社会各方面的现代化，既涉及软件条件——管理体制、制度、公民素质等方面，为此要推进教育治理体系和治理能力的现代化，上一章已专题论述教育治理问题；也涉及硬件条件——物质生活、资源投入、公共基础设施等方面，为此要保障实现教育现代化的基本财政投入。对于教育投入，国家财政性教育经费支出占国内生产总值（Gross Domestic Product，GDP）的比例应保持在4%以上，最好能持续提高，接近发达国家平均5.1%的投入水平。

信息科技也是重要的资源，在我国现代化建设全局中起到战略引擎和战略导向的作用。当下，技术与教育正在发生“化学反应”，意在将信息技术与教育教学深度融合的教育信息化和教育数字化，在人们正确的认识和恰当的应用下，引领教育理念的更新，带动教育模式与教学方式的变革，支撑教育体系和教育制度的重构，成为提高教育质量和教育效率、加快实现教育现代化的驱动力。当然，信息技术的应用不会自然而然地创造出教育奇迹。技术在教育中的作用也犹如一把双刃剑，既可能促进传统教育的革新，也可能带来某种异化的风险，而其最终的社会作用都取决于它的使用者，取决于使用的目的、方式和方法。因此，我们的关注点最终要回到教育活动中使用技术的人身上，既包括教师、学生，也包括管理人员、研究人员等利益相关者。

二、教育现代化的关键要素

从系统角度考察促进教育现代化的关键要素，我们认为：第一，人的现代性的培养是教育现代化的关键，其中创新能力的培养居于重要地位；第二，在教育现代化的推进过程中，应发挥政府的主导作用和对诸要素的协同作用。

（一）人的现代性

英国著名哲学家、心理学家和经济学家穆勒（John S. Mill）曾说：“从长远来看，国家的价值，归根结底还是组成这个国家的个人的价值。[①]”一个国家拥有伟大的国民才能成就伟大的事业，保障国民智力拓展和精神提升的利益，即是保障国家的利益。国民素质的改变是国家获得更大发展的先决条件和方式，也是国家发展过程自身的伟大目标之一。现代化的发展亦是如此，一个国家只有它的人民是现代的，从思想、态度、价值观和行为方式上，能与各种现代形式的经济发展同步前进，相互配合，这个国家的现代化才真正能够得以实现。所以，教育现代化既是实现国家现代化的基础和手段，也是国家现代化要达成的目标之一。教育

① ［英］约翰·穆勒．论自由［M］．孟凡礼译．桂林：广西师范大学出版社，2011：32.

现代化必须回答“培养什么人”的首要问题。毫无疑问，现代教育培养的是具有现代性的现代人。

英格尔斯提出，现代人应具有十二个方面的共性特征：

第一，准备和乐于接受新事物、新思想、新经验和新行为；

第二，准备接受社会的改革和变化；

第三，思路广阔，头脑开放，尊重并愿意吸纳各方面的不同意见及看法；

第四，不拘泥于传统，注重现在与未来，守时惜时；

第五，强烈的个人效能感，讲求效率，对人和社会的能力充满信心；

第六，趋向于计划现在和未来；

第七，注重对事实的考察，尽可能多地获取知识；

第八，依赖和信任人类的理性力量及其支配下的社会；

第九，重视专门技术，认为以技术水平高低和产出多少作为分配报酬的根据是公正的；

第十，敢于挑战教育的内容和传统智慧，乐于选择非传统所尊敬的职业；

十一，相互了解、尊重他人和自尊；

十二，积极了解本职工作和与此相关的生产过程及原理。

现在来看，用这些特征来衡量不同国家国民的现代性（尤其是情感、态度和行为上的）并不过时。当然，人的现代性特征受到时代、社会、文化和地理环境等因素的影响，在具体的教育系统中，应强调或突出培养某些方面的现代性及某一现代性的特定方面，以适应外在环境和社会发展的需要。所谓“科技是第一生产力、人才是第一资源、创新是第一动力”，三者有着密切的内在联系。我国教育供给侧的结构性改革，就是要使人才的知识和技能适应现代科技快速发展和产业结构调整的需要，进一步推动原创性、自主性科技创新，打造国家的核心竞争力。

从人的发展来看，现代性的第一个特征是乐于接受新事物、新思想、新经验和新行为，转化为人才培养目标，可以理解为创新能力的培养成为重要选项，每个现代人在自身的领域内要能够成功地利用新思想、发展新知识、创造新可能。因此，教育应该依据不同对象的能力和兴趣差异进行个性化培养，使具有不同潜质的人得到不同方面的充分发展，这是尊重教育规律的表现，也是培养现代人的必然要求。从国家发展的角度看，一方面要促使个体获得充分发展，在社会各领域人尽其才，让“人人都有人生出彩的机会”，让个体需求得到满足，个人福祉的增长带来社会福利的最大化；另一方面要注重拔尖创新人才的培养，不断激发人才创新活力，以科技创新驱动跨越式发展，加快解决我国关键核心技术“卡脖子”的问题，实现高水平科技自立自强。

（二）政府的主导与协同作用

在教育现代化的进程中，涉及多元的主体和复杂的要素，政府应作为决定教育系统演化方向的“序参量”，在其中发挥协同各要素的主导作用，推进教育系统的分化和整合运动。政府的主要作用体现在：一是确立教育的宏观目标，对教育发展方向进行整体的、动态的规划和调控；二是制定科学的政策法规，建立健全教育管理体系和评价体系；三是保障教育的基本投入，为公共教育服务体系的运转提供必要的物质、资源条件和外部环境支撑，促进教育资源的均衡配置和合理利用；四是做好利益相关者的统筹协调，通过监测评价、督导问责、宣传动员等方式协同各方面力量去推动宏观教育目标的实现。

党和国家坚持把教育放在社会主义现代化建设优先发展的战略地位，坚持中国特色社会主义教育发展道路，不断完善教育政策法规体系和治理体系。2019年，中共中央、国务院发布《中国教育现代化2035》，作为我国建设教育强国、推进教育现代化的纲领性文件，为未来十几年的教育发展确立了战略目标：到2020年，教育现代化取得重要进展；到2035年，总体实现教育现代化，迈入教育强国行列。同时还提出了各类教育2035年的主要发展目标：建成服务全民终身学习的现代教育体系；普及有质量的学前教育；实现优质均衡的义务教育；全面普及高中阶段教育；职业教育服务能力显著提升；高等教育竞争力明显提升；残疾儿童少年享有适合的教育；形成全社会共同参与的教育治理新格局。聚焦当前教育发展的突出问题和薄弱环节，《中国教育现代化2035》重点部署了面向教育现代化的十大战略任务：一是学习习近平新时代中国特色社会主义思想；二是发展中国特色世界先进水平的优质教育；三是推动各级教育高水平高质量普及；四是实现基本公共教育服务均等化；五是构建服务全民的终身学习体系；六是提升一流人才培养与创新能力；七是建设高素质专业化创新型教师队伍；八是加快信息化时代教育变革；九是开创教育对外开放新格局；十是推进教育治理体系和治理能力现代化。在实施路径、投入体制和落实机制方面，《中国教育现代化2035》也做出了具体描述，彰显出我国政府在推进教育现代化中积极作为的态度和强烈的政治决心。我国根据自身国情，传承本国传统，积极借鉴国际经验，形成了具有中国特色教育现代化的“双优先模式”，即“国家优先发展教育，教育优先满足国家发展需要”，这为发展中国家树立了“政治意愿”和“政府领导”推动教育现代化的中国榜样。

当然，我国在推进教育现代化过程中仍然面临着许多挑战，如教育发展基础相对薄弱、教育资源不均衡、教育规模巨大而质量参差不齐、教育体制机制改革难度大等。因而，除了政府层面的宏观规划、调控和投入保障外，学校、社会办学机构等也应自下而上地推进和支持教育综合改革，形成以创新驱动教育现代化发展的合力。

“现代化本身实际上是一个开放的理念与永远未尽的工程。”①对于教育现代化也是如此。只要教育系统是开放的，就可以持续地进化，被时代赋予新的内涵，特别是人的现代性之内涵。人类的观念和行为是随着时代和环境而变迁的，变化是永恒的主题，思想和灵魂的“自由”则是人类始终的价值追求，这种追求需要教育予以引导，去促成特定时代的人的意识觉醒与道德主张，包括识别自身生存、发展所需之自由的适当范畴，在行为处事中处理好个人与社会、与他人、与自身内心的关系。在这个过程中，教育现代化的命题从物质、工具层面，到组织、社会制度层面，最终归结到人的层面。我们常说，教师是人类灵魂的工程师，现代化的教育要促成的不仅是知识的传播、技能的传递，更是思想的对话和情感的共鸣，是唤起独立思考的能力，导向心灵的平和，把握世界的本质，引导灵魂接近真理。教育让人们获得独立之思想、自由之意志，关照人的发展和内心世界，促进人类思想的进步，进而推动生产力的解放和发展，推动社会领域的公平和正义，最终集合为一个国家、一个时代的进步，成为人类文明向前发展的源源不断的动力。教育适应人的生存与发展需要，并促进人的全面的、自主的发展，这就是教育现代化的本质。

第三节　教育现代化的实践路径

在教育现代化目标导向下，我们应该培养什么人、如何培养人，也就是如何将现代化的要求贯彻到具体的人才培养实践中，这是让教育现代化得以落地的关键。宏观上，教育现代化涵盖了教育理念、体系、制度、治理等方面的现代化，上一章讨论教育发展中的关键问题时已有涉及。下面站在中观层面，即办学机构（学校）的视角，从人才培养目标、育人模式、教师队伍、办学组织体系等几个维度出发，探讨教育现代化的实践路径。

一、人才培养目标的现代化

教育现代化发展进程中，人的现代化是其核心任务，教育现代化的首要任务就是培养现代人——具备能够适应当今和未来经济社会发展必备能力和综合素质的人才，体现为具有层次性、适应性和动态性的人才培养目标，需要构建系统性框架来阐释。作为人才培养目标的重要参照，“核心素养”跨越了具体的学科知识领域和课程体系，是解决“培养什么人”问题的基于人的全面发展的顶层设计。《中国教育现代化2035》中提出，要完善教育质量标准体系，制定覆盖全学段、体现世界先进水平、符合不同层次类型教育特点的教育质量标准，明确学生发展核

① 苏君阳.新时代教育治理体系现代化：内涵、特征及其实现路径［J］.教育研究，2021（9）：120-130.

心素养要求。

如前所述，部分国际组织和发达国家构建了核心素养体系，去概括现代社会对所需人才综合素质所提出的要求，影响较大的有联合国教科文组织的21世纪公民核心素养、经合组织的核心素养框架、欧盟的核心素养指标、美日等国的21世纪技能框架等。联合国教科文组织以终身学习能力为导向，提出学会求知（Learning to know）、学会做事（Learning to do）、学会共处（Learning to live together）、学会生存（Learning to be）和学会改变（Learning to change）五大素养支柱，对世界教育理念产生深远影响。经合组织以个体成功及融入社会为目标，提出包含人与工具、人与自我、人与社会三大类别的核心素养概念参照框架，该框架直接影响了经合组织所主导的国际学生评估项目（Programme for International Student Assessment，简称PISA），其中的知识和技能部分，成为PISA项目测试的内容依据。欧盟则在联合国教科文组织的素养框架基础上，认为核心素养是知识社会中个人发展自我、融入社会及胜任工作所必需的一系列知识、技能和态度的集合，提出了母语、外语、数学与科学技术素养、信息素养、学习能力、公民与社会素养、创业精神以及艺术素养等八大核心素养体系，成为欧盟成员国引领本国教育改革的参照系。美国、日本都基于自身国情和教育发展需求，提出了各具特色的21世纪技能框架，美国强调学科与研究能力、学习及革新能力、信息、媒体及技术能力、生存及职业能力，日本则强调思考力、语言力、数理力、信息力和实践力。

我国学术界在借鉴针对发达国家人才培养的核心素养清单基础上，形成了不少研究成果，提出了合乎我国国情的核心素养框架。具有代表性和影响力的是林崇德课题组提出的《中国学生发展核心素养总体框架》和褚宏启课题组提出的《中国21世纪现代人素养清单》。《中国学生发展核心素养总体框架》从核心素养是所有学生个体普遍应达到的共同必要素养出发，提出了包括文化基础、自主发展、社会参与等3个领域，人文底蕴、科学精神、学会学习、健康生活、责任担当、实践创新等6大核心素养以及18个基本要点。这样的核心素养框架被认为是现阶段连接我国宏观教育方针和政策、总体教育目标和具体学科教育内容、教学方式的中介环节。《中国21世纪现代人素养清单》则强调核心素养是学生应当优先学习和优先形成的高级素养，提出包括创新能力、批判性思维、公民素养、合作与交流能力、自主发展能力、信息素养等6种核心素养。此素养清单针对我国国情和本土性的人才培养要求，涵盖了不同阶段的教育现代化目标，为推进中国特色的教育现代化确定了人才培养的重点维度，尤其强调培养学生的创新与合作这两大素养。

核心素养研究对于我国教育理论与实践发展产生了重要影响，是确立人才培养目标、规格及要求的重要依据。需要注意的是，不应将任何一种核心素养框架标签化，机械地将核心素养的培养移植到课程标准、学业标准、教学评价标准等教学文件中，让其成为教育教学实践的一种外在的支配性力量。

二、育人模式的现代化

现代人的培养需要采用现代化的育人模式，简而言之，为了培养现代人应该“教什么”“怎么教”，关涉课程、教法、评价等方面。育人模式的现代化意味着要以学生为中心，教学内容要合理、适需、与时俱进，培养和评价的方式方法要科学、恰当，符合教育教学规律和人才成长规律。

课程方面的现代化可以通过课程目标、内容、结构、形式等要素的现代化来实现。一是改进课程目标，应结合学科、课程特点，在专注学科专业知识的同时，注重跨领域、跨学科的知识技能融合，以能力培养为导向，将核心素养的相关要求有机融入课程目标和教学方案。二是优化课程内容与结构，应根据知识之间的关联性和认知科学、思维科学的新发现，合理调整课程内容结构设计，及时将新知识、新理论和新技术充实到课程体系之中，让课程内容的迭代紧跟社会和时代发展之需。三是促进课程组织形式和内容呈现形式的多样化，在传统课程之外，开发探究式、体验式课程，以及数字化、融媒体课程和教材等，使其符合学生的个性化偏好和多样化需求，激发学生对于未知领域的好奇心，让其保持学习的自主性和创造性。

教法方面，现代信息技术为教学法创新创造了多种可能。一是创新教学场景，应用虚拟现实（VR）、增强现实（AR）、混合现实（MR）等技术，可以把课堂拓展到学校、教室与实验室以外的范围，利用互联网虚拟空间探索融合式教学新形态，为学生创设更加沉浸、更具实感的交互式学习场景。二是创新教学模式，借助信息化应用的支持，应用混合式、项目式、启发式和体验式等多种教学方式，鼓励学生在学习中探索、合作、创新、实践，让学生深化对知识的理解和技能的掌握。三是实施个性化教学，利用智能技术及时采集、处理和分析学生的学习数据，根据学生的不同情况和多元需求量身定制差异化教学方案，为每个学生规划适合他们的学习路径、提供适宜的学习材料和个性化教学指导，促进师生互动、学生学习效率和效果的提升，实现因材施教。

评价方面，前文关于教育评价改革的章节已经有所介绍，现代化教学评价，内容上要健全综合评价，侧重对于学生综合素质和核心素养的评价，对于教师职业道德和专业能力的评价；方式上要强调多元参与、分类评价，将结果评价、过程评价和增值评价相结合。评价手段上，要合理应用现代信息技术和数字化评价工具，通过实时采集、全面记录教学过程的多模态数据，精准分析学生学习成效，及时评价反馈和适时干预，推进教学策略的不断优化和迭代改进，让教与学更具针对性和实效性。值得一提的是，工具理性不能凌驾于价值理性之上，信息技术虽然为育人模式的创新提供了强有力的支持，但要注意避免教学中过度依赖技术手段，而忽视了育人本质和人的主体性作用。

三、教师队伍的现代化

现代化的人才培养需要现代化的教师队伍来实现，有好的教师才有好的教育，一个地区的教育水平，根本上取决于一个地区广大教师的水平①。所以，在教育现代化的实践过程中，适应现代化教育形态的教师队伍建设是重要抓手。从信息社会教育现代化的人道性、国际化、信息化特征出发，面向现代化的教师队伍建设应把握如下几方面要点。

第一，内涵建设上，要强化教师队伍的职业道德、专业能力和教学能力，对教师进行持续的职业发展培训，以高素质专业化的教师队伍带动教育教学质量的提升。其中，师德是教师之本，评价教师素质的第一标准是师德师风，在教师队伍现代化建设中，教师道德规范居于职业素养的首要地位。除了倡导正确的职业道德观、贯彻落实国家关于各类教师的职业道德规范外，学校应将师德建设和思想政治教育考察制度化、常态化，出台配套实施细则，在教师职称评聘、岗位和考核评价中建立适当的激励与惩罚机制，推动教师将师德要求和职业信仰内化于心、外化于行，营造良好的育人氛围。同时，学校要夯实教师专业发展体系，强化教师的职前和职后培训，为教师不断提升自身的专业水平和教学技能给予充分支持，增强其教书育人、服务学生的能力。

第二，要为教师的国际化发展打造平台。如前所述，现代化的教育应是开放的教育，现代化的教师队伍应具有全球化视野、拥有先进教育理念和教学方法，知晓本学科领域的国际先进水平，能够参与国际学术对话与交流，这样的教师才能培养出具有国际竞争力的人才。因此，学校层面要积极打造教师国际交流的平台，有效促进资源的流动和学术创新，既要注重把国外相关学科的一流人才、优质资源“引进来”，又要创造让本土教师和教学科研成果“走出去”的机会，帮助教师有机地融入教育国际化发展，提升我国教育、科技与文化的国际影响力。

第三，教师还应具备必要的信息素养和数字素养。在推进教育现代化实践中，教师需要掌握和应用互联网、大数据、移动学习、云计算等信息技术与数字技术，丰富和优化教学内容，探索教学模式和教学方法创新，以不断研究和改进教学活动，适应面向未来学习、终身学习的多样化社会需求，为学生创造更有价值的学习体验和成长机会。当前，国际上已提出不少数字素养框架，我国教育部于2022年发布了《教师数字素养》教育行业标准，包括5个一级维度、13个二级维度和33个三级维度指标，在一级指标上规定了数字化意识、数字技术知识与技能、数字化应用、数字社会责任、专业发展等五个维度的要求，该标准可作为我国教师数字素养培训与评价的直接依据。

除了上述三个方面，教师队伍的现代化建设，还应从外在条件上予以保障。

---

① 刘希平. 教育现代化的使命与实现路径［J］. 中国高等教育，2013（9）：11-12.

各地应进一步提高教师的政治地位、社会地位、职业地位，提供更好的薪酬待遇，吸引各个知识领域、产业领域的优秀人才从教执教，不断提升教师队伍适应于现代化人才培养的能力和水平。

四、办学组织体系的现代化

办学组织体系是将培养目标、育人模式、教师队伍、资源、技术、文化、环境等要素有机组合起来，以发挥特定教育功能的规则和机制。现代化的办学组织体系应该是多元的、开放的、灵活的，其出发点是学校和机构拥有相应的办学自主权，能够在办学治校中发挥主体作用；其驱动力是通过与政府、家庭和社会有效协同，优化配置各类资源，促进办学要素的流通和融合；其条件是保障教学基本投入，不断改善内外部办学环境，营造特色的创新的文化氛围；其表现是能够面向不同学生群体需求和兴趣提供多样化、个性化的优质教育服务。

信息技术是促使办学要素发生化学反应的重要手段，办学机构要注重借助信息化、智能化技术手段，利用好数据这个创新驱动要素，推动教育现代化进程中的数字化转型。具体来说，开展信息化平台和数字化资源建设，拓展虚实融合的教学空间；建立通用的数据交换标准和资源建设标准，促进优质教育资源的共建共享，提高资源利用率；打通全流程、全链条的招生、教学、管理、考核和评价各环节，提升机构内部治理水平和服务支撑能力，这些都是构建学习方式更灵活、资源更丰富、获取更方便的终身学习体系的基础。

教育系统是复杂系统，其层次性特征明显。上述分析是中观层面的学理性的思考，实际上，教育现代化是一个复杂的、长期的过程，教育教学实践在科学理性精神的指引下，应是丰富的、生动的，既要遵从教育学规律、人的成长规律，也要符合现实条件和社会需要。宏观层面，国家致力于建立和完善中国特色社会主义现代教育体系，全面推进教育治理体系和治理能力的现代化，将为办学机构获得更多自主权、提高教育管理服务能力奠定基础。微观层面，教育现代化对应于现代人的培养，以人才培养目标、育人模式、教师队伍和办学组织体系的现代化为基础，面向活生生的、具体的人的时候，其人才培养过程不是确定性的，而是多角度、多路径和个性化的，现代人的培养应具有时间上的终身性、环境上的适应性和方法上的创造性，以适应时代和社会需求的变化，适应人的全面、自主发展的需要。

第五章　关于教育发展趋势的思考

作为全书最后一章，将不再介绍系统科学与教育学的相关理论和方法，也不再通过系统分析框架去探讨问题，而是基于系统观点和教育发展现状，从教育系统的开放性趋向、技术与教育的融合趋势以及终身教育的理想目标这几个维度，阐释笔者对于教育发展趋势的一些发散性、思辨性的思考。

第一节　越来越开放的教育

任何一个进步的体系，也都是开放的，不然，就会丧失其发展的可能性，因而也就会丧失其进步性的特点。

——（俄）安德雷·马尔科夫

一、教育系统的开放性演变

以系统观念来研究教育，一开始，我们的立足点便在于教育系统是一个开放系统，它与所处的社会系统是紧密关联的，存在着物质、能量与信息的流通，教育系统的结构、形态、功能，都会受到内部要素相互作用的影响和外在环境变化的影响，从而持续地发生改变，具有了随机性、动态性等特性。

让我们从系统开放性的角度来回顾教育的发展历程。在审视教育系统的开放性时，可以从教育对象、教育主体、教育内容、方式、时间和地点等系统要素的“开放度”，即开放（自由）程度来予以评价。对于教育要素而言，开放意味着消除限制、破除壁垒等含义，当然，各要素的开放度不是一个绝对的量值，而是一个变化的、相对的概念，可设想某个要素的开放度存在从完全封闭到完全开放的变化区间，通过找到描述某种教育形态或教育类型其系统要素开放度的相对位置，对不同历史时期、不同社会形态下教育的开放性进行大致的比较。

在原始社会，教育尚未成为一种专门的社会活动，它与集体生产、劳动和生活实践同时进行，主要以口耳相传和观察模仿为手段，是一种原初的、天然的人与人之间的信息交互活动。此时的教育是集体的、公共的，具有社会性、无阶级性和灵活性，教育内容以生存及日常生活经验为主，教育发生的时间、地点则具有一定的开放性，但是这种自然形态的教学，其组织化程度很低，知识信息的传播范围非常有限，此时的教育活动呈现的是一种低水平低效率的开放。

到了奴隶社会，教育从社会生产、生活中分化出来，脱离了原始的自然状态，学校教育开始出现并成为奴隶主贵族阶级的特权。其时的教育具有鲜明的阶级特征，从入学机会和教育内容上讲，几乎是全封闭的状态。值得一提的是，无论是在古代中国，还是在古希腊城邦，都曾有过思想文化的繁荣与争鸣，相应地出现了一些更具开放性和自由度的教育形式，比如孔子的私家授徒式教学和古希腊城邦的公民教育。我国春秋时期的大教育家孔子，对其三千弟子的教育可谓是形式多样的，不仅教学内容和进度因人而异，而且教学的时间、地点都是开放的，能够做到随时随地施教[①]。在古希腊，不同城邦创建了与其制度和社会相适应的公民教育体系，在形式和内容上呈现出多样化特征与一定的开放性，在青少年教育而外，还出现了柏拉图的阿加德米（Academy）学园和亚里士多德的吕凯翁（Lyceum）学园等综合性的高等教育机构，以及面向成年公民开展的节日、国葬典礼及其演说等教育活动[②]。

在封建社会，学校教育体制趋于完备，教育功能也有所拓展，教育的开放性在不同维度呈现出不同变化，有的方面更为开放，有的方面则趋于封闭。在我国，封建制官学不断发展和完善，办学主体多样且形式更为灵活的民间私学也在封建时期得到极大发展。隋唐之后，教育对象扩大到平民阶级，教书育人的直接目标指向科举考试，“学而优则仕”成为读书人改变命运的最佳途径。然而，汉代以后的教育内容则基本固化，由于主政者采纳了董仲舒“罢黜百家，独尊儒术”的主张，官定儒经几乎成为一千多年来我国历代王朝文化教育的唯一内容，这无疑阻碍了教育的进步，也造成了思想文化的极大禁锢。在西方，这一时期的教育活动与传教活动紧密地结合在一起，各类僧侣学校、教会学校出现，教学内容普遍有着浓厚的宗教色彩，除神学外，还开设了文法、修辞、算术、几何、音乐、天文等科目。到中世纪后期，市民阶层的发展催生了以职业技术教育和读、写、算知识教育为主的行会学校和市民学校，教育对象在严格的等级性基础上从贵族拓展到平民。总体上，封建社会在教育对象、办学形式等方面的开放性有所提升，教育对社会生产和文化传播也起到了积极的促进作用，但其教育内容归根结底是服务于统治阶级的，以现代眼光来看有着较大的局限性，人性与思想在教育中并未得到解放。这种状况一直持续到文艺复兴特别是工业革命之后，伴随着人类社会走向现代化的变迁过程，教育打破了奴隶社会和封建社会的封闭局面，重新走向

① 王毓珣．孔子教学形式寻绎与点评［J］．课程．教材．教法，2005（4）：87-92.

② 晏绍祥．古希腊城邦的公民教育［N］．光明日报，2021-03-29（14版）.

社会大众，融入社会生产和生活之中，并逐渐回归服务个人发展的价值追求。

随着文艺复兴以来科学与人文主义的兴起，政教得以分离，科学和理性精神得到弘扬，为知识的积累和专门化奠定了基础。18世纪后期，第一次工业革命给西方带来深刻的社会变革，机器生产替代了个体性、简单性和体力性的人工劳动，生产力显著提升，机械化生产和流水线作业使得社会分工进一步细化。随着社会生活的发展变化，学科开始分化，天文学、物理学、生物学、地质学等自然科学得到前所未有的推崇并发展为独立的学科。封建社会在西方以宗教神学占统治地位、在东方以经学为文化圭臬的状况不复存在。19世纪中后期，第二次工业革命蓬勃兴起，人类进入电气时代，生产要素配置效率进一步提高，从第一次工业革命到第二次工业革命，机器大生产对劳动力的生产生活技能不断提出更高要求，为应对生产关系和社会生活的变化，教育对象的范围不断扩大，初等教育和中等教育在工人、农民等普通人群中得到了普及，同时社会分工的细化使得教学内容更加多元，标准化的课堂和统一化的培养模式，为工业化生产造就了大批可用、实用的劳动者。可见，在工业社会，除了高等教育仍然保留较高的入学门槛之外，初等及中等教育在入学机会上的开放性得到了大幅提升。

到了后工业社会，或称知识社会，随着世界各地教育民主化制度和体制的推进，同时得益于快速发展的信息与通信技术（Information and Communication Technology，ICT），全球范围内的教育从开放入学机会开始，得以不断拓展开放的维度，包括教育方式的开放（如远程教育或开放大学跨越时空的教学），教育资源的开放（如开放教育资源，Open Educational Resources，OER），教育服务/课程的开放（如慕课，Massive Open Online Courses，MOOC），教育主体的开放（从学校、机构到个人都可以成为教育服务的供给方），教育政策/制度的开放（如开环大学，Open—loop University），等等。当前，在不断进步的信息技术和智能技术支持下，教育在这些维度上的开放度也有不同程度的深化，其发展往往指向了开放性特征更为明显的一端。在高等教育方面，大众化、普及化的趋势也愈发明显。在很多地方，大学已不再是面向少数人开放的“象牙塔”，其精英教育的属性在生产力快速发展的现代社会被不断弱化。一方面，由于现代社会对高素质专业化人力资源提出了大量需求，不少大学越来越强调社会服务的职能，依托其人才培养、科学研究和知识创新等方面的优势，致力于成为服务社会需求的有效载体，与现实社会的关联性和融合度不断增强。另一方面，远程教育利用现代信息技术不断拓展其时空边界，特别是伴随着教育民主化进程而诞生的开放大学，一定程度上消除了对学习群体的限制，降低了高等教育的入学门槛；与此同时，随着开放教育资源运动的兴起，很多一流大学免费开放共享其优质的学术资源，可大批量复制与传播的数字化学习资源越发丰富，更是部分瓦解了传统高等教育的“知识围墙”，体现了教育最广泛的开放性和包容性。

二、新中国教育的开放式发展

在我国，19世纪60至90年代开展的洋务运动标志着工业化的开端，但腐朽的封建王朝制度和近代以来屡屡遭受的侵略战争，大大阻碍了国家工业化的进程。辛亥革命后，我国逐步形成了一些现代工业的基础，现代教育制度也开始引入我国。中华人民共和国成立后，国家开启了大规模的工业化建设且长期保持了较高的工业化速度，在半个多世纪的时间里，我国从一个农业国发展为拥有完整工业化体系的工业化大国，实现了生产力的飞跃和经济产业格局及社会发展格局的根本性转变。适应于工业化和各项建设事业的推进，我国的教育面貌也发生了极大的变化。简言之，中国社会走向现代化的进程，伴随着教育现代化的不断推进，教育系统的开放性随之提升。

首先，向广大民众敞开了教育之门，并以法律形式规定了公民的受教育权。在全国人大一届一次会议上通过的《中华人民共和国宪法》规定：中华人民共和国公民有受教育的权利。国家设立并且逐步扩大各种学校和其他文化教育机关，以保证公民享受这种权利。

其次，通过不断汲取先进国家的发展经验，探索建立了中国特色社会主义的现代教育制度。特别是改革开放后，按照邓小平同志“教育要面向现代化，面向世界，面向未来”的战略思路，我国教育系统加强与世界各国的互容、互鉴、互通，逐步形成了多层次、宽领域、全方位的教育对外开放格局。

第三，教育普及水平大幅提升，不仅义务教育实现了全覆盖，而且各级教育的普及程度达到或超过中高收入国家的平均水平。1949年学龄儿童入学率只有20%，到了2021年义务教育阶段入学率近100%，高中阶段毛入学率91.4%，高等教育毛入学率达到57.8%。按照美国学者马丁•特罗的划分标准，我国已在2019年进入到高等教育普及化阶段（高等教育毛入学率达到50%）。大中小学在校生规模结构从新中国成立之初的“倒图钉形”逐渐呈现为“正梯形”，教育类型不断拓展，教育层次更加完备，教育结构趋于均衡。

特别是，我国的开放教育也从无到有，实现了长足的发展。开放教育是与封闭教育相对的教育理念与教育形态，通过提供开放入学机会与自由选择的学习服务培养人才，以实现包容、公平、有质量的终身学习目标。开放大学是以现代信息技术为支撑的新型高等学校，是开放教育的重要载体，采取“将大学办在社会之中”的开放式办学模式，实行免试入学、宽进严出、弹性学制等学习制度，推行“人人皆学、时时能学、处处可学”的学习方式，彰显了现代教育的开放性特征。在汲取英国开放大学办学经验的基础上，我国于20世纪70年代创建了全国广播电视大学办学体系，利用广播电视、录音录像等手段，探索比之传统高等教育更加开放、灵活的大规模人才培养模式。1999年，国家教委批准中央广播电视大学组织实施“人才培养模式改革和开放教育试点”项目，开启了我国开放教育战略转型之路，开放的办学模式和双向交互的网络教学模式逐步成型。2012年，国家开放大学和北京、上海等5所地方开放大学挂牌成立，具有中国特色的开放大学建设正式启动。我国开放大学旨在整合共享优质教育资源，创新教育教学模式，为全体社会成员提供更加灵活便捷、公平开放的学习方式和多层次多样化的教育服务。开放教育制度在我国的生动实践，是国家构建服务全民终身学习的现代教育体系的战略举措，也是教育开放性不断提升的表现。

通过对教育发展的简要回顾，我们看到了从封闭到开放的总体趋势，从系统科学来讲，正说明了教育系统与其外在的社会系统相适应，通过不断地扩大开放，从外界摄入物质、能量和信息，从而抵消系统自发的“熵增”，让教育系统得以不断进化，发展为更加有序、更有效率的状态。学校教育系统也通过与社会优质教育资源的共建共享，实践“美美与共”的多元共享的文化样态，以系统的开放性赋予并增长其适应环境和驱动变革的能力，实现教育融入社会发展、服务社会发展与促进个人成长相统一的价值取向。

但是，教育系统的开放趋势是必然的吗？是否会终结？由于物质、文化等各类资源和条件的限制，加之制度及环境的影响，在当今社会，教育壁垒仍然不同程度地存在，这些壁垒是否能彻底破除？我们无从知晓，也无法预测。无论如何，教育的大众化、民主化、终身化如今已成为越来越多人的共识，教育服务人、解放人的价值追求成了越来越主流的观念，开放办学也成为世界一流大学（学校）建设的出发点和着力点。思想的开放比起制度的开放，永远要领先一步或者很多步，也具有更加根本的意义。只要一个社会的思想不禁锢，教育的外部环境是开放且包容的，教育系统就是“活”的系统，就有不断发展和进步的可能性，身处其中的个体，特别是未成年人，也就拥有更多的可能性，在与外界、与前人、与他人的交互中实现超越与创新，从而奔赴更可期的未来。

第二节　技术与教育的融合发展

科学与技术变革生活，但记忆、传统和神话限定了我们的反应。

——（美）阿瑟·施莱辛格

一、从跨越时空到无处不在的学习

教育是培养人的社会活动，在培养人的过程中，作为知识载体和信息传播媒介的技术成为了影响系统演化的一个关键变量。当然，正如人类科技发展所呈现的加速度增长趋势一样，在科技革命之前，对教育有着重要影响的技术是发明于1000多年前的造纸术和印刷术，借助于纸张和其后的活字印刷，知识得以更便捷地留存，更准确、更有效率和更大范围地传播。不过，在人类历史的早期，技术的更新速度是相对缓慢的，从媒介技术的发明到对社会生活和教育活动产生重大影响，这一进程也是相对平和而缓慢的。

16世纪以来，从哥白尼的“日心说”代表的天文学革命开始，近代自然科学诞生并逐步建立起一套科学体系。19世纪，以物理学、生物学和化学的重大理论突破（19世纪自然科学三大发现）为主要内容的第二次科学革命发生，由此，一个由统一的宇宙定律支配的科学世界图景展现在人们面前，与此同时，随着科学知识不断地积累利用，从希腊时代沿袭下来的科学活动与技术活动两相分离的传统终于被打破，应用科学的新苗头代表了历史发展的方向。进入20世纪，相对论和量子力学使得建立在经典物理学基础之上的整个自然观和世界观发生了重大变革，人类迎来了历史上科学技术突飞猛进的一个百年，应用科学与技术也在20世纪得到发扬光大。从机械技术、生物技术、到电子技术，再到计算机技术和信息技术，技术迭代更新的速度越来越快，不仅驱动着社会生产力快速增长，促使生产方式、产业结构和经济发展方式发生深层次变革，也孕育着新的科学思想、思维方式和精神文化。到了20世纪80至90年代，最具变革性的电子计算机和互联网技术逐渐普及，以知识创造和开发为主体的知识社会或称信息时代来临，信息技术成为最重要的社会生产性资源和生产关系中的核心要素，广泛地影响了人们的生产、生活、思维及行为方式。教育也受到现代信息技术的重要驱动，不仅知识传播方式发生了转变，而且从教育观念、内容到教育形态、方式等，无不受到了技术发展的深刻影响，教育系统的结构和功能正发生着一些根本性变化。

随着信息与通信技术的发展，教育首先跨越了传统教学活动的时间限制和校园的空间限制，从早期形态的函授教育，到20世纪70年代后利用广播电视、录音录像等多媒体手段开展远程教育，教与学行为在物理时空上得以分离，教学方式更加灵活多样，教育对象上也更具开放性和广泛性。到了20世纪末期，受到计算机和互联网技术的驱动，以互联网为知识传播介质的网络教育兴起，并以其能够提供的优质、丰富的数字化学习资源，开放、灵活的多主体双向交流互动成为实践远程教育的最新形态。基于互联网的学习，也被称为网络学习或在线学习（E－learning），不仅让个人可以根据自己的需要和兴趣，通过网络快速链接到文字、音视频等各类丰富的学习材料，还可以与网络上其他人进行实时交流与互动，打造虚拟的学习共同体和泛在的个性化学习空间。随着网络连接维度的不断扩展以及信息处理与传输效率的不断提升，网络学习在多媒体资源选择、时空跨越与多主体交互等方面的开放性和灵活性优势愈发突出，不仅成为日益普及的自主学习方式，更彰显出信息技术应用于教育教学创新的巨大潜力。

二、新的学习生态与教育技术价值反思

21世纪以来，互联网本身的技术架构及其应用模式发生着快速演化，从Web1.0到Web3.0的演变，网络教育的形态随之发生变化，并可能对教育领域产生更大范围、愈发显著的影响。关于Web2.0架构，在前文关于知识传输网络理论

模型的介绍中已经进行了详述。实际上，“WebX.0”只是一种对于互联网发展过程中不同阶段出现的形态、特征与方向的简单概括，很难在学术上被精确地定义。从Web1.0到Web3.0，代表的不仅是网络硬件及其性能的升级（带宽、访问速度、算力的提升），也不仅是网络链接内容的充实与丰富程度，抑或是相关技术、算法的优化或智能化程度，从系统观点来看，它更多地意味着一种网络生态——信息与用户之间相互关系的变化。

从直观的应用角度来描述这种变化，Web1.0是用户对各类网站信息的直接查询与获取，即信息从若干服务方单向流动到若干用户；Web2.0是让用户通过访问中心化平台获取同类网站的关联性、集成化内容，即信息的提供方变成了少数的一些网络中枢，同时还允许大众参与互联网内容的构建之中，即信息的流动开始变成双向的，普通的个体用户也可以成为网络内容的提供方，大量的网络自媒体出现；Web3.0则是基于当前技术发展趋势的设想，简言之就是为每位用户在互联网上打造一个与其现实生活对等的通用的数字化身份，让用户不依靠网络节点中枢（即中心化平台）就能方便地获取各类信息与服务，并基于这种自我主权的虚拟身份在网络空间内进行点对点的合作与共享，最终实现互联网与其日常生活的全方位融合。

从教育的视角来理解上述网络教育或在线学习生态的变化。在Web1.0时期，互联网将数字化的知识信息从教育机构传播到个体学习者，与以往通过纸张、广播、电视等传播形式相比，知识依靠网络进行传播，其呈现的形态更为多样、内容更加丰富、可选择性更强。到了Web2.0时期，互联网不仅呈现知识信息，还将同类的信息汇集、梳理与推送给目标用户，知识传播的针对性更强、效率更高；特别是，学习者与网上的教师或其他学习者可以交流互动，并在网络空间打造一个个共同的学习社区，同时每个人都可以参与学习内容的构建，由此产生新知识、新经验，在此过程中网络学习系统具有了适应性、生成性和自我进化等特征。在可能即将到来的Web3.0时代，借助区块链、虚拟现实/增强现实、数字孪生等技术，个人在互联网上的学习行为可以被完整地记录和存储，学习过程将拥有更接近于真实的沉浸式体验，学习结果与现实中的评价体系可以相互衔接，因而，网络学习会成为个人学习成长和发展的自然组成部分，与此同时，学习者在网上的数据安全与个人隐私也将被更好地保护，有望形成网络学习系统与传统学习（基于物理空间的学习）系统有机统一的、更具包容性和柔韧性的良好教育生态。

实际上，Web3.0与2021年在科技领域大热的词汇——元宇宙密切相关，可以说这两个概念很可能是在讨论同一件事情——一个互联网进化到特定阶段而形成的与现实世界相互映射的开放系统。在这个系统所对应的虚拟世界中，个人拥有独立和自由的探索体验，在虚拟经济和去中心化的社会治理机制下创建公共效用与资源，形成一个能够自我维持和不断发展、演化的系统。在此过程中，通过技术的助力构建虚实互联的社交生态，支持人与人之间更充分的交流，以新的认知表征方式和知识生产工具，促进人类知识体系的进化，用柏拉图的“洞穴”隐喻来说，元宇宙可能带领人类逐步从一个小“洞穴”进入一个大“洞穴”，且希望有朝一日能够走出“洞穴”。

对教育而言，元宇宙中的虚拟学习环境同样令人充满期待，以一种“活”的知识呈现方式和教学方式，让网络学习获得近乎真实的体验，并通过这种深度体验改变原有的学习方式，进而实现“以学习者为中心”的无处不在的学习。但是，在将信息技术引进教育场域的过程中，除了满怀希望的支持者，也有不少忧心忡忡的顾虑者，而这些学者们提出的种种问题并非空穴来风。当前技术与教育的融合，不仅是教育对于科技进化和社会进步的时代趋势的顺应，也或多或少地受到了商业资本、技术主义与功利主义的裹挟，存在着价值理性方面的隐忧。比如：技术与教育的逻辑错位而带来技术使用风险，“工具理性的蒙蔽与僭越”带来的教学功能隐匿、关系异化和主体消解，信息技术与教育单向融合导致的技术精神与人文精神之间的对立，“把潜能当成事实”引致的对技术应用成效抱有过高期望等。

对于这些问题，应从教育哲学和技术哲学层面来找寻致思路径。从海德格尔（Heidegger）的事物现身方式这个本质层面出发，教育和技术在本质上具有同一性，二者同一归因于人与存在、人与自然、人与人之间的关系①。无论是教育还是技术，都与生活世界中的人产生相互作用，并在复杂的矛盾斗争中建构和推动着人类社会的螺旋式上升。当我们关注技术影响下的教育系统，关注技术及其与教育主客体之间的多重相互作用，探讨事物多层次的复杂结构、关系和演化时，应采取系统科学超越还原论与整体论、强调主客观认识相统一、分析与综合思维相互渗透的系统方法论，去尝试解决教育逻辑与技术逻辑相冲突、人文精神与技术精神相对立等难题。从系统观念出发探索技术系统与教育系统的融合作用规律，应充分认识到教育活动的丰富意涵，认识到教育现象自身的客观复杂性、人的认识复杂性以及技术复杂性并存的事实，从复杂的社会大系统视角，采取跨界融通的办法来规划其融合发展路径。

技术哲学也揭示，技术是一种“道器并重”的事实，而非单纯的工具。技术与教育的融合，要回归技术之“道”，坚持解放人、服务人的价值追求，关注教育的本真意义和信息技术的深层价值及其对立统一，关注教育主体目的和技术客体规律的主客体相互作用过程，在探索依靠技术和科学量化手段研究解决教育问题的道路上，建立起超越数据和算法的综合性、整体性和创造性的研究逻辑。教育系统中融入技术是一项长期的系统工程，需要以辩证思维为引领，既要正视信息技术不断进步带来的积极影响，借助信息科技变革和驱动教育创新，又要警惕纯粹的理性主义、功利主义和还原主义倾向，代之以辩证唯物主义与系统观的指引

① 叶晓玲，邱晓丹.论现代教育的技术本质［J］.电化教育研究，2010（05）：20-23+28.

和人文精神的观照。

第三节　走向终身教育理想目标

我们再也不能刻苦地一劳永逸地获取知识了，而需要终身学习去建立一个不断演进的知识体系——“学会生存”。

——联合国教科文组织《学会生存——教育世界的今天和明天》

一、终身教育思想及其发展

美国哈佛大学学者丹尼尔·贝尔为了识别不同社会结构中新的变化，以不同的中轴体制或原理为依据，把社会划分为前工业社会、工业社会和后工业社会三个阶段。教育在三种社会结构中的目标和形态呈现出明显差异。前工业社会，多数人依靠自然资源和体力劳动生存，旨在强化阶级统治的教育是权贵阶层的专利。工业社会，人们依靠能源、技术和机器从事大规模的商品生产，旨在掌握机械和生产常识的初、中等教育并向大众普及。到了后工业社会，又称知识社会，理论知识处于社会活动的中心地位，人们依靠信息、知识和技术从事丰富多样的劳动，旨在发展科学技术和增长各领域专业知识的高等教育的大众化乃至普及化成了时代之需。同时，后工业社会迅速变化的劳动力市场环境和职业转变带来了持续接受教育及培训的个体需要，也催生了更加开放灵活的教育制度和学习形式，终身教育思想随之兴起。

信息时代的科技发展日新月异，知识技术老化和信息更新替代的周期大为缩短，全球化竞争及职业流动性不断加剧，个人只有通过持续地终身学习，不断地迭代更新自身的知识体系和各方面技能，才能更好地适应知识社会的挑战，更好地生存与生活下去。在制度层面，教育民主被视为国家民主的重要组成部分，教育公平是社会公平的基石，也是知识社会中彰显教育价值理性的一大追求。在这样的背景下，面向社会快速发展和个人终身学习之需，在推进教育民主化的进程中，终身教育的理念应运而生，成为现代教育演进历程中浓墨重彩的一笔。

实际上，终身教育观念古来有之，比如我国谚语“学到老、活到老”“学海无涯”“学无止境”等，但是作为专门的教育概念进行研究始于20世纪。1929年，英国著名教育学家耶克斯利（A .B .Yeaxlee）以《终身教育》为名出版了世界上第一部专题性的学术论著。1965年，在联合国第三届国际成人教育促进会议上，法国成人教育专家保罗·朗格朗（Paul Lengrand）提交了关于终身教育的提案。他提出，教育应是个人从生到死一生中继续着的过程，今后的教育应当随时能够在每一个人需要的时刻，以最好的方式提供必要的知识和技能。1970年，朗格朗出版了《终身教育引论》，书中比较系统、完整地阐述了终身教育的思想，提出了明确的战略目标和建议。朗格朗认为，终身教育是完全意义上的教育，它包括了教育的所有方面、各项内容，从出生到死亡的不间断发展，包括了教育各发展阶段和各关头的有机联系。该书出版后引起了较大的反响，推动了终身教育理论的发展和世界各国的教育改革，也标志着终身教育思想的确立。20世纪中后期，终身教育理念在国际社会得到大力提倡，世界上形成了一股终身教育的思潮。

终身教育思想正式提出之后，联合国教科文组织致力于持续地推广终身教育，并不断丰富其概念内涵。1972年，在《学会生存：教育世界的今天和明天》中，提出终身教育并不是一个教育体系，而是建立一个体系的全面组织所根据的原则，而这个原则又是贯穿在这个体系的每一个部分的发展过程之中的。1996年，在《教育：财富蕴藏其中》一书中，将与生命有共同外延并扩展到社会各个方面的这种连续性教育称之为终身教育。2016年，《关于成人学习与教育的建议书》中提到，成人学习与教育是终身学习的核心内容，社会中的成人通过成人学习与教育培养并丰富自身的生活和工作能力，这既符合他们自身的利益，也有利于其所属社区、组织和社会。总之，终身教育理念跨越了传统意义上的学校教育界限，从时间维度上伴随人的一生持续地进行，贯穿人的生命周期；从空间维度上已扩展到社会的各个领域，既面向社会对人力资源的具体要求和创新目标，又需要社会力量的广泛支持及参与。就其本质而言，终身教育并不是一个教育体系，而是教育的总体目标和原则，用以指导人生各个阶段的教育。终身教育中不分年龄、不分人群的全程教育和民主教育思想为世界各国所普遍认同，成为教育现代化变革的有生力量，也是教育经由个体的全面自由发展进而推动经济社会的全面进步的有力支撑。

二、系统观视角下的终身教育

从系统观来看，教育就是不断建立个人与外部世界信息之间的连接，经由信息的交互与非线性相互作用，让个体认识与适应世界、让世界改造个体的过程，“学习即连接”也正是联通主义的学习观。21世纪，人类的科学技术和生产力迅速发展，各领域的知识信息也快速增长和进化，终身地、持续地与外部世界信息进行交互，成为学习者适应时代和社会发展、不断自我提升的必然要求；在知识信息不断融汇、动态生成的趋势下，终身教育成为各类教育“联通”发展的共同理想。终身教育适应于不断演进的知识体系和信息网络，其主张代表了教育系统的开放性和融合性趋向，在2015年世界教育论坛通过的《2030年可持续发展议程》中，被概括为“确保全纳、公平、有质量的教育，增进全民终身学习机会”的教育总目标。以终身教育目标为引领，将促使教育体系内部结构的优化和外部功能的提升。

在教育体系内部，终身教育目标意味着打破教育制度壁垒，通过完善各级各类教育的质量标准框架，创造不同教育子系统之间的连接，促进终身学习资源要素的互联互通，实现教育在纵向层次上的彼此衔接及横向类别上的相互融通。特别是，将正式、非正规、非正式学习成果以及过往学习经历的认证成果纳入体系之中，推动各种形式学习成果的互认和衔接，将打造更为开放、丰富的教育供给模式和学习生态。

从外部功能上看，终身教育目标意味着扩大教育的覆盖面和延伸度，也使其价值从个体价值上升为社会价值。利用终身教育变革现代教育的潜力，激发学习者的主体性和自主性，让每一个个体在其一生中都能够获得“学有所教”、不断成长的机会，使其个性、人格、潜能和创造性得到最大限度的发挥，也促使个体在合理行使公民权利的同时担负起推进社会可持续发展的责任，这是社会发展所需的内在动力，也是社会发展成果的最终体现。

马克思主义认为，人是社会实践的主体，既被现实社会所塑造，也在推动社会进步中实现自身的发展，这种发展是面向一切人的、每个人的，也是自由的、全面的发展，即“每个人的自由发展”，这一点在《共产党宣言》中成为界定社会主义、表明社会主义终极价值和最高目标的命题。“发展”是动态的演变，与时间密切相关，正如马克思所说，时间实际上是人的积极存在，它不仅是人的生命的尺度，而且是人的发展的空间。终身教育秉持了马克思主义“一切人的自由发展”观，关注“人”这个社会发展的决定性因素，还关注个人发展在时间上的尺度，为每个人的一生赋权增能，让各个年龄段的人都能够有效地获取新知识、新技能，并培育其积极的态度和价值观，使其各尽所能、各展其才、各得其所。

终身教育的概念是在教育现代化的进程中逐步形成的，终身教育的需求也反映了人们在物质条件愈发充足时不懈的精神追求，它旨在培养具备现代精神的现代人，赋予了学习者包括活动领域、生活空间和个人发展方向上更多的自由选择，让每一个人能够通过自身持续不断地学习和成长，去主动接受和适应社会发展的新需要，更好地面对经济、社会和外部环境的不确定性，合理应对诸如经济危机、气候变化、新冠疫情大流行等全球挑战下个体生存的种种处境。也就是说，终身教育从聚焦社会需求到关注个人一生的成长，承载了教育的理想目标，即通过对“人”的影响和塑造，进而打造一个更具包容性和可持续的未来，这样的变化意味着教育现代性的增长与实现。

参考文献

[1] 蔡文成.坚持系统观念 谋划和推动高质量发展［N］.光明日报，2020-11-13.

[2] 湛垦华，沈小峰.普利高津与耗散结构理论［M］.西安：陕西科学技术出版社，1982.

[3] 颜泽贤，范冬萍，张华夏.系统科学导论——复杂性探索［M］.北京：人民出版社，2006：24.

[4] 采赫米斯特罗.新整体论［M］.哈尔滨：黑龙江教育出版社，1996：198.

[5] George J. klir and Doug Elias. Architecture of Systems Problem Solving.［M］New York：Kluwer Academic/Plenum Publishers，2003：4.

[6] 陈学金.20世纪前三十年中国教育之转型：一个国家主义者的视角［J］.内蒙古师范大学学报（教育科学版），2017（12）：21—24.

[7] 李明.新时代“人的全面发展”的哲学逻辑［N］.光明日报，2019—02—11：15版.

[8] 胡友志.复杂范式视域中的教育研究［D］.南京师范大学，2006.

[9] 叶澜.世纪初中国教育理论发展的断想［J］.华东师范大学学报（教育科学版），2001（1）：1—6.

[10] 刘晓力.认知科学研究纲领的困境与走向［J］.中国社会科学，2003（01）：99—108.

[11] 叶立国.系统科学理论体系的重建及其哲学思考［D］.南京大学，2010.

[12] 姜璐.熵——描写复杂系统结构的一个物理量［J］.系统辩证学学报，1994（4）：50—55.

[13] Bailey，Kenneth D. Fifty Years of Systems Science：Further Reflections［J］. Systems Research and Behavioral Science. 2005（22）：355—361.

[14] 楚江亭，李廷洲. 范式重构：教育学研究取得进步的必然选择 [J]. 北京师范大学学报（社会科学版），2014（5）：25—34.

[15] 兰国帅，李艺. 目前教育技术研究问题的哲学深思：纠结与矛盾 [J]. 现代远距离教育，2018（1）：9—16.

[16] 顾吉环，李明，涂元季编.《钱学森文集》卷四 [M]. 北京：国防工业出版社，2012：1—2，357—359.

[17] 龚周柏. 九十年代科技发展与中国现代化 [M]. 长沙：湖南科技出版社，1991.

[18] 黄福涛."全球化"时代的高等教育国际化——历史与比较的视角 [J]. 北京大学教育评论，2003（2）：93—98.

[19] 熊光清. 新型全球化的兴起及发展趋势 [J]. 人民论坛，2021（13）：4.

[20] 褚宏启. 核心素养的国际视野与中国立场——21世纪中国的国民素质提升与教育目标转型 [J]. 教育研究，2016（11）：8—18.

[21] 刘美凤. 关于教育技术及其学科的研究方法的几点认识 [J]. 电化教育研究，2008（12）：93—96.

[22] 于景元. 从系统思想到系统实践的创新——钱学森系统研究的成就和贡献 [J]. 系统工程理论与实践，2006（12）：2993—3002.

[23] 徐晓，张清，张玉来，张世波. 论复杂网络理论在教育技术领域的应用 [J]. 宁波大学学报（教育科学版），2014（6）：89—93.

[24] 吴靖. 复杂科学视域下的教育趋法及对教育技术研究方法的启示——兼及教育信息化"顶棚效应"问题的分析 [J]. 远程教育杂志，2017（2）：94—103.

[25] 张巽根. 教育是什么 [M]. 武汉：湖北教育出版社，1998：39，173.

[26] 查有梁. 系统科学与教育 [M]. 北京：人民教育出版社. 1993：197—220.

[27] 赵少奎. 现代科学技术体系总体框架的探索 [M]. 北京：科学出版社，2011：81，169，195—197.

[28] 尹俊华，庄榕霞. 简评教育技术的定义 [J]. 中国电化教育，1997（7）：5.

[29] 傅德荣. 教育技术的定义和学科基础 [J]. 外语电化教学，1989（4）：18—20.

[30] 雷钢. 从AECT定义演变看教育技术发展趋势 [J]. 中国电化教育，2008（12）：13—15.

[31] 孟红娟，郑旭东. 对AECT2005教育技术定义的批判分析与思考 [J]. 电化教育研究，2005（6）：34—37.

［32］李海峰，王炜，吴曦．AECT2017定义与评析——兼论AECT教育技术定义的历史演进［J］．电化教育研究，2018（8）：21—26.

［33］黄荣怀．以系统辩证论的观点看现代教育技术［J］．中国电化教育，1999（5）：18—20.

［34］赵可云，何克抗．由教育技术学的学科性质谈教育技术学研究［J］．现代教育技术，2010（1）：10—13.

［35］杨开城．论教育技术学的开发取向及其研究方法论原则［J］．中国电化教育，2004（9）：10—14

［36］杨开城，张晓英．论教育技术作为一种理解教育的独特方式［J］．中国电化教育，2009（10）：7—11.

［37］黄荣怀．关于教育技术学领域中的若干关键技术［J］．中国电化教育，2005（4）：5—9.

［38］龚萍，欧阳明．教育技术：一种制造“人—机”系统的技术［J］．中国医学教育技术，2015（1）：5—9.

［39］何克抗．运用“新三论”的系统方法 促进教学设计理论与应用的深入发展［J］．中国电化教育，2010（1）：7—18.

［40］何克抗．建构主义的教学模式、教学方法与教学设计［J］．北京师范大学学报（社会科学版），1997（5）：74—81.

［41］谭璐．信息时代系统科学方法在教育研究中的应用［J］．开放学习研究，2018（4）：41—49.

［42］方鸿琴．我国高校质量保障体系一般模式构建与质量审计［D］．华东师范大学，2011：2.

［43］Michael G.Moore．Editorial：Three types of interaction［J］．American Journal of Distance Education，1989（2）：1—7.

［44］陈丽．远程教育学基础［M］．北京：高等教育出版社，2004.

［45］丁兴富．远程教育学（第二版）［M］．北京：北京师范大学出版社，2009.9.

［46］Moore，Michael. Distance Education：A Systems View［M］.California：Wadsworth Publishing Company，1996.

［47］田恩舜．高等教育质量保证模式研究［M］．中国海洋大学出版社，2007.

［48］谭璐．现代远程教育质量保障的系统分析［J］．北京广播电视大学学报，2011（1）：33—38.

［49］徐皓．ICDE国际质量评审的本体意义及其学术推论［J］．中国远程教育，2008（11）：28—32.

［50］谭璐．基于Web2.0技术的知识传输网络模型的初步分析——以OCW到

MOOC的发展为例［J］.现代教育技术，2015（4）：79—85.

［51］谭璐.教育游戏系统理论分析与设计策略探究［J］.远程教育杂志，2015（6）：106—112.

［52］Marlene，Maryam. The Participatory Classroom：Web2.0 in the Classroom［J］.Literacy Learning：The Middle Years，2011（2）：1—7.

［53］焦建利.从开放教育资源到“慕课”——我们能从中学到些什么［J］.中小学信息技术教育，2012（10）：17—18.

［54］Oblinger D.G. Games and learning：digital games have the potential to bring play to the learning experience［J］. Educause Quarterly，2006（29）：5-7.

［55］Aldrich，C. Virtual worlds，simulations，and games for education：A unifying view［J］. Innovate：Journal of Online Education，2009（5）：5.

［56］Anyaegbn Ruphina.U.论严肃游戏在尼日利亚小学非母语英语课程教学中的应用研究［D］.南京师范大学，2011：2—4，11.

［57］马红亮.电子游戏的教育价值：来自美国研究的新观点［J］.开放教育研究，2009（1）：105—109.

［58］Prensky M. Digital game—based learning［M］. New York：McGraw Hill，2001.

［59］Prensky M. Don’t Bother Me Mom：I’m Learning！［M］. Minnesota：Paragon House，2006.

［60］周伯华，曲玮婷.国内教育游戏存在的问题及对策研究［J］.中国电化教育，2011（7）：92—94.

［61］联合国教科文组织总部中文科译.教育：财富蕴藏其中［M］.北京：教育科学出版社，1996：90.

［62］尚俊杰，庄绍勇，蒋宇.教育游戏面临的三层困难和障碍——再论发展轻游戏的必要性［J］.电化教育研究，2011（5）：65—71.

［63］杨晓宏，李鸿科.对我国教育游戏研究现状的思考——基于“娱教”理念的信息化教学研究［J］.中国电化教育，2010（10）：16—20.

［64］程君青，朱晓菊.教育游戏的国内外研究综述［J］.现代教育技术，2007（7）：72—75.

［65］Eric，Zimmerman. Rules of Play：Game Design Fundamentals［M］. Biswas Hope press，2003.

［66］叶展，叶丁.游戏的设计与开发：梦开始的地方［M］.北京：人民交通出版社，航空工业出版社，2003：55，28—32.

［67］Edgar Faure. Learning to be：The world of education today and tomorrow［M］.London：the United Nations Educational，Scientific and Cultural Organization. 1972：181—182.

[68] 李吉芳，陈新宇. 论“教育是什么”与“什么是教育”[J]. 现代教育科学，2011（2）：5—7.

[69] 尚俊杰，庄绍勇. 游戏的教育应用价值研究 [J]. 远程教育杂志，2009（1）：63—68.

[70] 吕森林. 教育游戏产业研究报告 [J]. 中国远程教育，2004（22）：44—47.

[71] 李馨. 融入“适应性”的教育游戏结构设计模型及实验研究 [J]. 远程教育杂志，2015（2）：97—103.

[72] [美] Bruce Joyce，Marsha Well，Emily Calhoun 著，兰英译. 教学模式（第八版）[M]. 北京：中国人民大学出版社，2011：5.

[73] 托尔斯顿·胡森. 平等——学校和社会政策的目标 [A]. 国外教育社会学基本文选 [C]. 上海：华东师范大学出版社.1989：204—217.

[74] 詹姆斯·科尔曼. 教育机会均等的观念 [A]. 国外教育社会学基本文选 [C]. 上海：华东师范大学出版社. 1989：176—191.

[75] 约翰·罗尔斯. 正义论 [M]. 北京：中国社会科学出版社，2001.

[76] 刘复兴. 我国教育政策的公平性与公平机制 [J]. 教育研究，2002（10）：45—50.

[77] 褚宏启，杨海燕. 教育公平的原则及其政策含义 [J]. 教育研究，2008（1）：10—16.

[78] 叶澜，关于教育优质公平发展的三重思考 [N]. 光明日报，2019—10—16：13版.

[79] 石中英. 教育公平的主要内涵与社会意义 [J]. 中国教育学刊，2008（3）：1—6.

[80] 郑燕祥. 学校效能与校本管理：一种发展的机制 [M]，上海：上海教育出版社，2002：11—12.

[81] 许丽英，袁桂林. 教育效率的社会学分析 [J]. 中国教育学刊，2006（5）：1—4.

[82] 吴文俊，祝贺. 从罗尔斯的正义原则看教育公平问题 [J]. 辽宁教育研究，2005（6）：1—4.

[83] [美] 阿瑟·奥肯. 平等与效率——重大抉择 [M]. 北京：华夏出版社，2010：80.

[84] 褚宏启. 关于教育公平的几个基本理论问题 [J]. 中国教育学刊，2006（12）：1—4.

[85] 吕达、周满生. 当代外国教育改革著名文献·美国卷（第四册）[M]，北京：人民教育出版社，2004：210.

[86] 张润，陈爱平，黄天娥. 美国基础教育公平发展及其政策保障 [J]. 教

学与管理，2016（24）：125—127.

[87] 张侃.效率与公平的博弈：我国义务教育政策变迁70年[J].教育与教学研究，2020（6）：25—38.

[88] [美] 丹尼尔·贝尔.后工业社会的来临——对社会预测的一项探索[M].译.南昌：江西人民出版社，2018：1368，550.

[89] 孙春梅.发达国家教育立法对我国推进教育公平的启示[J].无锡教育学院学报，2006（3）：1—4.

[90] 褚宏启.新时代需要什么样的教育公平：研究问题域与政策工具箱[J].教育研究，2020（2）：4—16.

[91] 顾明远.现代教育的时代特征[J].北京师范大学学报（社会科学版），1996（5）：66—69.

[92] 张人杰.也论教育现代化[J].华东师范大学学报（教育科学版），1998（3）：14—22.

[93] 冯增俊.论教育现代化的基本概念[J].教育研究，1999（3）：12—19.

[94] 邬志辉.从教育现代化到教育全球化——全球化背景下中国教育发展面临的挑战研究[D].华东师范大学，2001.

[95] 褚宏启.推进教育现代化：如何从“表面”走向“本质”[J].人民教育，2017（2）：45—49.

[96] 英格尔斯著.殷陆君编译.人的现代化[M].成都：四川人民出版社，1985：6，18—19，22—36.

[97] 褚宏启.教育现代化2.0的中国版本[J].教育研究，2018（12）：11—19.

[98] 刘永凤.国际“核心素养”研究的最新进展及启示[J].全球教育展望，2017（2）：31—41.

[99] 亨廷顿.导致变化的变化：现代化发展与政治[M].上海译文出版社，1996：41—47.

[100] 邱白莉.教育现代化指标体系比较研究——江苏省教育现代化指标体系研究[D].南京师范大学，2006.

[101] 单中惠主编.外国教育思想史[M].高等教育出版社，2000：353.

[102] [法] 保罗·郎格郎.终身教育引论[M].周南照，陈树清译.北京：中国对外翻译出版公司，1985：15—16.

[103] 褚宏启.教育现代化的路径[M].北京：教育科学出版社.2001：11—12.

[104] 熊丙奇.如何实现《中国教育现代化2035》目标？[J].上海教育评估研究，2019（2）：25—27.

[105] 庞红卫. 信息技术与学校教育融合的本质与过程分析——基于技术哲学的思考 [J]. 当代教育科学，2021 (11)：82—88.

[106] 顾明远，滕珺.《中国教育现代化2035》与全球可持续发展教育目标实现 [J]. 比较教育研究，2019 (5)：3—9.

[107] 李政涛. 没有灵魂的教育 [J]. 新课程（综合版），2014 (1)：1.

[108] 林崇德. 21世纪学生发展核心素养研究 [M]. 北京：北京师范大学出版社，2016：29.

[109] 褚宏启. 核心素养的国际视野与中国立场——21世纪中国的国民素质提升与教育目标转型 [J]. 教育研究，2016 (11)：10—20.

[110] 石中英. 关于中国学生发展核心素养的哲学思考 [J]. 课程. 教材. 教法，2018 (9)：36—41.

[111] 吴志成. 西方治理理论述评 [J]. 教学与研究，2004 (6)：60—65.

[112] 郑言，李猛. 推进国家治理体系与国家治理能力现代化 [J]. 吉林大学社会科学学报，2014 (2)：5—12.

[113] [南非] 保罗·普林斯路，[英] 莎伦·斯莱德，[约旦] 默罕默德·哈利勒，肖俊洪. 生态系统观视角下的学习分析 [J]. 中国远程教育，2020 (4)：1—11.

[114] 高小平. 国家治理体系与治理能力现代化的实现路径 [J]. 中国行政管理，2014 (1)：9.

[115] 熊节春，陶学荣. 公共事务管理中政府“元治理”的内涵及其启示 [J]. 江西社会科学，2011 (8)：232—236.

[116] 褚宏启. 走向教育善治 [J]. 人民教育，2015 (1)：31.

[117] 史华楠，沈娟娟. 政府“元治理”角色的职能定位与实现路径——基于教育管办评分离改革视角 [J]. 教育发展研究，2016 (9)：31—38.

[118] 张德祥. 我国大学治理中的若干关系 [J]. 高等教育研究，2018 (7)：5—12.

[119] 范国睿. 政府·社会·学校——基于校本管理理念的现代学校制度设计 [J]. 教育发展研究，2005 (1)：12—17.

[120] 苏君阳. 新时代教育治理体系现代化：内涵、特征及其实现路径 [J]. 教育研究，2021 (9)：120—130.

[121] 黄敏，杨凤英. 第三方治理：美国高等教育协会组织的管理职能 [J]. 河北师范大学学报（教育科学版），2014 (3)：76—81.

[122] 孙霄兵. 推进管办评分离 构建教育公共治理新格局 [J]. 中国高等教育，2015 (20)：6—11.

[123] 褚宏启. 绘制教育治理的全景图：教育治理的概念拓展与体系完善 [J]. 教育研究，2021 (12)：105—119.

[124] 张眉，魏建国．教育领域的政府购买服务研究［J］．教育经济评论，2017（2）：70—86.

[125] 肖福军，秦惠民．美国院校市场发展研究［J］．中国高教研究，2019（6）：76—83.

[126] 石火学，俞兆达．大学治理现代化进程中教育政策执行偏离及其控制［J］．现代教育管理，2018（12）：37—41.

[127] 张刚要，李艺．信息技术教育应用之外的第二条道路——“信息技术与教育深度融合”路径之反思［J］．中国电化教育，2016（5）：13—17.

[128] 回归教育本质 促进全面发展［N］．人民日报海外版．2021—09—06．第09版．

[129] 徐顽强，王文彬．合作治理视域下的高校治理现代化研究［J］．中国电化教育，2018（9）：87—92.

[130] 李作章．价值共创视域下高等教育治理能力现代化的“赋能”进路［J］．江苏高教，2022（1）：59—65.

[131] 肖远军．教育评价原理及应用［M］．杭州：浙江大学出版社，2004：3.

[132] 陶西平．教育评价辞典［M］．北京：北京师范大学出版社，1998：55—56.

[133] 程晗．关于建立“教育评价学”的刍议［J］．教育评论，1986（2）：14—18.

[134] 丁婧．功能层面的教育信息化评价标准研究［D］．南京师范大学，2011.

[135] 崔允漷．促进学习：学业评价的新范式［J］．教育科学研究，2010（3）：11—15.

[136] 陈玉琨．发展性教育质量保障的理论与操作［M］．北京：商务印书馆，2006.

[137] 卢强，左明章．教学的技术融入：从工具理性到价值理性［J］．现代远距离教育，2016（6）：77—83.

[138] 国兆亮．建立高等教育质量国家标准的思考——来自英国的经验和启示［J］．现代教育管理，2017（8）：47—52.

[139] 周蕾，赵中建．美国K—12阶段在线教育质量全国标准评析［J］．开放教育研究，2020（2）：53—62.

[140] 谭璐，李玉．北京开放大学网络课程质量标准的初步探索［J］．北京广播电视大学学报，2013（4）：36—40.

[141] 中国教科院教育质量标准研究课题组，袁振国，苏红．教育质量国家标准及其制定［J］．教育研究，2013（6）：4—16.

［142］马运朋．教育信息化之技术使用风险的理性思考——基于技术哲学的视角［J］．江苏高教，2017（3）：48—50.

［143］［美］沃尔博格．教育评价［M］．重庆：西南大学出版社，2011：60—64.

［144］陈玉琨，李如海．我国教育评价发展的世纪回顾与未来展望［J］．华东师范大学学报（教育科学版），2000（1）：1—12.

［145］李吉桢．第四代教育评价理论的中国化研究［D］．天津师范大学，2019.

［146］赵鑫，李奇．我国教育评价改革的回归与重塑［J］．北京教育（高教），2022（4）：8—12.

［147］刘志军，徐彬．教育评价的实践定位及其实现——基于实践哲学的视角［J］．中国电化教育，2022（4）：64—70.

［148］郭文革，唐秀忠，王亚菲．元宇宙的兴起与哲学二元认识论的反思：对互联网哲学本质的思考［J］．云南师范大学学报（哲学社会科学版），2022（4）：84—92.

［149］张辉蓉，盛雅琦．新时代教育评价改革的制度化困境及应对策略——新制度主义的视角［J］．中国电化教育，2022（7）：80—86.

［150］［美］詹姆斯·E·麦克莱伦第三，哈罗德·多恩．世界史上的科学技术［M］．王鸣阳译．上海：上海科技教育出版社，2003：362.

［151］谭璐，张春华．论开放教育的概念、特征及意义——基于相关概念的解读与辨析［J］．成人教育，2020（11）：7—12.